Birgit Roßmanith / Horst Backes (Hrsg.)

**Von der Hochschule in den Beruf -
Berufs- und Arbeitsweltkompetenz im Studium**

Publikation der Kooperationsstelle
Wissenschaft und Arbeitswelt
der Universität des Saarlandes

Von der Hochschule in den Beruf

Berufs- und Arbeitsweltkompetenz im Studium

Herausgegeben von
Birgit Roßmanith und Horst Backes

Verlag Alma Mater

© Verlag Alma Mater. 2006
Diedenhofer Str. 32, 66117 Saarbrücken,
Tel./ Fax: 0681/58.16.37
www.Verlag-Alma-Mater.de
E-Mail:frpp@Verlag-Alma-Mater.de
Druck: prisma GmbH, Saarbrücken

ISBN10: 3-935009-19-4
ISBN13: 78-3-935009-19-5
EAN: 9783935009195

Inhaltsverzeichnis

Vorwort
Margret Wintermantel, Eugen Roth IX

Einleitung
Birgit Roßmanith, Horst Backes XI

1. Abschnitt
Herausforderung: Berufs- und Arbeitsweltorientierung im Studium 1

Schlüsselkompetenzen – Warum gerade heute?
Andrea de Riz, Robin Stark 3

Arbeitswelt – Hochschule – Arbeitsweltkompetenz:
Die Herausforderungen der »Wissensgesellschaft«
Birgit Roßmanith 29

2. Abschnitt
Erfahrungsberichte: Implementierung von Berufs- und Arbeitsweltkompetenz in das Studium 41

Ein Erfahrungsbericht des Studienzentrums in Zusammenarbeit
mit dem Hochschulteam der Agentur für Arbeit Saarbrücken:
„Fit für die Arbeitswelt": Ein Projekt zur Implementierung von
Berufs- und Arbeitsweltkompetenz im Studium
Barbara Jordan, Susanne Steinmann 43

Ein Erfahrungsbericht der Rechtswissenschaften:
Die Beratungssituation als Thema des Hochschulunterrichts
Stephan Weth, Eckard König 73

Ein Erfahrungsbericht der Betriebswirtschaftslehre:
Universitäre Ausbildung vs. arbeitsweltliche Realität –
projektbezogene Bestandsaufnahme –
Heinz Kußmaul, Jörg Henkes, Claudia Marie-Luise Schulz 107

Ein Erfahrungsbericht der Interkulturellen Kommunikation:
Interkulturelle Kompetenz kompakt – Zur Vermittlung berufsorientierter interkultureller Kompetenzen als Schlüsselqualifikation in interkulturell ausgerichteten kulturwissenschaftlichen Studiengängen
Christoph Vatter 141

Ein Erfahrungsbericht der Ingenieurwissenschaften:
Berufs- und Arbeitsweltkompetenz im Studium der
Ingenieurwissenschaften
Andreas Schütze, Christian Weber
im Interview mit der Mitherausgeberin 157

3. Abschnitt
**Handlungsempfehlungen: Umsetzung und Implementierung
von Berufs- und Arbeitsweltkompetenz in das Studium** 173

Handlungsempfehlungen des Studienzentrums in Zusammenar-
beit mit dem Hochschulteam der Agentur für Arbeit Saarbrücken:
Fit für die Arbeitswelt im Studium: Fiktion oder Machbarkeit?
Barbara Jordan, Susanne Steinmann 175

Handlungsempfehlungen der systemischen Organisationsberatung nicht nur für die Rechtswissenschaften: Die Beratungssituation als Thema des Hochschulunterrichts –
Einige Handlungshilfen zur Vermittlung von Beratungskompetenz
Eckard König, Stephan Weth 189

Handlungsempfehlungen der Betriebswirtschaftslehre:
Ansätze zur Erhöhung des Praxisbezugs i.w.S. im Rahmen
der universitären Ausbildung
Heinz Kußmaul, Jörg Henkes, Claudia Marie-Luise Schulz 199

Handlungsempfehlungen der Sprach-, Literatur- und Kulturwissenschaften insbesondere der Interkulturellen Kommunikation:
Der „Interkulturelle Praxistag" als praxisorientiertes Handlungskonzept: Tragweite und Transfermöglichkeiten
Hans-Jürgen Lüsebrink, Christoph Vatter 209

Handlungsempfehlungen der Sprachwissenschaften:
Umsetzung und Implementierung von Berufs- und Arbeitswelt-
kompetenz im Studium: Projekt „Perspektive Sprachwissenschaft"
Andreas Monz, Barbara Sandig 225

Handlungsempfehlungen der Erziehungswissenschaften:
Herausforderung annehmen, Eigenverantwortung fördern -
Vermittlung und Erwerb von Schlüsselkompetenzen
Andrea de Riz , Robin Stark 245

Handlungsempfehlungen – das Komplettangebot – der Kontaktstelle für Wissens- und Technologietransfer der UdS (KWT):
Kompetenzen für eine erfolgreiche „Existenz- bzw. Unternehmensgründung"
Thomas Kunz 257

4. Die Autor/innen 271

Vorwort

Von der Hochschule in den Beruf - Berufs- und Arbeitsweltkompetenz im Studium

Margret Wintermantel, Eugen Roth

Eines vorab: Den vielbeschworenen Elfenbeinturm, in dem Wissenschaftler weltabgewandt und detailversessen vor sich hin arbeiten, ohne sich um Fragen und Probleme der außerakademischen Öffentlichkeit zu kümmern, wird man in der modernen Universitätslandschaft vergeblich suchen. Die Hochschulen sind sich heute ihrer gesellschaftlichen Verantwortung bewusst und nehmen die Aufgabe, ihren Studierenden die Qualifikationen für ein erfolgreiches Berufsleben zu vermitteln, sehr ernst. Durch den Bologna-Prozess und die Einführung der gestuften Studiengänge hat diese Entwicklung zusätzliche Dynamik gewonnen: In den neuen Studiengangs-Konzepten, an denen gegenwärtig landauf, landab gearbeitet wird, spielt die Praxisrelevanz der Studieninhalte eine entscheidende Rolle; die »*employability*«, also die Beschäftigungsfähigkeit der Absolventinnen und Absolventen, ist für alle Bachelor-Studiengänge das maßgebliche und in Akkreditierungsverfahren sorgfältig überprüfte Ziel.

Dennoch: Vieles ist noch zu tun. Die Frage, was nach dem Studium kommen soll, stellen sich viele Studierende immer noch zu spät oder gar nicht. Und für viele Lehrende ist weiterhin ungeklärt, wie man das Studium stärker auf die Erfordernisse des Arbeitsmarktes einstellen kann, ohne es dadurch zur reinen Berufsausbildung werden zu lassen. Denn in der Tat: Die Universität zielt ihrem Selbstverständnis nach auf mehr ab, als nur, wie Humboldt formulierte, „fertige und abgemachte Kenntnisse" zu lehren. Doch unter den Bedingungen der modernen Wissensgesellschaft hat der alte, immer noch häufig beschworene Gegensatz von wissenschaftsbasierter „Bildung" – als akademischer Aufgabe – und konkret fertigkeitenorientierter „Ausbildung" – als berufspraktischer Unterweisung – seinen konfrontativen Sinn weitgehend verloren. Für zahlreiche Berufsfelder sind heute Fähigkeiten, wie sie ein wissenschaftliches Studium vermittelt, unverzichtbare Schlüsselqualifikationen geworden: die Fähigkeit zum selbständigen Arbeiten und zur Vermittlung gewonnener Kenntnisse, das Vermögen, den eigenen Standpunkt in Zweifel zu ziehen, die Bereitschaft, sich kritischen Fragen zu stellen und zu neuen, gemeinsam erarbeiteten Ergebnissen zu kommen. Und auf der anderen Seite ist längst klar geworden, wie sehr das universitäre Studium durch die Beschäftigung mit Problemen und Anforderungen aus Beruf und Praxis bereichert und fruchtbar gemacht werden kann. Worauf es eigentlich ankommt und was wir dringend benötigen, das sind gute, durchdachte Konzepte und Methoden, die beide Bereiche auf sinnvolle Weise miteinander in Verbindung bringen.

Der Ansatz der Kooperationsstelle Wissenschaft und Arbeitswelt der Universität des Saarlandes, im Rahmen einer Forschungsausschreibung innovative Projekte zur erfolgreichen Vermittlung von Berufs- und Arbeitsweltkompetenz im Studium zu fördern, ist deshalb ein wichtiger und begrüßenswerter Schritt in die richtige Richtung. Der vorliegende Band versammelt Erfahrungsberichte aus den einzelnen Projekten und erweitert sie sowohl um grundsätzliche Überlegungen als auch um konkrete Handlungshilfen für die Umsetzung. Er stellt somit allen Interessierten eine reiche und vielseitige Dokumentation zur Verfügung, die auch zur weiterführenden Beschäftigung mit dem Thema zahlreiche Anregungen bietet. Besonders wichtig scheint uns, dass dabei nicht nur die unmittelbar berufs- und arbeitsmarktrelevanten Problemstellungen im Vordergrund stehen – welche Studieninhalte qualifizieren mich am besten für einen guten Job? – sondern auch soziale Fragen der arbeitsweltlichen Entwicklung, der Aspekt der Bildungsgerechtigkeit sowie persönlichkeitsbezogene Themen der individuellen Orientierungs- und Entscheidungsfähigkeit Beachtung finden. Den Herausgeber/innen, Birgit Roßmanith von der Kooperationsstelle Wissenschaft und Arbeitswelt und Horst Backes von der Arbeitskammer des Saarlandes – der Organisation, die die Projekte maßgeblich finanziert hat –, ist für ihre Initiative sehr zu danken, dem Band ein großes und aufmerksames Publikum zu wünschen.

Einleitung

Von der Hochschule in den Beruf - Berufs- und Arbeitsweltkompetenz im Studium

Birgit Roßmanith, Horst Backes

1. Vorgeschichte

„Sehen Sie eine Möglichkeit, die Rechtswissenschaften dabei zu unterstützen, Kommunikations-, Beratungs- und Gesprächsführungskompetenzen im Studium zu verankern?"

Diese Frage stellte Herr Weth (Professor für Arbeitsrecht der Universität des Saarlandes) an die Mitherausgeberin des vorliegenden Bandes in ihrer Eigenschaft als Forschungskoordinatorin der Kooperationsstelle Wissenschaft und Arbeitswelt der Universität des Saarlandes (KoWA). Es wurde die entscheidende Ausgangsfrage, die schließlich zu diesem fächer- und disziplinenübergreifenden Buch „Von der Hochschule in den Beruf - Berufs- und Arbeitsweltkompetenz im Studium" führte.

Aus diesem ersten Projekt „Die Beratungssituation als Thema des Hochschulunterrichts" entstand 2004 die fakultäts- und fachrichtungsübergreifende Forschungsinitiative der Kooperationsstelle „Berufs- und Arbeitsweltkompetenzen im Studium".

Perspektivisch sollte durch diese Forschungsinitiative Studierenden der Übergang vom Studium in den Beruf mithilfe des Erwerbs von ausgewählten Schlüsselkompetenzen erleichtert werden.

Im Rahmen eines Workshops, an dem alle interessierten Expert/innen aus den engen Partner/innenorganisationen der Kooperationsstelle Wissenschaft und Arbeitswelt – Arbeitskammer des Saarlandes, Universität des Saarlandes und DGB Saar – teilgenommen haben, wurde gemeinschaftlich eine Forschungsausschreibung erarbeitet, die genau dieses Ziel verfolgte. Weitere fünf Projekte, die Berufs- und Arbeitsweltkompetenz im Studium der Universität des Saarlandes fördern, wurden auf dieser Grundlage vom Beirat der Kooperationsstelle und dem Vorstand der Arbeitskammer bewilligt und finanziert.

2. Ziele und Zielgruppen

Die Autor/innen dieses Bandes möchten Wege aufzeigen, wie Studierenden der Übergang zwischen Hochschule und Arbeitswelt erleichtert werden kann. Dies schildern sie vor dem Hintergrund der Arbeitsweltumbrüche und -herausforderungen in einer entstehenden Wissensgesellschaft, deren Grundlagen die Hochschulen schaffen sollten.

Die zweite wichtige Zielgruppe der Forschungsinitiative sind die Studienganggestalter/innen, die Lehrenden, die Studienberater/innen und die Hochschulleitungen in den Hochschulen, die Ideen und Anregungen erhalten sollen, wie sie Berufs- und Arbeitsweltkompetenz in das Studium integrieren können.

Die ausgewählten Studierenden hatten durch die Projekte schon im Verlauf ihres Studiums Berührungspunkte beispielsweise durch betreute Praktika mit Unternehmen und Organisationen, um die arbeitsweltlichen Realitäten besser kennen lernen, reflektieren und gestalten zu können. Career- und Bewerbungstrainings, Coaching- und Berufsberatungsangebote für die Studierenden wurden konzipiert. Erprobt wurden Methoden wie Praktikumsbetreuung, train-the-trainer-Beratungskompetenz, Weiterbildungsmodule und Coaching für Studierende sowie teilweise auch für Lehrende an der Universität des Saarlandes.

Um den Übergang zwischen der Hochschule und der Arbeitswelt für die Studierenden zu erleichtern und um die neu entstehenden Bachelor- und Masterstudiengänge mit mehr und mehr Arbeitsweltkompetenzen zu bereichern, wurden Konzepte für die Vermittlung von Schlüsselkompetenzen in den Projekten entwickelt, umgesetzt und evaluiert.

Die Vermittlung dieser Kompetenzen sollte sich aber nicht nur an die Studierenden richten. Auch Lehrende sollten die Möglichkeit erhalten, Fähigkeiten zu erwerben, um selbst oder mit Unterstützung anderer die wichtigsten Arbeitsweltkompetenzen in die Lehre einbringen zu können. Ansatzpunkte für eine Hochschullehrendenausbildung „Arbeitsweltkompetenz" werden in fast allen Aufsätzen sichtbar.

Ein begleitendes Projektnetzwerk bestehend aus Akteur/innen der Partner/innenorganisationen der Kooperationsstelle verstand sich als Promotor für all diese Anliegen.

Dem Projektnetzwerk war im Hintergrund ein wichtiges Anliegen, dass der Wandel der Arbeit und die Rolle der arbeitenden Menschen darin reflektiert wird. Die Studierenden sollten wissen, was es heißt als Arbeitnehmer/in in ein Unternehmensgefüge eingebunden zu werden oder gar selbst ein Unternehmen zu gründen. Fachliche, ökonomische und soziale Kompetenzen spielen dabei eine gewichtige Rolle. Die gesellschaftliche Frage, welche Bedeutung Arbeit und Beruf heute und in Zukunft haben, wurde mit den individuellen Fragen, welche Rolle Arbeit und Beruf für jede/n persönlich spielt und wie die Studentin bzw. der Student diese Zukunft aktiv und engagiert vorbereiten kann, verbunden. Hier zeigt sich andeutungsweise die Relevanz der sozialen Fähigkeit, Diversity-, Macht- und Gender-Konstellationen analysieren sowie integrativ, kooperativ und zielführend mit gestalten zu können.

Ein Anspruch des Projektnetzwerks war es zudem, mit den ausgewählten Projekten den Zusammenhang von Arbeitsweltkompetenzen und Persönlichkeitsbildung durch die Vermittlung von sozialen, personalen und methodischen Kompetenzen sichtbar zu machen; ganz im Sinne des den Hochschulen immanenten ganzheitlichen Bildungsanspruchs, der sich den Herausforderungen der entstehenden Wissensgesellschaft und den sich darin verändernden Arbeitswelten stellt.

3. Der Aufbau dieses Buches

In diesem Buch finden Sie die Ergebnisse von Pilotprojekten, die

- im Studienzentrum in Zusammenarbeit mit dem Hochschulteam der Agentur für Arbeit Saarbrücken,
- in den Rechtswissenschaften,
- in den Wirtschaftswissenschaften,
- in der Interkulturellen Kommunikation,
- in den Sprachwissenschaften und
- in den Erziehungswissenschaften

der Universität des Saarlandes reflektierte und praxiserprobte Wege aufzeigen, wie die Implementierung von relevanten Berufs- und Arbeitsweltkompetenzen auf Universitätsebene oder auf Fachrichtungsebene – exemplarisch in der Universität des Saarlandes – gelingen kann.

Zusätzlich wird unser Buch dankenswerterweise von Beiträgen komplettiert, die

Von der Hochschule in den Beruf - Berufs- und Arbeitsweltkompetenz im Studium

- die Kontaktstelle für Wissens- und Technologietransfer (KWT) und
- die Ingenieurwissenschaften

der Universität des Saarlandes beigesteuert haben. Dort werden die wichtigen arbeitsweltrelevanten Schlüsselkompetenzen vorgestellt, in denen die (zukünftigen) Existenzgründer/innen und Ingenieure ausgebildet werden.

Die Kooperationsstelle Wissenschaft und Arbeitswelt der Universität des Saarlandes förderte, vernetzte und publiziert diese Projekte im Rahmen ihres Forschungsschwerpunkts „Berufs- und Arbeitsweltkompetenz im Studium", bereicherte sie mit eigenen Vorstudien, Veranstaltungsangeboten sowie der Vermittlung von kompetenten Expert/innen.

Dieses Buch ist inhaltlich in drei Teile untergliedert.

a. Herausforderungen der Berufs- und Arbeitsweltorientierung im Studium:

Der erste Teil beschäftigt sich mit den Herausforderungen, vor denen die Lehrenden und die Studierenden stehen, um (sich) auf die Arbeitswelt von heute und morgen vorzubereiten. Wie müssen Schlüsselkompetenzen ausgewählt und angereichert sein, um auf die Herausforderungen einer entstehenden Wissensgesellschaft, eines Strukturwandels von Erwerbsarbeit, des Bologna-Prozesses in den Hochschulen etc. arbeitsweltrelevant und persönlichkeitsentwickelnd vorzubereiten? Wichtige Punkte werden hierbei einerseits durch die Schlüsselkompetenzanalysen von Robin Stark[1] und Andrea de Riz, Erziehungswissenschaften, sowie durch die Studien zur Wissensgesellschaft von Birgit Roßmanith, Kooperationsstelle Wissenschaft und Arbeitswelt, herausgearbeitet.

b. Erfahrungsberichte bei der Implementierung von Berufs- und Arbeitsweltkompetenz in das Studium:

Im zweiten Teil des Buches dokumentieren die Projekte ihre Ergebnisse und Erfahrungen, die sie während der Projektumsetzung gemacht haben. Sie zeigen auf, welche Chancen und Möglichkeiten in der Implementierung von Berufs- und Arbeitsweltkompetenz im Studium aus der Perspektive der verschiedenen Einrichtungen und Fachrichtungen liegen, aber auch welche Hürden zu bedenken sind.

---

1 Bei den Autor/innen dieses Bandes verzichten wir aus Gründen der Lesbarkeit auf die Nennung der Titel im Text, wie es in Fachbüchern gängig ist. Genaue Angaben finden Sie im Autor/innenverzeichnis.

Die Projekte - des Studienzentrums in Zusammenarbeit mit der Arbeitsagentur (Steinmann/Jordan), der Rechtswissenschaften (Weth/König), der Betriebswirtschaftslehre (Kußmaul/Henkes/Schulz), der Interkulturellen Kompetenz (Lüsebrink/Vatter), der Ingenieurwissenschaften (Weber/Schütze) - beschreiben ihre Projektkonzeptionen und Erfahrungen. Sie thematisieren die Erfolgskriterien aber auch die Schwierigkeiten der spezifischen Disziplinen und Einrichtungen, die bei der Implementierung von Berufs- und Arbeitsweltkompetenz in das Studium zu beachten sind.

Das Projekt in den Rechtswissenschaften stellt darüber hinaus ein differenziertes Konzept zur Entwicklung von „Beratungskompetenz in juristischen Berufen" vor. Verbunden wird hier rechtswissenschaftliches Beratungs-Knowhow (Stephan Weth) mit den Erkenntnissen der systemischen Organisationsberatung, die von Eckard König (Lehrstuhl für Allgemeine Pädagogik und Erwachsenenbildung der Universität Paderborn) dankenswerterweise hier eingebracht wurden. Die Ausführungen zur Beratungskompetenz sind für alle Beratungsberufe, nicht nur für juristische Berufe hochinteressant.

c. Handlungsempfehlungen, die bei der Umsetzung und Implementierung von Berufs- und Arbeitsweltkompetenz im Studium Beachtung finden sollten:

Im dritten Teil des Buches haben fast alle Autor/innen ihre spezifischen Handlungsempfehlungen aus den Projekterfahrungen nieder geschrieben, die sie Hochschulleitungen, Lehrenden, Beratenden und Studierenden bei der Berücksichtigung von Berufs- und Arbeitsweltkompetenz im Studium mit auf den Weg geben können.

Das Projekt des Studienzentrums gemeinsam mit dem Hochschulteam der Agentur für Arbeit Saarbrücken von Susanne Steinmann und Barbara Jordan reflektiert beispielsweise die Einrichtung eines zentralen Beratungszentrums zur Vermittlung von Berufs- und Arbeitsweltkompetenz in der Hochschule.

Eckard König und Stephan Weth stellen disziplinenübergreifend ein train-the-trainer-Seminarkonzept vor, das aufzeigt, wie Beratungskompetenz im Hochschulunterricht vermittelt werden kann. Das Seminar wurde exemplarisch mit Lehrenden der Rechtswissenschaften erprobt: Die Beratungssituation als Thema des Hochschulunterrichts.

Heinz Kußmaul, Jörg Henkes, Marie-Luise Schulz reflektieren auf der Grundlage einer Evaluation unter den in den Projekten beteiligten Studierenden die Schlüsselkompetenzen, die in der Betriebswirtschaftslehre angeboten werden sollten und den Einsatz der methodischen Bausteine Training, Seminare und

Einzelberatung, die in Zusammenarbeit mit der Beratungsagentur cml Schulz angeboten wurden.

Hans-Jürgen Lüsebrink und Christoph Vatter beschäftigen sich mit der Frage, wie nachhaltige bzw. längerfristige Lernprozesse mit einem „Event", wie dem hier dargestellten „Interkulturellen Praxistag", sinnvoll verbunden und disziplinenübergreifend angeboten werden können.

Barbara Sandig und Andreas Monz stellen in ihrem Beitrag die Erfolgskriterien und -methoden für eine arbeitsweltorientierte „Perspektive Sprachwissenschaft" vor. Wichtige Werkzeuge waren in ihrem Projekt ein „Journal", eine „Internetpräsenz", „Ringvorlesungen", „Tutorien", „Workshops" und „Flyer". Hier wird zudem eine Checkliste zur Entwicklung eines Projekts „Berufs- und Arbeitsweltkompetenz" geboten.

Andrea de Riz und Robin Stark diskutieren den Zusammenhang der Vermittlung von arbeitsweltorientierten Schlüsselkompetenzen und dem Ansatz, Bildung als Persönlichkeitsentwicklung zu begreifen. Didaktische Konzepte, die Selbststeuerung fördern, werden von ihnen fachübergreifend entwickelt und vorgestellt. Auch hier arbeiten die Erziehungswissenschaften (Robin Stark) mit der Beratungsagentur »competence-design« von Andrea de Riz zusammen.

Thomas Kunz beschreibt last but not least die notwendigen Kompetenzen für Unternehmens- und Existenzgründungen. Er stellt das umfassende Komplettangebot der Kontaktstelle für Wissens- und Technologietransfer der Universität des Saarlandes (KWT) für die Existenzgründung vor, die sich in diesem Bereich national und international einen höchst kompetenten Namen in Zusammenarbeit mit dem Lehrstuhl von Heinz Kußmaul gemacht hat. Das Angebot reicht von Wissensangeboten zur Erstellung des Businessplans über wirtschafts- und rechtswissenschaftliche Seminarangebote bis zur Vermittlung von »soft skills«.

4. Herzlichen Dank

Wir möchten uns herzlich bei allen Forscher/innen, die im Autor/innenverzeichnis mit ihren Lehrstühlen, Einrichtungen und/oder Agenturen vorgestellt werden, bedanken. Sie haben dieses Buch so vielfältig, perspektivenreich, disziplinenspezifisch aber auch -übergreifend, breit und auch kontrovers gemacht. Gerade diese Vielfältigkeit der Sichtweisen und Perspektiven fundiert das Vernetzungskonzept dieses Buches, sodass es geradezu Programm ist, dass jeder Beitrag bezogen auf den Inhalt und den Stil für die Perspektive der jeweiligen Verfasser/innen steht und nicht notwendig mit der Auffassung der Herausgeber/innen oder der weiteren Autor/innen übereinstimmen muss.

Für die Beiträge von Andreas Schütze (Lehrstuhl für Mechatronik), Christian Weber (Lehrstuhl für Konstruktionstechnik/CAD) und Thomas Kunz (KWT/ Existenzgründung) möchten wir unseren besonderen Dank aussprechen, da sie ihre Erkenntnisse ganz unabhängig von einer finanziellen Förderung in unser Buch eingebracht haben.

Die Arbeitskammer des Saarlandes ermöglichte dankenswerterweise die Finanzierung der Projekte. Der Dank gebührt stellvertretend den Vorstandsvorsitzenden Rüdiger Zakrzewski und Hans Peter Kurtz.

Das Hochschulteam der Agentur für Arbeit Saarbrücken hat sich auch finanziell an dem Projekt des Studienzentrums beteiligt und damit wichtige inhaltliche Erweiterungen und Kooperationsexperimente ermöglicht. Wir möchten dafür stellvertretend Barbara Jordan danken.

Besonderen Dank gebührt darüber hinaus den Beiratsmitgliedern der Kooperationsstelle 2004-2006 – zusammengesetzt aus Mitgliedern der Universität des Saarlandes (UdS), der Arbeitskammer des Saarlandes (AK), des DGB Saar (DGB), der Hochschule Technik und Wirtschaft (HTW), dem Wissenschaftsministerium des Saarlandes und der Staatskanzlei des Saarlandes – für ihre intensive Projektförderung.

In umgekehrt alphabetischer Reihenfolge sind das die Beiratsmitglieder:

Rüdiger Zakrzewski (AK), Prof. Dr. Margret Wintermantel (UdS), Prof. Dr. Christian Weber (UdS), Doreen Trittel (Wissenschaftsministerium), Prof. Dr. Erich Steiner (UdS), Friedrich Simson (Wissenschaftsministerium), Roland Schwarz (AK), Prof. Dr. Andreas Schütze (UdS), Prof. Dr. Christian Scholz (UdS), Elisabeth Schneider (UdS), Heribert Schmitt (AK), Eugen Roth (DGB), Michael Riedel (DGB), Ralf Reinstädtler (AK), Rudolf Pruß (AK), Eleonore Neumann (AK), Holger Meuler (DGB), Prof. Dr. Hans Jürgen Lüsebrink (UdS), Wolfgang Lorenz (UdS), Guido Lesch (AK), Hans Peter Kurtz (AK), Prof. Dr. Bärbel Kuhn (UdS), Isolde Kunkel-Weber (DGB), Prof. Dr. Hans Leo Krämer (UdS), Klaus Kessler (DGB), Dr. Sybille Jung (UdS), Dr. Christine Hohnschopp (UdS), Prof. Dr. Cornelia Gräsel (UdS), Prof. Dr. Ralph Friedmann (UdS), Dr. Michael Franz (Staatskanzlei), Prof. Dr. Rita Franceschini (UdS), Prof. Dr. Wolfgang Cornetz (HTW), Prof. Dr. Wolfgang Brücher (UdS), Stephan Brill (Staatskanzlei), Prof. Dr. Heinz Bierbaum (HTW), Petra Baltes (AK), Hildegard Ames Reiber (DGB).

Dem Alma Mater Verlag – insbesondere Hans-Peter Freymann – danken wir für die Aufnahme des Buches in sein Programm und für die Layoutgestaltung.

Stephanie Wunderlich und Olga Haubrichs danken wir für ihr unermüdliches Engagement insbesondere bei den Korrekturarbeiten.

Liebe Leserin, lieber Leser, wir wünschen Ihnen eine spannende Lektüre der Forschungsergebnisse „Von der Hochschule in den Beruf – Berufs- und Arbeitsweltkompetenz im Studium".

1. Abschnitt

Herausforderung: Berufs- und Arbeitsweltorientierung im Studium

Schlüsselkompetenzen – Warum gerade heute?

Andrea de Riz, Robin Stark

1. Praxisorientierung als *neuer* Bildungsauftrag für Hochschulen?

Forderungen aus der Arbeitswelt nach stärkerer Praxisorientierung der Studiengänge und höherer Employability[1] der Studienabsolvent/innen sind nachdrücklich. So bedauert Dieter Hundt, Präsident der deutschen Arbeitgebervereinigung, die mangelnde Berücksichtigung wirtschaftlicher Erfordernisse an deutschen Hochschulen (Durth, 2004). Von einer akademischen Ausbildung erwartet er, dass die Studierenden auf den Beruf und auf lebenslanges Lernen vorbereitet werden. Fachkenntnisse sollen deshalb durch »soft skills« ergänzt werden. „Die besten Chancen auf dem Arbeitsmarkt haben Absolventen, die umfassend auf spätere Tätigkeiten in Wirtschaft, Wissenschaft und Verwaltung vorbereitet sind. Die Studierenden müssen bereits während ihres Studiums mit den Anforderungen des Arbeitsmarktes in Berührung kommen. Dazu ist es notwendig, die Studiengänge praxisnäher zu gestalten." (ebd., S. 4)

Auch der Deutsche Industrie- und Handelskammertag (DIHK) betont die Bedeutung einer ausgeprägten Employability der Studierenden. Bei einer Umfrage im September 2005 zum Thema „Weiterbildung für die Wissensgesellschaft" wurden bundesweit mehr als 900 Unternehmen befragt. Die Ergebnisse fasst Martin Wansleben (2005), Hauptgeschäftsführer des DIHK, zusammen. Von dem „idealtypische[n] Mitarbeiter in der modernen Arbeitswelt" wird Fachwissen als Basis selbstverständlich vorausgesetzt. Entsprechend dem Wandel in der Arbeitswelt erwarten die Unternehmen Lernbereitschaft, Leistungswillen und Innovationsstärke von ihren Mitarbeitern und Mitarbeiterinnen. Ohne diese Kompetenzen seien diese ansonsten nicht in der Lage, auf Veränderung schnell zu reagieren und die nötigen Anpassungsleistungen zu vollbringen. Soziale Kompetenzen betrachten die Unternehmen als besonders wichtig, da nur team- und kommunikationsfähige Mitarbeiter und

---

[1] Da der deutsche Begriff Berufsfähigkeit immer die Anbindung an einen spezifischen Kernberuf impliziert, wird in dieser Arbeit der englische Ausdruck „Employability" verwendet. Mehr zu dieser Problematik findet sich u.a. bei Kohler (2004)

Mitarbeiterinnen an einer positiven Unternehmenskultur mitwirken können, die ausschlaggebend für eine gute Arbeitsmotivation und -zufriedenheit ist. Weiterhin erwarten die Unternehmen eine hohe Bereitschaft und Fähigkeit, selbstständig zu lernen. Die traditionellen Kulturtechniken Lesen, Schreiben und Rechnen werden um Fremdsprachen und EDV-Kenntnisse erweitert und als Grundvoraussetzungen betrachtet.

Solche Forderungen gibt es aber nicht erst heute. Bei der Durchsicht von Stellenanzeigen der letzten Jahrzehnte wird deutlich, dass fachübergreifende Kompetenzen auch früher schon gefragt waren. So findet sich zum Beispiel in der Frankfurter Allgemeinen Zeitung vom 02.10.1970 eine Anzeige mit folgendem Inhalt:

„Bedeutendes Unternehmen sucht junge Herren zwischen 27 und 32 Jahren, die sich durch ihre Arbeit eine Position mit Zukunft aufbauen wollen. Die zu besetzende Position erfordert

- Dynamik
- schnelle Auffassung und Anpassung
- Methodik und Organisationstalent
- Freude am Umgang mit Menschen
- Beherrschung der französischen Sprache."

Die Inhalte sind also längst bekannt, neu sind die Namen. So sprechen wir heute etwa von sozialer Kompetenz, wenn wir so etwas wie die „Freude am Umgang mit Menschen" meinen.

Neu sind vor allem aber die gestiegenen Erwartungen, die sich an diese Kompetenzen knüpfen. Es gilt daher zu hinterfragen, warum diesen im Kontext der aktuellen bildungspolitischen und wissenschaftlichen Diskussion so große Bedeutung beigemessen wird. Handelt es sich um Anforderungen einer Wirtschaft, die die Lösung ihrer Probleme in flexibel einsetzbaren Mitarbeiterinnen und Mitarbeitern sucht, also in der „universellen Fachkraft"? Oder ist es eine Reaktion auf veränderte Umweltbedingungen, zu deren Bewältigung solche Kompetenzen nötig sind? Was macht Fähigkeiten wie Problemlösekompetenz, Zeitmanagement oder Selbstmotivation zu dem, was wir häufig unter der Überschrift Schlüsselqualifikationen oder Schlüsselkompetenzen finden? Bevor verschiedene Ansätze dazu erläutert werden, soll jedoch zunächst ein Blick darauf geworfen werden, weshalb Schlüsselkompetenzen heute in aller Munde sind.

2. Gesellschaft und Arbeitswelt im Wandel

Im florierenden Wirtschaftswunder der jungen Bundesrepublik waren die Anforderungen an Arbeitskräfte relativ klar. Im Vordergrund stand die Produktion von Massengütern. Arbeitsteilung war die vorherrschende Struktur von Arbeit, die auf konkretes Fachwissen und zuverlässiges Ausführungskönnen ausgerichtet war. Mit der rasant fortschreitenden Technologisierung war das einmal erworbene Fachwissen jedoch zunehmend schneller überholt. Die Anpassung der (Aus-)Bildungsgänge an die aktuellen Erfordernisse der Wirtschaft konnte diesem Tempo nicht folgen. Die Prognostizierbarkeit von Qualifikationsbedarf war nicht mehr gegeben, da sich die beruflichen Anforderungen ständig veränderten. Permanente berufliche Fortbildung wurde nötig. Reines Fach- und Faktenwissen genügte nicht mehr. Zunehmend waren Arbeitskräfte gefragt, die je nach Situation selbstständig und eigenverantwortlich die anfallenden Aufgabenstellungen bewältigen konnten. Die klassische Arbeitsteilung wurde mehr und mehr durch neue Arbeitsformen wie etwa Gruppen- oder Projektarbeit abgelöst. Dies erforderte neben der Lösung der anstehenden Aufgaben auch die verstärkte Zusammenarbeit in der Gruppe, was soziale Kompetenzen zum Schlüssel für erfolgreiches Arbeiten machte. Der Einsatz von Computern und Programmen zur Steuerung von Arbeitsprozessen verlangte branchen- und berufsübergreifend ein Grundverständnis für den Umgang mit diesen Technologien (Prim, 1995).

1974 beschreibt Mertens, angeregt durch den japanischen Beitrag der „Multi-Channel-Society" auf der International Future Research Conference 1970 Kyoto, die sich ständig wandelnde moderne Gesellschaft als geprägt durch

- „hohen technischen und wirtschaftlichen Entwicklungsstand,
- Dynamik,
- Rationalität,
- Humanität,
- Kreativität,
- Flexibilität und
- Multi-Optionalität der Selbstverwirklichung." (Mertens, 1974, S. 37)

Dieser strukturelle Wandel rückt den oder die Einzelne wie nie zuvor ins Zentrum der Aufmerksamkeit. Um den sich stetig ändernden Hausforderungen gewachsen zu sein, müssen Individuen in der Lage sein, Situationen einzuschätzen, Möglichkeiten abzuwägen und eigenverantwortlich Entscheidungen zu treffen. Diesen Individualisierungsprozess beschreibt Ulrich Beck 1986 in seiner „Risikogesellschaft". Er formuliert „... ein aktives Handlungsmodell des Alltags, das das Ich zum Zentrum hat, ihm Handlungschancen zuweist und eröffnet und es auf diese Weise erlaubt, die aufbrechenden Gestaltungs- und Entscheidungsmöglichkeiten in Bezug auf den eigenen Lebenslauf sinnvoll klein zu arbeiten." (Beck, 1986, S. 217) Wer die Fähigkeit des aktiven Handelns nicht erlernt, wird laut Beck mit einer permanenten Benachteiligung bestraft.

Lebenslanges Lernen und der kompetente Umgang mit Information als Basis für Entscheidungen sind also unerlässliche Voraussetzungen geworden, um ein erfolgreiches Leben zu führen, erfolgreich im Sinne von Existenzsicherung und Teilhabe an sozialen Prozessen. Das Handlungsmodell unserer Eltern und Großeltern, einmal solide erworbenes Wissen als andauernde Lebens- und Erwerbsgrundlage zu betrachten, funktioniert nicht mehr. Wir haben heute zwar erfreulicherweise viel mehr Gestaltungsmöglichkeiten für individuelle Lebensentwürfe, damit einhergehend aber auch mehr Entscheidungszwang und Risiken. Dazu sind Fähigkeiten nötig, die uns als Individuen stärken und in die Lage versetzen, auf diese äußeren Unsicherheiten nicht nur zu reagieren, sondern möglichst gestaltend damit umzugehen.

Auch hier wird erkennbar, dass es nicht um etwas grundlegend Neues geht, denn die Anforderungen der Gesellschaft und insbesondere auch der Arbeitswelt an Individuen erinnern deutlich an die Ziele des humanistischen Bildungsideals. Neu daran ist, dass die Forderung nicht nur fachlicher, sondern umfassender (Aus-)Bildung nun vornehmlich aus der Wirtschaft kommt.

Der Erwerb einer solchen Bildung erfordert eine aktive Auseinandersetzung mit sich selbst, und den eigenen Stärken und Schwächen und geht daher über die bloße Aneignung von Wissen und Fakten weit hinaus. Persönlichkeitsentwicklung ist das Stichwort. Nur Individuen, die in der Lage sind, sich ständig weiter zu entwickeln, ihr Potenzial zu nutzen, sich selbst zu organisieren, sich selbst zu motivieren, sich selbst zu präsentieren, für sich selbst Verantwortung zu übernehmen etc. können diesen Anforderungen beggnen. Das häufige Auftreten des Begriffes „selbst" ist ein weiteres Indiz dafür, dass es bei diesen Kompetenzen nicht um reinen Wissenserwerb, sondern um die individuelle Auseinandersetzung mit der eigenen Persönlichkeit und deren Entwicklung geht (vgl. z. B. Jacke, 1995; Reetz, 1999; Schaeper/Bridies, 2004).

Wie sehen nun aber diese Kompetenzen aus, die wir brauchen, um mit den veränderten Anforderungen adäquat umgehen zu können? Was brauchen

Individuen, um in modernen Gesellschaften erfolgreich zu sein und ein gutes Leben führen zu können?

3. Schlüsselkompetenzen: Antwort auf sich wandelnde Anforderungen

Welche Anforderungen stellt die Gesellschaft an uns und welche Erwartungen haben wir an sie? Das heißt, inwiefern hängen individuelle und gesellschaftliche Ziele zusammen?

Im Abschlussbericht des DeSeCo-Projekts (DeSeCo Definition and Selection of Competencies: Theoretical and Conceptual Foundations) wird diese Frage als Grundlage für die Diskussion um Schlüsselkompetenzen betrachtet. „Nachhaltige Entwicklung und sozialer Zusammenhalt hängen entscheidend von den Kompetenzen der gesamten Bevölkerung ab – wobei der Begriff ‚Kompetenzen' Wissen, Fertigkeiten, Einstellungen und Wertvorstellungen umfasst." (OECD, 2005, o.S.)

Wenn ein Individuum zur Verfolgung seiner persönlichen Ziele Kompetenzen erwirbt, führt das nicht nur für diese Person zum Erfolg, sondern fördert die Entwicklung der gesamten Gesellschaft. Abbildung 1 stellt diesen Zusammenhang dar.

Individuelle und kollektive Ziele und Kompetenzen

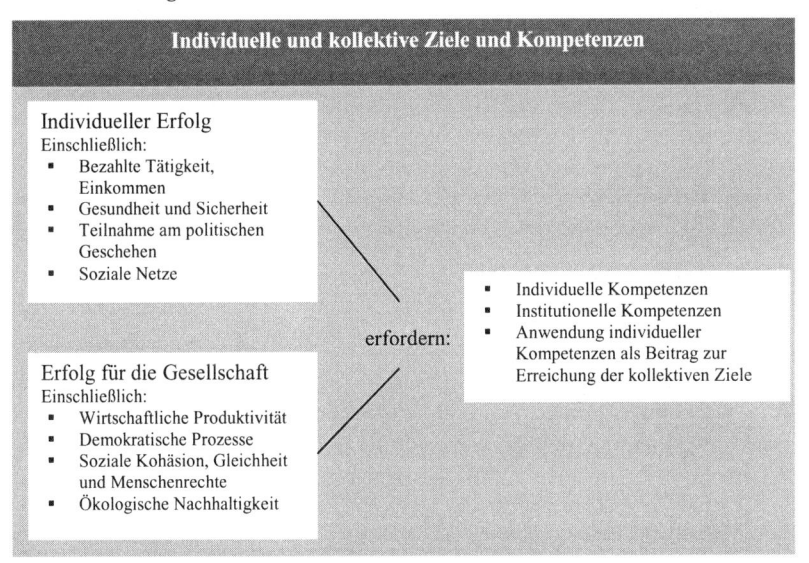

Individueller Erfolg
Einschließlich:
- Bezahlte Tätigkeit, Einkommen
- Gesundheit und Sicherheit
- Teilnahme am politischen Geschehen
- Soziale Netze

erfordern:
- Individuelle Kompetenzen
- Institutionelle Kompetenzen
- Anwendung individueller Kompetenzen als Beitrag zur Erreichung der kollektiven Ziele

Erfolg für die Gesellschaft
Einschließlich:
- Wirtschaftliche Produktivität
- Demokratische Prozesse
- Soziale Kohäsion, Gleichheit und Menschenrechte
- Ökologische Nachhaltigkeit

Abbildung 1: Individuelle und kollektive Ziele und Kompetenzen, OECD (2005)

Gleichzeitig müssen die Menschen in der Lage sein, mit Wandel und Komplexität kompetent umzugehen. Die Kompetenzen, die sie dazu benötigen, sind der Schlüssel zum Erfolg in einem Umfeld, in dem

- schneller und permanenter technologischer Wandel Anpassungsfähigkeit und Beherrschung ständig neuer Verfahren erfordert,

- multikulturelles Zusammenleben und -arbeiten den Aufbau von Beziehungen zu Menschen erfordert, die anders fühlen, denken und handeln als man selbst,

- durch die Globalisierung neue Abhängigkeiten und Konsequenzen entstehen, die über lokale Gemeinschaften und Einzelstaaten weit hinaus reichen (OECD, 2005).

Individuen, die mit solchen Schlüsselkompetenzen ausgestattet sind, sind nicht nur Voraussetzung für eine positive soziale Entwicklung. Sie bringen gleichzeitig auch die von der Arbeitswelt geforderte Employability mit, die ja nichts anderes bedeutet, als erworbenes Wissen nicht nur nach einem Mustererkennungsschema abzurufen, sondern es in der gegebenen Situation angemessen zu nutzen und eventuell anzupassen.

Unter der Überschrift „Was fordert die Wissensgesellschaft von der Bildung?" formulieren Mandl und Krause (2001) die Erwartung, dass Bildung Individuen dazu verhilft, „sich gut zu informieren". Um dies in Anbetracht des stetig fortschreitenden Wandels zu erfüllen, betrachten sie lebenslanges Lernen als unerlässlich. Damit das vermittelte Wissen sozial verträglich genutzt wird und somit zu einer positiven sozialen Entwicklung beitragen kann[2], muss Bildung gleichzeitig die Entwicklung von Wertorientierung anregen und fördern. Um lebenslanges Lernen in diesem Sinne überhaupt leisten zu können, ist neben reinem Wissenserwerb die Entwicklung der eigenen Persönlichkeit sowie einer fachübergreifenden Lernkompetenz zu fördern.

Auch dieser Ansatz stellt also Kompetenzen in den Vordergrund, die die Entwicklung einer starken Persönlichkeit als Voraussetzung für soziale Handlungsfähigkeit beinhalten.

Das Konzept solcher übergeordneten oder fachübergreifenden Kompetenzen ist, wie bereits erwähnt, nicht neu. 1974 prägte der damalige Direktor des Forschungsinstituts der Bundesanstalt für Arbeit Dieter Mertens den Begriff

---

2 vgl. dazu die interessante Unterscheidung von Mandl/Rheinmann-Rothmeier (1998) zwischen Informationsgesellschaft und Wissensgesellschaft, wobei letztere sich durch ethisch vertretbare Wissensnutzung auszeichnet.

„Schlüsselqualifikationen" und entwarf ein dreidimensionales Konzept der „Schulung für eine Existenz in der modernen Gesellschaft".

In einer modernen Gesellschaft (vgl. Abschnitt 2 oben) hat Schulung für Mertens die Aufgabe, Fähigkeiten zur Problembewältigung zu vermitteln, und umfasst drei Dimensionen:

- die Bewältigung und Entfaltung der eigenen Persönlichkeit,
- die Fundierung der beruflichen Existenz,
- sowie das gesellschaftliche Verhalten.

Alle Lehr- und Lernformen müssen, um erfolgreich zu sein, also um die Individuen in die Lage zu versetzen, selbstgesteuert an gesellschaftlichen Prozessen zu partizipieren, alle drei Dimensionen berücksichtigen.

Mertens sah ein Problem darin, dass bis dahin alle Reformen im Bildungswesen als Antwort auf die veränderten Anforderungen der Arbeitswelt darauf abzielten, Entwicklungen vorherzusehen. Da der stetige Wandel jedoch Charakteristikum moderner Gesellschaften ist, können Prognosen keine geeignete Grundlage bildungsplanerischer Entscheidungen sein. Ziel müsse daher sein, eine Bildungsstruktur zu entwerfen, die die Anpassungsprobleme von (Aus-)Bildung an die praktischen Anforderungen der Arbeit am weitesten minimiert.

Zentrales Konstrukt ist dabei die Flexibilität im Bildungswesen. Mertens formuliert drei Kriterien, die diese Flexibilität gewährleisten sollen. Zum einen sind demnach flexible Kooperationsstrukturen zwischen Bildungssystemen nötig, zum Beispiel zwischen der Erwachsenenbildung und den Hochschulen. Mertens spricht hier sogar schon von einer Kooperation bei der Zertifizierung von Leistung. Ein Gedanke, der sich heute im EU-weiten Kreditpunktesystem zweistufiger Studiengänge wiederfindet. Hier geht es zwar primär um die Anerkennung von Leistungen, die an unterschiedlichen Hochschulen erbracht wurden. Darüber hinaus wird aber auch über Möglichkeiten nachgedacht, der Notwendigkeit des lebenslangen Lernens gerecht zu werden und daher auch Kompetenzen, die außerhalb von (Aus-)Bildungseinrichtungen erworben wurden, anzuerkennen (Dokumente zum Bologna-Prozess).

Mertens führt weiter aus, dass der individuelle Gestaltungsspielraum für die eigene (Aus-)Bildung erweitert werden müsse, um so eine flexible Anpassung von Bildungswegen an persönliche Wünsche und berufliche Ziele zu ermöglichen. Auch die Bildungsinhalte selbst sollten flexibler gehandhabt werden. Statt in festen Lehrplänen und Katalogen mit festgeschriebenen

Bildungsinhalten sollten diese Inhalte nur in loser, weit gefasster Form zusammengestellt werden, so dass Bildungsinstitute, Lehrende und Lernende eine eigenverantwortliche Auswahl treffen können.

Auch diese Forderung findet sich in der neuen Konzeption der zweistufigen Studiengänge wieder. Die Modularisierung der Studiengänge bietet die Möglichkeit, in einem gewissen Rahmen die inhaltlichen Bausteine und den Ort, an dem diese erworben werden, selbst zu wählen. Die Aufteilung in ein grundlegendes Bachelor- und ein weiterführendes Master-Studium lässt es nicht nur zu, nach dem ersten Abschluss zunächst praktische Erfahrungen im Berufsleben zu sammeln und das weiterführende Studium zu einem späteren Zeitpunkt wieder aufzunehmen, sondern soll dies auch explizit fördern. Darüber hinaus kann nach dem Bachelor-Studium, zum Beispiel in Informatik, eine Spezialisierung gemäß persönlichen Interessen im Master-Studium umgesetzt werden, zum Beispiel Medieninformatik.

Besonders betont Mertens schließlich, dass generell Bildungsinhalte so gewählt werden sollen, dass sie den Erwerb von Schlüsselqualifikationen zur Bewältigung von sozialen und arbeitsweltlichen Herausforderungen fördern. Was aber sind nun solche Schlüsselqualifikationen?

4. Was sind Schlüsselkompetenzen? Versuch einer Definition

Das Problem der Definition von Schlüsselkompetenzen beginnt schon mit dem Begriff selbst. Was sind Kompetenzen, was Qualifikationen, was Kenntnisse und Fähigkeiten? Alltagssprachlich wird zwischen diesen Begriffen kaum unterschieden. Ebenso beliebig mischen sich die Begriffe Schlüsselkompetenzen, Schlüsselqualifikationen, fachübergreifende Kenntnisse, »soft skills«, »cross-curricular competencies«. Was damit jeweils gemeint ist, also welche Inhalte sich hinter dem jeweiligen Begriff verbergen, ist genauso vielseitig. Auch in der wissenschaftlichen Diskussion herrscht eine große Vielfalt sowohl an Begriffen wie auch an den diesen jeweils zugeordneten Inhalten. Eine eindeutige und allgemeingültige Definition kann daher nicht gegeben werden. Im Hinblick auf die oben dargestellte Bedeutung von technischem und sozialem Wandel auf die Arbeitsanforderungen sollen im folgenden einige Ansätze vorgestellt werden.

Der Begriff der Schlüsselqualifikationen geht zurück auf Mertens (s.o.), der diesen Begriff zur Beschreibung der Ausbildungserfordernisse in modernen Gesellschaften eingeführt hat. Da Bildungsinhalte umso schneller veralten, je stärker sie an konkrete Funktionen und Arbeitsverrichtungen gebunden sind,

sind seiner Meinung nach in modernen Gesellschaften nur solche Bildungsinhalte effizient, die aufgrund eines höheren Abstraktionsgrades, also einer geringeren Bindung an Arbeitsvorgänge, langsamer veralten. „Ihnen kommt deshalb in modernen Gesellschaften besondere Bedeutung zu.

Eine übliche Tendenz im Bildungswesen angesichts der Unsicherheit über die Entwicklung der speziellen Arbeitsanforderungen besteht in der Verbreiterung des Faktenwissens (Breitenbildung). Diese Tendenz bringt wegen der zunehmenden Unüberschaubarkeit von Fakten keinen Gewinn für eine Existenz in der Zukunft. Die Lösung liegt vielmehr eher bei der Suche nach ‚gemeinsamen Dritten' von Arbeits- und sonstigen Umweltanforderungen.

Solche ‚gemeinsamen Dritten', also übergeordnete Bildungsziele und Bildungselemente, nennen wir Schlüsselqualifikationen, weil sie den Schlüssel zur raschen und reibungslosen Erschließung von wechselndem SpezialWissen bilden." (Mertens, 1974, S. 36)

Reetz (1999) sieht bei der Verwendung des Begriffs Schlüsselqualifikationen Anlass zu Missverständnissen, da seinem Verständnis nach Mertens eher Kompetenzen meint als Qualifikationen. Aus einem pädagogischem Ansatz heraus bezeichnet Reetz Kompetenzen als „menschliche Fähigkeiten, die dem situationsgerechten Handeln zugrunde liegen und dieses erst ermöglichen." (ebd., S. 38) Statt von Schlüsselkompetenzen oder Schlüsselqualifikationen spricht er von beruflicher Handlungskompetenz und definiert sie als „... das reife Potenzial beruflicher Fähigkeiten ..., das es dem Menschen erlaubt, entsprechend den Leistungsanforderungen, die in konkreten beruflichen Situationen gestellt werden, zu handeln. Aus der Sicht des Beschäftigungssystems werden die jeweiligen nachgefragten, aktuell verwertbaren Fähigkeiten, derartigen Leistungsanforderungen gerecht zu werden, als Qualifikationen bezeichnet. Aus der pädagogischen Perspektive einer Kompetenz bilden die geforderten Qualifikationen ... aber nur einen Teil des Potenzials, das mit beruflicher Handlungskompetenz umschrieben wird." (ebd., S. 38f)

Die aus wissenschaftlicher Sicht durchaus relevante terminologische Debatte, ob es sich nun um Kompetenzen oder um Qualifikationen handelt, ist nicht Inhalt dieser Arbeit. Im folgenden werden daher die Begriffe Schlüsselkompetenzen und Schlüsselqualifikationen synonym verwendet. Es soll vielmehr die für die Praxis wichtige Frage der Operationalisierung von Schlüsselkompetenzen diskutiert werden.

Alle dargestellten Definitionen beschreiben jeweils einen recht weiten Inhaltsraum; am präzisesten drückt sich unseres Erachtens Mertens aus. Aber auch bei ihm stellt sich die Frage der Operationalisierung von Schlüsselkompetenzen für ein didaktisches Modell. Benötigt wird also eine operationalisierbare Definition.

Als Kriterien dieser Operationalisierung lassen sich folgende Merkmale für Schlüsselkompetenzen benennen:

- „Sie tragen zu wertvollen Ergebnissen für die Gesellschaft und die Menschen bei,
- sie helfen den Menschen dabei, wichtige Anforderungen unter verschiedenen Rahmenbedingungen zu erfüllen und
- sie sind nicht nur für die Spezialisten, sondern für alle wichtig." (OECD, 2005, o.S.)

Diesen Kriterien wird die Definition von Orth (1999) gerecht, die daher als Grundlage für die weitere Diskussion im Rahmen dieser Arbeit herangezogen wird. „Schlüsselqualifikationen sind erwerbbare allgemeine Fähigkeiten, Einstellungen und Wissenselemente, die bei der Lösung von Problemen und beim Erwerb neuer Kompetenzen in möglichst vielen Inhaltsbereichen von Nutzen sind, so dass eine Handlungsfähigkeit entsteht, die es ermöglicht, sowohl individuellen als auch gesellschaftlichen Anforderungen gerecht zu werden." (Orth, 1999, S. 107)

5. Dimensionen und Kategorien von Schlüsselkompetenzen

Zur Operationalisierung müssen aus den oben formulierten Zielen konkrete Bildungsinhalte abgeleitet werden, die in einer Lehr-Lern-Situation umsetzbar sind. Wie bereits oben dargestellt, liegt gerade hierin jedoch ein Hauptproblem, da sich eine schier unendlich lange Liste der Fähigkeiten, Einstellungen und Wissenselemente erstellen ließe, die je nach bildungsplanerischer Intention in den Kanon der zu vermittelnden Schlüsselkompetenzen eingereiht werden. So erstellten beispielsweise Didi et al. (1993) allein aus pädagogischer Literatur einen Katalog mit 654 Fähigkeiten und Kenntnissen.

Auf den ersten zehn Plätzen nach Häufigkeit der Nennung liegen

1. Kommunikationsfähigkeit
2. Kooperationsfähigkeit
3. Denken in Zusammenhängen, Flexibilität, Selbständigkeit, Kreativität
4. Problemlösefähigkeit
5. Transferfähigkeit

6. Lernbereitschaft
7. Durchsetzungsvermögen, Entscheidungsfähigkeit
8. Zuverlässigkeit, Verantwortungsgefühl, Lernfähigkeit, Konzentrationsfähigkeit
9. Ausdauer
10. Genauigkeit

Da eine solche Auflistung für die Umsetzung eines systematischen Konzeptes von Schlüsselkompetenzen nicht weiterhilft, werden im Folgenden Ansätze zur Kategorisierung und Dimensionierung von Schlüsselkompetenzen vorgestellt. Im Hinblick auf die oben beschriebene Anbindung an Persönlichkeitsentwicklung werden die Vorschläge von Mertens und Chur herangezogen.

Mertens (1974) unterscheidet vier Arten von Schlüsselqualifikationen:

- Basisqualifikationen = Qualifikationen höherer Ordnung mit einem breiten Spektrum vertikalen Transfers, zum Beispiel logisches Denken, Einfühlungsvermögen, Lernfähigkeit.

- Horizontalqualifikationen = Informationen über Informationen (horizonterweiternde Qualifikationen), also Kenntnisse über Techniken der Informationsgewinnung, aufgabenspezifische Informationsselektion und -verarbeitung

- Breitenelemente = ubiquitäre Ausbildungselemente, damit bezieht sich Mertens zwar auf spezielle Kenntnisse, es handelt sich aber um solche, die in vielen unterschiedlichen Bereichen gebraucht werden, zum Beispiel Messtechnik oder auch Kulturtechniken wie Lesen, Schreiben und Rechnen.

- Vintage-Faktoren = generationsbedingte Lehrstoffe und Begriffssysteme. Dies sind Qualifikationen, die aktuell erfolgsrelevant sind und von der heranwachsenden Generation quasi selbstverständlich gelernt werden, jedoch von älteren erst nachträglich erworben werden müssen. Zum Beispiel werden PC-Kenntnisse heute selbstverständlich in den Schulen vermittelt, während vorangehende Generationen diese als Erwachsene erwerben müssen.

Mertens' Kategorisierung hat den Nachteil, dass sich die Kategorien nicht eindeutig voneinander trennen lassen. So sind viele Kompetenzen durchaus mehreren Kategorien zuzuordnen. PC-Kenntnisse zum Beispiel können zur Zeit durchaus noch in die Kategorie der generationsabhängigen Vintage-Faktoren fallen, aber ebenso gut bereits als Kulturtechnik den Breitenelementen oder als Technik der Informationsgewinnung den Horizontalqualifikationen zugeordnet werden.

Chur (2005) dagegen hat mit seinem „Heidelberger Modell" (vgl. Absatz 10 unten) nicht nur eine Kategorisierung von Schlüsselkompetenzen vorgenommen, sondern diese auch direkt mit einem Modell zur Umsetzung verknüpft. Er fasst unter dem Begriff Schlüsselkompetenzen verschiedene Kompetenzarten zusammen: allgemeine kognitive Kompetenzen, Metakompetenzen zur Steuerung kognitiver Prozesse und Handlungskompetenzen.

Die Operationalisierung dieses Ansatzes ist bei Chur in ein Gesamtmodell integriert, das unseres Erachtens gut geeignet ist, die Komplexität und Variabilität des Themas abzubilden. Es soll daher im nächsten Abschnitt vorgestellt werden.

6. Schlüsselkompetenzen als zentrales Merkmal eines integrativen Bildungskonzepts

Nach Chur (o.J.) lässt sich aus dem Humboldtschen Bildungsideal ein Verständnis von Bildung ableiten, das den vermeintlichen Gegensatz zwischen (Persönlichkeits-)Bildung und funktionalistischer (Aus-)Bildung zur Employability, also die scheinbare Unvereinbarkeit von Persönlichkeitsentfaltung und Anwendungsbezug in der Bildung überwindet.

Dieses integrative Bildungskonzept basiert auf drei grundlegenden Aspekten: Offenheit, Funktionalität und Mehrdimensionalität.

Offenheit bedeutet, Bildung als ergebnisoffene Persönlichkeitsentfaltung zu betrachten, die weder planbar noch vorhersehbar ist. Bildung in diesem Sinne benötigt daher ausreichend Entwicklungsspielraum.

Funktionalität der Bildung bezieht sich auf das Verhältnis des Individuums zu seiner Umgebung. Hierbei geht es um die Fähigkeit, Kenntnisse und Fertigkeiten zu erwerben, die je nach realer Anforderung angepasst und eingesetzt werden können, sich also für den Transfer zwischen einzelnen Anwendungskontexten eignen.

Der Aspekt der Mehrdimensionalität schließlich charakterisiert Bildung als auf mehr als nur auf Denkprozesse bezogen. „In ihren Themen und Formen bezieht sie sich auf den ganzen Menschen mit seinen vielfältigen kognitiven, erfahrungsbezogenen und praktischen Dimensionen." (ebd., S.4) Demnach wird Bildung ganzheitlich mit dem gesamten Potenzial des Individuums erworben.

Aus diesen drei Kriterien von Bildung leitet Chur den Begriff der Kompetenz als zentrale Komponente eines integrativen Bildungskonzeptes ab. „In seinem Verweis auf Identität und Handlungsfähigkeit ist er auf die Persönlichkeit bezogen; er vermag gleichzeitig als Kompetenz-zu-etwas die Wechselwirkung von Ich und Welt in sich zu fassen und schließt sowohl kognitive als auch nicht-kognitive Dimensionen ein." (ebd., S.4)

Mit Bezug auf Weinert (2001) unterscheidet Chur dabei den relativ engen Begriff kognitiver Kompetenz und den weiter gefassten Begriff der Handlungskompetenz. Kognitive Kompetenz bezieht sich naturgemäß ausschließlich auf kognitive Fähigkeiten, also mentale Prozesse, in denen Informationen verarbeitet und in vorhandenes Wissen integriert werden. Kognitive Kompetenz steht immer in Bezug zu einem bestimmten Themenbereich.

Handlungskompetenz dagegen ist fachübergreifend und umfasst außer kognitiven Fähigkeiten auch Motivation und Emotion, sowie soziale, selbstevaluative und wertbezogene Fähigkeiten.

Um dieses Konzept in die Praxis umzusetzen, muss ein strukturierender Rahmen für Bildung geschaffen werden, der die Bildungsinhalte und die Art der Vermittlung festschreibt.

Hier begegnen wir wieder dem Widerspruch zwischen Mertens Flexibilitätsanspruch von Bildung, bei Chur das Kriterium der Offenheit, und der Notwendigkeit der Operationalisierung. (vgl. Absatz 4 oben). Chur tritt diesem Widerspruch gegenüber, indem er eine gewisse normative und funktionale Vorgabe bei institutionalisierten Bildungsprozessen nicht nur als unvermeidlich, sondern als notwendig für die Entfaltung der Persönlichkeit und die Offenheit des Bildungsprozesses postuliert. „Ob solche Struktursetzungen ein emanzipatorisches, bildungsoffenes Moment beinhalten, liegt darin, wie mit den funktionalen beziehungsweise normierenden Aspekten umgegangen wird: Werden Lernziele verdeckt und implizit oder transparent und verhandelbar kommuniziert? Sind sie vorgegeben oder werden sie vereinbart? Wie eng sind die Anforderungen formuliert, auf die die Bildungsprozesse funktional bezogen sind: geht es um spezifische Leistungen oder (auch) um ein in der Persönlichkeit verankertes Vermögen? Enthalten die (Aus-)Bildungsziele einen subjektiven Interpretationsspielraum oder sind sie als eng umschriebenes Verhalten formuliert?" (Chur, o.J. o.S.)

Voraussetzung dafür, dass Bildungsprozesse den Kompetenzerwerb nachhaltig unterstützen, ist deren Qualität. Chur nennt drei Kriterien

- Selbststeuerung und Interaktion, um Offenheit zu gewährleisten,

Von der Hochschule in den Beruf - Berufs- und Arbeitsweltkompetenz im Studium

- Anwendungsbezug und Strukturierung, um die nötige Funktionalität zu sichern,
- ganzheitliches und erfahrungsorientiert-reflexives Lernen vor dem Hintergrund der Mehrdimensionalität.

Was bedeutet das nun konkret für die Vermittlung von Schlüsselkompetenzen? Das Heidelberger Modell basiert auf drei Prinzipien. Ein „Konzept der (Aus-)Bildungsqualität" an den Hochschulen, das neben Studium und Lehre auch die Organisationsstrukturen in den Fachbereichen umfasst. Weiterhin ein „systematisches persönlichkeitsbezogenes Konzept von Schlüsselkompetenzen", wie oben dargestellt, in dem Bildungsinhalte nicht willkürlich, sondern systematisch zusammengestellt und strukturiert als Module angeboten werden. Und schließlich „Kriterien für die Vermittlung solcher Schlüsselkompetenzen", die sich didaktisch am Prinzip der Mehrdimensionalität zu orientieren hat und organisatorisch so in das Curriculum eingegliedert wird, dass der gezielte Erwerb von Schlüsselkompetenzen und die nötige Fachnähe gleichzeitig gegeben sind.

Vor diesem Hintergrund werden im Heidelberger Modell Schlüsselkompetenzen in vier Kategorien eingeteilt, die in psychologischen Konzepten erfasst und beschrieben werden (Modellierung) und dann in konkrete Vermittlungsmodule umgesetzt:

- **Aktive Orientierung**
  Sich selbst in Situationen handlungsfähig positionieren
  Stichworte zur psychologischen Modellierung: Kreativität, Motivation, Selbstkonzept, vernetztes Denken.
  Beispiele für das konkrete Angebot: Analyse der eigenen Stärken und Schwächen
- **Zielbewusstes Handeln**
  Projekt- und Lebensziele flexibel ansteuern
  Stichworte zur psychologischen Modellierung: Motivation, Volition, Handlungsregulation
  Beispiele für das konkrete Angebot: Zeitmanagement, Karriereplanung
- **Selbstgesteuertes Lernen**
  Kenntnisse und Fähigkeiten ständig erweitern
  Stichworte zur psychologischen Modellierung: Selbstmotivation, Strategien zur Informationsaufnahme und -verarbeitung, Steuerung des Lernprozesses

Beispiele für das konkrete Angebot: Informationsmanagement, wissenschaftliches Schreiben

- **Soziale Kompetenz**
Soziale Verantwortung, kommunikatives und kooperatives Handeln
Stichworte zur psychologischen Modellierung: Soziale Orientierung, Bereitschaft zum Perspektivwechsel, Bereitschaft zur Übernahme von Verantwortung
Beispiele für das konkrete Angebot: Präsentation, Teamarbeit, Selbstpräsentation (Chur, o.J. und Chur, 2005)

Das hier vorgestellte Konzept von Schlüsselkompetenzen ist eines von vielen möglichen. Aufgrund der angebotenen Lösung zur Operationalisierung erscheint es uns jedoch als Basis für die praktische Umsetzung an Hochschulen gut geeignet. Bevor dieser Punkt näher beleuchtet wird, gibt es noch einige Anmerkungen zur Übertragbarkeitsproblematik von Schlüsselkompetenzen.

7. Übertragbarkeit von Schlüsselkompetenzen

Mit dem Begriff der Schlüsselkompetenzen verbindet sich oft die Erwartung, dass sie unabhängig von Situation und Inhalt immer wieder angewendet werden können, also fachübergreifend sind: Wer einmal ein sozialwissenschaftliches Projekt erfolgreich gemanagt hat, hat Projektmanagement gelernt und sollte auch EDV-Projekte organisieren und leiten können. Diese bildungspolitischen Wunschvorstellungen können jedoch nicht eindeutig belegt werden. So zeigen etwa Ergebnisse aus der Expertise-Forschung, dass Personen mit hervorragenden Leistungen nicht über die erwarteten hervorragenden allgemeinen Problemlösestrategien verfügen. Vielmehr erzielen sie die ausgezeichneten Ergebnisse durch ihr ausgeprägtes Fach- und Erfahrungswissen. Stellt man sie vor Aufgaben, die von ihrem speziellen Gebiet abweichen, lässt die Qualität der Ergebnisse deutlich nach (Gräsel, 2002).

Das Beispiel zeigt, dass die Schlüsselkompetenz Problemlösefähigkeit nicht zweifelsfrei als fachübergreifend bezeichnet werden kann. Auch Schlüsselkompetenzen lassen sich also nicht in jedem Fall und in jeder Situation einsetzen, sie sind nicht zwingend der *Universalschlüssel* für Aufgaben in verschiedenen Inhaltsbereichen. Nach Weinert (1999) besteht in Bezug auf Kompetenzen ein so genanntes „Bandbreite-Genauigkeits-Dilemma". Danach sind allgemeine Fähigkeiten in bestimmten Situationen nur bedingt hilfreich, während gleichzeitig viele Fähigkeiten an ein Wissensgebiet gebunden sind und gar nicht oder nur adaptiert auf andere Gebiete übertragbar sind. Schlüsselkompetenzen generell als fachübergreifend zu bezeichnen, ist daher nicht unproblematisch.

Nicht jede Schlüsselkompetenz ermöglicht unabhängig von der Wissensdomäne die erfolgreiche Bewältigung einer Aufgabe.

Ein wichtiger Punkt bei der Diskussion um die Übertragbarkeit von Schlüsselkompetenzen darf daher nicht übersehen werden: An Schlüsselkompetenzen wird eine hohe Erwartung geknüpft. Ihnen wird eine starke Auswirkung auf die Qualität von Arbeitsergebnissen und auf die Employability zugesprochen. Es gibt bislang jedoch nur wenige Studien, die diesen Zusammenhang konkret untersuchten. Die Berechtigung dieser Erwartungshaltung ist daher nicht ausreichend empirisch belegt.

8. Auftrag an die Hochschulen: Der Bologna-Prozess

Dass die Vermittlung von Schlüsselkompetenzen ein so zentrales Thema für die Hochschulen geworden ist, steht in engem Zusammenhang mit dem beschriebenen sozialen, technischen und wirtschaftlichen Wandel. Doch wie schon weiter oben festgestellt, ist diese Erwartung als solche nicht neu. Neu ist, dass im Rahmen des sogenannten Bologna-Prozesses den Hochschulen europaweit die Berücksichtigung von Schlüsselkompetenzen in ihrem Bildungsangebot vorgeschrieben wird. Die Umstellung auf die zweistufigen Bachelor-Master-Studiengänge soll gewährleisten, dass den Anforderungen der Arbeitswelt im Rahmen der Hochschulausbildung mehr genüge getan wird.

Mit der am 19. Juni 1999 in Bologna unterzeichneten Erklärung verpflichteten sich die EU-Bildungsministerinnen und -minister folgende Reformen umzusetzen:

- „Einführung eines Systems leicht verständlicher und vergleichbarer Abschlüsse, [...] mit dem Ziel, die arbeitsmarktrelevanten Qualifikationen der europäischen Bürger [...] zu fördern." (Dokumente zum Bologna-Prozess, 1999)

- Einführung eines zweistufigen Studiensystems, mit einem ersten Abschluss (undergraduate, i.d.R. Bachelor) und der Möglichkeit zu einem zweiten (graduate, i.d.R. Master oder Promotion). Der erste Abschluss „attestiert eine für den europäischen Arbeitsmarkt relevante Qualifikationsebene." (ebd.)

- „Einführung eines Leistungspunktesystems [...] als geeignetes Mittel der Förderung größtmöglicher Mobilität der Studierenden. Punkte sollten auch außerhalb der Hochschulen, beispielsweise durch lebenslanges Lernen, erworben werden können, vorausgesetzt, sie werden durch die jeweiligen aufnehmenden Hochschulen anerkannt." (ebd.)

- Förderung der Mobilität für Studierende und Lehrende
- Förderung der europäischen Zusammenarbeit bei der Qualitätssicherung
- Förderung der erforderlichen europäischen Dimensionen im Hochschulbereich

Zur Diskussion steht also nicht mehr ob, sondern wie die Hochschulen diese Erwartung erfüllen sollen (z.B. Kohler, 2004; Richter, 2004). Die Ministerinnen und Minister betonen den wichtigen Beitrag der Hochschulen zu wirtschaftlicher und sozialer Entwicklung und sichern ihnen daher Entscheidungsfreiheit über ihre interne Organisation und Verwaltung zu. Gleichzeitig fordern sie die Hochschulen aber nachdrücklich dazu auf, „zu gewährleisten, dass die Reformen vollständig in die zentralen institutionellen Funktionen und Abläufe integriert werden." (Dokumente zum Bologna-Prozess, 2003).

Arbeitgeber und Arbeitgeberinnen erwarten von den neuen Bachelor-Master-Studiengängen die in den Bologna-Dokumenten explizit festgeschriebene Förderung der Employability. Dies soll über die Vermittlung von Schlüsselkompetenzen insbesondere in der Bachelor-Phase umgesetzt werden (Anz, 2003; Richter, 2004). Der Druck auf die Hochschulen wächst also, Programme anzubieten, die die Studierenden beim Erwerb von Schlüsselkompetenzen unterstützen.

Es entsteht manchmal der Eindruck, dass die Reformprozesse an den Hochschulen selbst nicht so entschieden vorangetrieben werden. Dies mag zum einen sicherlich daran liegen, dass die Bologna-Dokumente, ihrer Natur als politische Dokumente entsprechend, Ziele formulieren, die mögliche praktische Hürden eher nicht berücksichtigen. So spielt ohne Zweifel die Mittelknappheit der öffentlichen Haushalte, von der ja gerade auch die Hochschulen betroffen sind, eine wesentliche Rolle bei der teilweise verzögerten Umsetzung. Das Haupthindernis scheint aber in den internen Strukturen zu liegen. Es ist oft nicht klar, wer innerhalb der Hochschule eigentlich für die Aufgabe, ein passendes Konzept zu erarbeiten und dessen Realisierung voranzutreiben, zuständig ist. So entsteht in der deutschen Hochschullandschaft ein bunt gemischtes Angebotsspektrum. Hier entsteht ein Career-Center, dort bieten Fachschaften Kurse an, und anderswo versuchen einzelne Lehrende Schlüsselkompetenzen in ihre Fachveranstaltungen zu integrieren. Ein systematischer Vergleich der bislang bestehenden Ansätze zur Vermittlung von Schlüsselkompetenzen an Hochschulen ist daher nicht möglich. Dies scheitert schon daran, dass an vielen Hochschulen Angebote laufen, von denen außer den unmittelbar Betroffenen niemand weiß. Ein erster Schritt ist daher die Verortung eines Angebotes zur

Vermittlung von Schlüsselkompetenzen innerhalb der Hochschulen sowie eine wirksame Öffentlichkeitsarbeit (siehe auch Kußmaul/Henkes/Schulz, in diesem Band).

Und es ist eben genau dies die Aufgabe der Hochschulen, aus den gesetzlichen Vorgaben eine konkrete und realisierbare Umsetzung zu erarbeiten.

9. Ansätze zur Vermittlung von Schlüsselkompetenzen

Die bislang bestehenden Modelle zur Vermittlung von Schlüsselkompetenzen an Hochschulen weisen im Hinblick darauf, wer dafür zuständig ist, verschiedene Ansätze auf. Es gibt fachunabhängige Zusatzangebote, die von einer zentralen Stelle aus für alle Studierenden der Hochschule organisiert werden. Andernorts integrieren Fachbereiche Schlüsselkompetenzen methodisch und inhaltlich in ihr Curriculum.

Zu unterscheiden sind vor dieser Fragestellung additive, kooperative und integrative Ansätze zur Vermittlung von Schlüsselkompetenzen (Fehr, 2004).

Additive Modelle bieten die Schlüsselkompetenzen als Zusatzangebot zum Studium, unabhängig von den Fachbereichen in gesonderten Kursen an. Die Organisation und Durchführung erfolgt durch eigens damit befasste hochschulinterne oder externe Agenturen (meist Einsatz externer Trainerinnen und Trainer), wodurch ein hohes Maß an Professionalität und Qualität für die Vermittlung der Schlüsselkompetenzen gegeben ist.

Demgegenüber ist die Vermittlung von Schlüsselkompetenzen bei Modellen mit **integrativem Ansatz** meist eingebunden in Veranstaltungen zur Vermittlung von Fach-kompetenzen in dem jeweiligen Fachbereich. Dies erleichtert den Zugang und macht für die Studierenden den Nutzen der Schlüsselkompetenzen unmittelbar deutlich. Dieser Ansatz trägt außerdem dem in Absatz 7. beschriebenen Problem der »Nicht-/Übertragbarkeit« von Schlüsselkompetenzen Rechnung. Allerdings ist dieses Vorgehen mit einem hohen Aufwand für die Lehrenden verbunden, die selbst geeignete Angebote für die Vermittlung von Schlüsselkompetenzen im Rahmen ihrer Domäne entwickeln und durchführen müssen. Als problematisch kann sich hier auch die Qualitätssicherung erweisen, da den Lehrenden unter Umständen die Expertise fehlt, solche Angebote zu konzipieren.

Als **kooperativ** wird ein Vermittlungsmodell bezeichnet, in dem Schlüsselkompetenzen ebenfalls zusätzlich zum Studium angeboten werden, allerdings in Abstimmung auf die verschiedenen Fachbereiche und in Kooperation mit diesen. Hier wird an der Hochschule eine Einrichtung geschaffen, die auf die Vermittlung von Schlüsselkompetenzen spezialisiert ist. Diese ermittelt den Bedarf in den einzelnen Fachbereichen, erstellt geeignete Angebote für diese und unterstützt die Lehrenden im Bedarfsfall bei der Vermittlung von Schlüsselkompetenzen. Dieser Ansatz stellt unseres Erachtens eine sinnvolle Kombination der Vorteile aus additiven und integrativen Ansätzen dar.

10. Beispiele der Umsetzung an Hochschulen

Im folgenden werden einige Beispiele bereits bestehender Modelle zur Vermittlung von Schlüsselkompetenzen vorgestellt.

- Ein rein additives Angebot stellt die Universität Mannheim. Organisiert vom Studentenwerk werden „Kurse zum Erhalt von Schlüsselkompetenzen für das Studium" angeboten. So gibt es zum Beispiel einen Lernkurs für Erstsemester, in dem Lerntechniken, Zeiteinteilung, Prüfungsvorbereitung und der Umgang mit Motivations- und Konzentrationsproblemen trainiert werden. Die Kurse werden von einem Team von Psychologinnen und Psychologen sowie Honorarkräften aus der freien Wirtschaft gehalten. Eine Anbindung an die einzelnen Fachbereiche ist nicht gegeben (Studentenwerk Universität Mannheim, 2005).

- Ein Beispiel für ein integratives Modell bietet die Fachhochschule Heilbronn. Mit dem Ziel, die Schlüsselkompetenzen selbstgesteuertes Lernen, Teamfähigkeit, Präsentation und lebenslanges Lernen zu vermitteln, wurde im Studiengang Maschinenbau unter anderem der Ansatz des „Lernteamcoachings" umgesetzt. Dabei wurden Lerngruppen mit 6 bis 8 Studierenden gebildet. Diese hatten sieben Wochen Zeit, einen aufbereiteten Lerntext inklusive Übungsaufgaben und Verständnisfragen zu bearbeiten. Pro Woche fand eine eineinhalbstündige Sitzung mit dem Coach statt. Der Coach war eine Dozentin oder ein Dozent des jeweiligen Fachbereichs, der den Lernprozess überwachen und helfen sollte, offene Fragen zu klären. Besonders wichtig ist dabei, dass die Unterstützung nicht in Form vorgefertigter Antworten erfolgt, sondern immer eine Hilfestellung zur eigenen Lösungsfindung darstellt. Die positiven Effekte dieses Vorgehens lagen insbesondere in einem verbesserten Kontakt zwischen Studierenden und Lehrenden, was die fachliche Begleitung des Studiums sowie die Selbstständigkeit des Lernens förderte (Lorbeer/Fleischmann/Tröster, 2004; Schaeper/Briedis, 2004).

- Auch beim Bielefelder Modell ist die Vermittlung allgemeiner und berufsbezogener Schlüsselkompetenzen in die Bachelor-Studiengänge integriert. In den Fachveranstaltungen selbst werden studentische Tätigkeiten wie etwa das Halten von Referaten, die Nutzung von Medien oder Projektarbeit als Anlass genutzt, praxisbezogene Schlüsselkompetenzen zu trainieren. Zusätzlich werden weitere Trainings angeboten, die Studierende nutzen können, um studien- und berufsrelevante Kompetenzen einzuüben (Universität Bielefeld Informations- und Pressestelle, 2004).

- An der Universität Heidelberg wurde aus einem Projekt heraus die Abteilung Schlüsselkompetenzen als eigenständige Institution eingerichtet. Diese entwickelt Konzepte zur Förderung und Vermittlung von Schlüsselkompetenzen und sorgt für die nötige Expertise in diesem Bereich. Das Heidelberger Modell ist ein kooperativer Ansatz. Das bedeutet, die Umsetzung erfolgt über ein Modulsystem, das mit den jeweiligen Fachbereichen abgesprochen und für diese angepasst wird. Die einzelnen Veranstaltungen dienen dem expliziten Erwerb bestimmter Schlüsselkompetenzen, die dann zur methodischen Nutzung im Studienverlauf eingesetzt werden (können). Dafür werden aus fortgeschrittenen Studierenden Interessierte von der Abteilung Schlüsselkompetenzen als Tutorinnen und Tutoren ausgebildet. Diese führen dann Veranstaltungen für Studierende der unteren Semester durch. Je nach Aufgabenstellung werden Veranstaltungen auch von Mitarbeitern und Mitarbeiterinnen der Abteilung Schlüsselkompetenzen, didaktisch geschulten Lehrenden der einzelnen Fachbereiche oder externen Expertinnen und Experten durchgeführt. Das bedeutet, es gibt ein Angebot für Studierende aller Fachrichtungen, das die kompetente Vermittlung der angestrebten Schlüsselkompetenzen gewährleistet und gleichzeitig eine enge Einbindung in den „regulären" Studienablauf hat. Insbesondere für die zweistufigen Bachelor-Master-Studiengänge ist dieses ursprünglich freiwillige Angebot mittlerweile fester Bestandteil des Studiums (Fehr, 2004; Chur, 2005).

Es ist zu überlegen, ob es denn überhaupt sinnvoll wäre, wenn alle Hochschulen nach einem gleichen Konzept Schlüsselkompetenzen vermitteln würden. Vielleicht liegt die Chance gerade in der Vielfalt der Angebote. Denn nach dem Grundsatz der Offenheit von Bildung scheint es doch gerade erstrebenswert, dass jede Hochschule ihr Angebot nach dem jeweiligen Bedarf ausrichtet. Dies ist allerdings kein Plädoyer für plan- und systemlose, willkürliche Zusammenstellungen von Einzelkursen, nach dem Motto "Hoch lebe der Vorgang", „Hauptsache, es passiert *irgendwas*". Gerade die Vorgabe aus dem Bologna-Protokoll, die Mobilität zwischen verschiedenen Studienorten durch das Modul- und Credit-Point-System zu fördern, erfordert eine gewisse Vergleichbarkeit der Angebote. Aber welche inhaltlichen und methodischen Schwerpunkte die Hochschulen dabei setzen, sollte im Interesse einer vielseitigen Hochschullandschaft, in deren Bildungsangebot sich die verschiedenen Facetten gesellschaftlichen und kulturellen Zusammenlebens wiederfinden, doch diesen selbst überlassen bleiben.

Aber wie auch immer das Angebot jeder Hochschule aussieht, bleibt eine Frage offen: Was halten die Studierenden davon?

11. Schlüsselkompetenzen - Pflicht oder Kür für Studierende?

Schlüsselkompetenzen wurden oben unter verschiedenen Aspekten, insbesondere unter dem der Vermittlung betrachtet. Wie aber verhält es sich damit aus Sicht der Studierenden? Haben sie ein Bedürfnis nach Schlüsselkompetenzen? Wollen sie diese erwerben oder eher nicht? Sehen sie die Notwendigkeit und die Relevanz von Schlüsselkompetenzen für sich persönlich gegeben? Ist für sie ein solches Angebot also Pflicht oder interessante Kür?

Hier drängt sich förmlich die Frage auf, was Studierende davon haben, wenn sie Schlüsselkompetenzen erwerben. Oder anders ausgedrückt, worin könnte ihre Motivation bestehen, Schlüsselkompetenzen zu erwerben?

Auch die Studierenden selbst nehmen wahr, dass die Anforderungen der Arbeitswelt immer stärker über reine Fachkompetenz hinaus gehen. Sie sind mit dieser Anforderung oft völlig überfordert. Es fehlt ihnen eine realistische Einschätzung, welche Schlüsselkompetenzen für sie beziehungsweise für ihr Berufsziel relevant sind und wie wichtig diese für eine erfolgreiche Karriere sind. Im Rahmen der regulären Veranstaltungen während des Studiums kommen diese Themen jedoch in der Regel zu kurz. Solange ihnen dieser Zusammenhang nicht klar ist, sind zusätzliche Angebote wie etwa Kommunikationstraining, Zeitmanagement, Präsentationstraining etc. für sie nur weitere Kurse, die vielleicht sogar interessant, auf jeden Fall aber zusätzlich zu den Pflichtveranstaltungen zu belegen sind. Die Bereitschaft, solche zusätzlichen Angebote zu nutzen, ist daher bei vielen Studierenden relativ gering. Dies belegen Interviews mit Studierenden der Universität des Saarlandes, die im Rahmen des Projektes „Erhöhung der Berufsorientierung durch Vermittlung von Schlüsselkompetenzen für Studierende an der Universität des Saarlandes" unter anderem dazu befragt wurden (de Riz/Stark, in diesem Band).

Schlüsselkompetenzen sind aber für Studierende durchaus relevant. Wie oben dargestellt, sind Schlüsselkompetenzen die Voraussetzung einer aktiven Teilhabe an sozialen Prozessen (vgl. Absatz 3 oben). Die Studierenden erwerben damit die Fähigkeit aktiv und gestaltend auf ihr Leben einzuwirken.

Daraus lässt sich folgern, dass Schlüsselkompetenzen das Berufsleben aus Sicht der Studierenden selbst erleichtern können. Beispielsweise bringt eine gute Problemlösekompetenz sicherlich weniger Stress und bessere Ergebnisse bei der Arbeit mit sich. Kommunikative Kompetenz ermöglicht die aktive Beteiligung an einem angenehmen Arbeitsklima und kann Mobbing entgegen wirken. Außerdem fördert sie konstruktive Problemlösungen. Wer mit einem kompetenten Projekt- und Zeitmanagement realisierbare Projektpläne erstellen kann, kann Aufgaben sinnvoll verteilen und kommt weniger in Zeitdruck. Werden die erarbeiteten Ergebnisse überzeugend und plausibel präsentiert, wirkt sich dies sicherlich auf die Anerkennung im Betrieb und die Stärkung des Selbstbewusstseins aus und bietet so eine gute Basis für eine aktive Karriereplanung. Durch solche und ähnliche Kompetenzen verbessern sich die subjektiv empfundenen Arbeitsbedingungen, insbesondere die Arbeitszufriedenheit.

Studierende, die über einen guten Fundus an Schlüsselkompetenzen verfügen, sind später in der Lage, ihre Arbeitsbedingungen mitzugestalten, und haben somit bessere Karrierechancen. Aber bereits während des Studiums profitieren sie davon. Es fällt ihnen leichter, individuelle und adäquate Lernstrategien zu entwickeln und ihre Bedürfnisse gegebenenfalls so zu artikulieren, dass sie von den Lehrenden wahrgenommen werden. Sie gestalten so ihr Studium aktiv und selbstbestimmt mit und können dadurch gleichzeitig ihre vorhandenen Schlüsselkompetenzen trainieren und weiterentwickeln.

Es ist daher erstrebenswert, Studierenden diese Kompetenzen mit auf den Weg zu geben.

12. Literaturverzeichnis

Anz, Christoph (2003): Die gestufte Studienstruktur und ihre Konsequenzen für den Arbeitsmarkt aus Sicht der Arbeitgeber. Vortrag an der Universität Mannheim. Internetquelle: http://www.uni-mannheim.de/tagung_2003/p/pdf/Workshop4_Referat_DrAnz.pdf, recherchiert am 24.04.2004

Beck, Ulrich (1986): Risikogesellschaft auf dem Weg in eine andere Moderne. Frankfurt/Main

Chur, Dietmar (o.J.): (Aus-) Bildungsqualität durch Schlüsselkompetenzen - zur Konkretisierung eines integrativen Bildungsverständnisses.
Internetquelle: http://www.uni-heidelberg.de/studium/SLK/dokumente/paris2.pdf, recherchiert am 12.10.2005

Chur, Dietmar (2005): Eckpunkte für die Vermittlung fachübergreifender Schlüsselkompetenzen in gestuften Studiengängen: Das Heidelberger Modell der (Aus-) Bildungsqualität. Internetquelle: http://www.uni-heidelberg.de/studium/SLK/dokumente/hrk_berlin.pdf, recherchiert am 12.12.2005

Didi, Hans-Jörg/Fay, Ernst/Kloft, Carmen/Vogt, Hendrik et al. (1993): Einschätzung von Schlüsselqualifikationen aus psychologischer Perspektive. Bonn.

Dokumente zum Bologna-Prozess: Sorbonne-Erklärung (1998), Bologna-Erklärung (1999), Salamanca-Erklärung (2001), Prager Communiqué (2001), Berliner Communiqué (2003). Internetquellen: http://www.bologna-berlin2003.de/en/main_documents/index.htm und http://www.bologna-bergen2005.no

Durth, K. Rüdiger (2004): Mehr Orientierung an der Wirtschaft. Fragen an den BDA-Präsidenten Dieter Hundt. In: Wissenschaftsmanagement - Zeitschrift für Innovation 10/02, S. 4-5

Fehr, Ute (2004): Kooperative, additive und integrative Ansätze zur Vermittlung von Schlüsselkompetenzen: Das Heidelberger Modell Vortrag auf der Konferenz *Schlüsselkompetenzen: Schlüssel zu mehr (Aus-) bildungsqualität und Beschäftigungsfähigkeit?*, Heidelberg. Internetquelle: http://www.uni-heidelberg.de/studium/SLK/tagung/html-pdf-Dateien/Fehr.htm, recherchiert am 07.04.2004

Gräsel, C. (2002): Fachübergreifende Schlüsselkompetenzen. Vortrag auf dem 6. *Gespräch über Bildung* der Heinrich Böll Stiftung, Berlin

Jacke, Norbert (1995): Veränderung der Qualifikationsanforderungen und Ausbildungsreform - neue Anforderungen an das allgemein bildende Schulwesen? In: Duismann, G. H./ Oberliesen, R. (Hrsg.): Arbeitsorientierte Bildung 2010. Szenarien zur Entwicklung technischer, ökonomischer und haushaltsbezogener Allgemeinbildung in den Schulen der Bundesrepublik Deutschland; Kontinuität und Wandel (Beiträge zur Arbeitslehre Bd. 14, herausgegeben von der Gesellschaft für Arbeit, Wirtschaft und Technik im Unterricht e. V.), Baltmannsweiler, S. 99-119. Internetquelle: http://www.sowi-online.de/reader/berufsorientierung/jacke.htm, recherchiert am 12.12.05

Kohler, Jürgen (2004): „Schlüsselkompetenzen und „employability" im Bologna-Prozess".
Vortrag auf der Konferenz *Schlüsselkompetenzen: Schlüssel zu mehr*

(Aus-) bildungsqualität und Beschäftigungsfähigkeit?, Heidelberg. Internetquelle: http://www.uni-heidelberg.de/studium/SLK/tagung/html-pdf-Dateien/Kohler.htm, recherchiert am 07.04.2004

Lorbeer, Bärbel/Fleischmann, Patrick/Tröster, Fritz (2002): Integrierte Förderung von Schlüsselqualifikationen. Methoden und Erfahrungen aus einem hochschuldidaktischen Projekt. Alsbach/bergstraße.

Mandl, Heinz/Krause, Ulrike-Marie (2001): Lernkompetenz für die Wissensgesellschaft. Forschungsbericht Nr. 145. München. Ludwig-Maximilians-Universität, Lehrstuhl für Empirische Pädagogik und Pädagogische Psychologie.

Mertens, Dieter (1974): Schlüsselqualifikationen. Thesen zur Schulung für eine moderne Gesellschaft. In: Mitteilungen aus der Arbeitsmarkt- und Berufsforschung (MittAB), 7/1974, S. 36-42

OECD (2005): Definition und Auswahl von Schlüsselkompetenzen. Zusammenfassung. In: DeSeCo Definition and Selection of Competencies: Theoretical and Conceptual Foundations. Internetquelle: http://www.oecd.org/dataoecd/36/56/35693281.pdf, recherchiert am 01.12.05

Orth, Helen (1999): Schlüsselqualifikationen an deutschen Hochschulen. Konzepte, Standpunkte und Perspektiven. Neuwied

Prim, Rolf (1995): „Schlüsselqualifikationen" Ein Programm der beruflichen Bildung erreicht die Pädagogischen Hochschulen. In: „Mitteilungen vom Martinsberg - die Freunde der Pädagogischen HochschuleWeingarten" Heft 47, Oktober 1995 Internetquelle: http://www.uni-heidelberg.de/stud/fsk/referate/hopoko/schluess.htm, recherchiert am 13.12.2005.

Studentenwerk Universität Mannheim (2005): pro studente. Internetquelle: http://www.uni-mannheim.de/ext/studwerk/bsd/prostud/index.htm, rech. am. 07.01.06

Reetz, Lothar (1999): Zum Zusammenhang von Schlüsselqualifikationen - Kompetenzen – Bildung. In: Tramm, Tade (Hrsg.): Professionalisierung kaufmännischer Berufsbildung: Beiträge zur Öffnung der Wirtschaftspädagogik für die Anforderungen des 21. Jahrhunderts. Festschrift zum 60. Geburtstag von Frank Achtenhagen., S. 32-1, Frankfurt/ M.

Reinmann-Rothmeier, Gabi/Mandl, Heinz (2001): Unterrichten und Lernumgebungen gestalten. In: Krapp, Andreas/Weidemann, Bernd (Hrsg.): Pädagogische Psychologie. Ein Lehrbuch. Weinheim, S. 601-646

Richter Roland (2004), „Employability" - „Beschäftigungsfähigkeit" Zur Diskussion im Bologna-Prozess und in Großbritannien, Bochum, Internetquelle: http://evanet.his.de/evanet/forum/pdf-position/ Employability-GB-EvaNet.pdf, recherchiert am 26.04.2004

Schaeper, Hilde/Briedis, Kolja (2004): Kompetenzen von Hochschulabsolventinnen und Hochschulabsolventen, berufliche Anforderungen und Folgerungen für die Hochschulreform. HIS Projektbericht. Hochschul-Informations-System, Hannover

Universität Bielefeld Informations- und Pressestelle (Hrsg.) (2004): Bachelor – Master – PhD. Studieren in Bielefeld. Bildung und Wissenschaft in der Weltgesellschaft. Bielefeld.

Wansleben, Martin (2005): Statement von Dr. Martin Wansleben, Hauptgeschäftsführer des Deutschen Industrie- und Handelskammertages zum Pressegespräch am 26. September 2005 in Nürnberg. In: Deutscher Industrie- und Handelskammertag (DIHK) (Hrsg.) (2005): Weiterbildung für die Wissensgesellschaft. Online-Befragung des unternehmerischen Ehrenamtes der IHK-Organisation. Berlin. Internetquelle: http://www.dihk.de/inhalt/download/umfrage_wissensgesellschaft.pdf, recherchiert am 26.12.05

Weinert, Franz E. (2001): Concept of Competence: A Conceptual Clarification. In: Rychen, Dominique S./ Salganik, Laura H. (Hrsg.): Defining and Selecting Key Competencies . Seattle/Toronto/Bern/ Göttingen.

Weinert, Franz E. (1999): Concepts of competence (Contribution within the OECD project definition and selection of competencies: Theoretical and conceptual foundations). Max Planck Institute for Psychological Research, München.

Arbeitswelt – Hochschule – Arbeitsweltkompetenz: Die Herausforderungen der »Wissensgesellschaft«

Birgit Roßmanith

1. Arbeitswelt vor der Herausforderung »Wissensgesellschaft«

Auch wenn wir noch nicht definitiv die Konturen der zukünftigen Gesellschaftsformation beschreiben können, so spricht doch vieles dafür, die in den Sozialwissenschaften aber auch in Politik und Wirtschaft vertretene These von der Wissensgesellschaft ernst zu nehmen.

Anhand der sozialwissenschaftlichen Theorien von Peter F. Drucker, Nico Stehr und Manuel Castells werden hier die Konturen der Arbeitswelt in der Wissensgesellschaft in Differenz zur Industriegesellschaft herausgearbeitet (vgl. Roßmanith 2003). Alle drei Autoren gehen davon aus, dass schon gegenwärtig und in Zukunft immer deutlicher nicht mehr die „Industrie- bzw. Erwerbsarbeit", sondern das Wissen, genauer gesagt, die Anwendung von Wissen auf Wissen das steuernde Element der Gesellschaft sein wird. Das heißt: Vor allem Wissen erzeugt gesellschaftliche Innovationskraft und birgt das Potenzial, den sozialen Herausforderungen der Gegenwart und Zukunft handlungsrelevant zu begegnen. Eine Folge des so diagnostizierten gesellschaftlichen Aufbruchs in Richtung Wissensgesellschaft besteht nun allerdings darin, dass solche Art von Gesellschaften insgesamt mobiler, flexibler, brüchiger und zerbrechlicher werden. Die nationalstaatlichen Grenzen beispielsweise eignen sich kaum mehr, die Gesellschaften voneinander abzugrenzen. Wissen wird im globalen Maßstab verschoben, getauscht und transferiert. Und damit entstehen auch jene globalen Handlungsnetze, die sich einer nationalstaatlichen Steuerbarkeit und Regulierung mehr und mehr entziehen. Ein wachsender Teil der arbeitenden Bevölkerung wird sich aus Sicht der Vordenker/innen der Wissensgesellschaft in diskontinuierlichen, kurz- und mittelfristig befristeten, zeitlich und räumlich entgrenzten Erwerbsarbeitsverhältnissen bewegen; nicht mehr in sogenannten Normalarbeitsverhältnissen[1].

1 Zum Begriff der Normalarbeit vgl. Beck 1987: 215/228 und Beck-Gernsheim 2000: 55

Die Hauptthese, die nun Peter F. Drucker (Drucker 1993, 2001) vertritt, lautet: Wir befinden uns in einer postkapitalistischen Wissensgesellschaft, die von privaten, öffentlichen und sozialen Organisationen getragen wird und sich dem Wettbewerb international und kernkompetenzorientiert stellen muss. Erwerbslosigkeit stellt für ihn mittelfristig kein großes Problem dar, da er davon ausgeht, dass sich die Arbeitsverhältnisse zwar deregulieren und flexibilisieren, aber in ausreichendem Maße zur Verfügung stehen. Die zentrale Herausforderung ist aus seiner Sicht die Umorientierung des gesellschaftlichen Wertesystems in Richtung Mobilität und Flexibilität. Nimmt man die demographische Entwicklung, insbesondere in Europa, hinzu, so müsse man sich ihm zufolge künftig darauf einstellen, zwar nicht in vollem Umfang aber bis zu seinem 75. Lebensjahr erwerbstätig zu bleiben. Die zentrale Herausforderung in Druckers Konzeption ist der »Wandel zur Wissensgesellschaft der Organisationen«. Drucker geht davon aus, dass die traditionellen Schlüsselinstitutionen der Industriegesellschaft, wie beispielsweise Großunternehmen, Großorganisationen aber auch die Familie, die Wissensgesellschaft zukünftig nicht mehr zusammenhalten können. Sie beruhen auf zu starren Regeln, verhindern Mobilität und Flexibilität, die die moderne Wissensgesellschaft dringend benötigt, um sich dem Wettbewerb der Organisationen und der Regionen erfolgreich stellen zu können. Die Organisationen neuen Typs nutzen als produktive Ressourcen ständig erneuertes hochqualifiziertes technologisches und ökonomisches Wissen sowie Managementtechniken und Teamfähigkeit, um kreativ-zerstörerisch Innovationen voranzutreiben. Die gesellschaftlichen Medien, die jenes innovative Wissen in die Gesellschaft transportieren, sind für ihn sog. kernkompetente Kleinorganisationen. Als führende Gruppe leiten die Wissensarbeiter/innen - insbesondere die wissensarbeitenden Manager/innen - ihre Organisationen und Regionen in die wettbewerbsorientierte Prosperität.

Etwas anders sieht Nico Stehr (Stehr 2000, 2001) die Lage des Arbeitsmarktes in der Wissensgesellschaft. Er diagnostiziert eine qualitative und eine quantitative Reduzierung der Erwerbsarbeit auf dem Weg in die Wissensgesellschaft. Die qualitative Reduzierung bedeutet, dass die Erwerbsarbeit, die durch ein hohes Maß von Fremdbestimmung und Ausbeutung des einzelnen arbeitenden Menschen in der Industriegesellschaft gekennzeichnet war, abnehmen wird und Selbstbestimmung in der Erwerbsarbeit zunehmen wird. Gleichzeitig werden aber auch quantitativ die Arbeitsplätze reduziert, sodass nicht mehr in ausreichendem Maße Erwerbsarbeit für alle zur Verfügung stehen wird. Er spricht in diesem Zusammenhang von einer säkularen Arbeitslosigkeit (im Gegensatz zu einer konjunkturellen Arbeitslosigkeit), die die Zukunft des Sozialstaates fundamental in Frage stellen wird. Angesichts dessen stellt sich auch für ihn die Frage, wie ein neues, den sozialen Zusammenhalt förderndes Fundament der Gesellschaft nachhaltig entstehen kann, da auch in ferner Zukunft nicht abzusehen ist, dass genügend Normalarbeitsverhältnisse geschaffen werden können, um alle Menschen sozial und materiell zu integrieren. Stehr baut auf die Wissensprofessionellen, die auf der Grundlage einer aus seiner Sicht wachsenden postmaterialistischen Orientierung auf wachsende Missstände aufmerksam machen und über die Irrwege der Regierungen aufklären helfen. Denn nach wie vor suchen die Regierungen ihr Heil in der Wiederherstellung jener Vollbeschäftigung, die nach Stehr unwiederbringlich verloren gegangen ist. Vielmehr müsse auf die Konstruktion eines sozialen Netzes hingearbeitet werden, das die soziale Sicherung von Vollbeschäftigung und Normalarbeit entkoppelt.

Auch Manuel Castells (Castells 2001, 2002a, 2002b) diagnostiziert ein neues Zeitalter des Kapitalismus, das er unter den Begriff der Informations- und Netzwerkgesellschaft fasst. Der informationelle Kapitalismus und die informationelle Gesellschaft flexibilisieren und globalisieren in einem bislang nicht gekannten Ausmaß die Arbeitswelt, sodass mit einer sukzessiven Fragmentierung des gesellschaftlichen Gefüges zu rechnen ist. Eine wachsende Anzahl von arbeitenden Menschen wird zunehmend als zeitflexibilisierte Gruppe in diskontinuierlichen Arbeitsverhältnissen zwar nicht dauerhaft erwerbslos sein, aber sie werden zwischen den vielen Wechseln von der einen Erwerbsarbeit in die nächste bzw. in die vorübergehende Erwerbslosigkeit hochgradig individualisiert. Es gibt keine gemeinsamen Orte – wie in der Industriegesellschaft –, wo man sich begegnen und organisieren, wo man gemeinsame Erfahrungen austauschen und Schlüsse daraus ziehen könnte. Insofern entsteht aus Castells´ Perspektive eine Arbeitswelt von Einzelnen und gesellschaftlich Entkoppelten, die von den globalen Netzwerken – Finanzmärkte/Unternehmensnetzwerke – koordiniert wird. Gesellschaftlich betrachtet wird der einzelne arbeitende Mensch, der nicht zu den informationellen Produzent/innen gehört, zunehmend abgewertet, sogar in Teilen aus dem Netz „abgeschaltet". Die Lage verschärft sich zudem dadurch, dass Akteure oder Mächtige, gegen die eine Gruppe konkret aufbegehren könnte, im Kontext der Netzwerkgesellschaft nicht mehr auffindbar sind. Castells schreibt dazu: *„Die Logik des Netzwerkes ist machtvoller als die Mächte im Netzwerk. (...) Macht gibt es noch immer, aber sie wird eher zufällig ausgeübt. Auf den Märkten wird weiterhin gehandelt, aber rein wirtschaftliche Berechnungen werden dadurch behindert, dass sie von unlösbaren Gleichungen abhängig sind, die durch zu viele Variablen überdeterminiert sind. Die Hand des Marktes, die von der institutionellen Ökonomie sichtbar gemacht werden sollte, hat sich wieder in die Unsichtbarkeit zurückgezogen."* (Castells 2001: 221ff.)

Von den drei genannten Autoren hat Manuel Castells wohl die kritischste Perspektive auf die Arbeitswelt einer zukünftigen Wissensgesellschaft.

Die Rolle der Arbeitswelt in der Wissensgesellschaft

Theorien der Wissensgesellschaft	Arbeitswelt-Analysen	Arbeitswelt-Herausforderungen
Peter F. Drucker	Postkapitalistische Gesellschaft der Organisationen: wettbewerbs- und kernkompetenzorientiert	Mobilität, Flexibilität, Dienstleistungsarbeiter/innen, Demographie
Nico Stehr	Quantitative und qualitative Reduzierung der Erwerbsarbeit	Säkulare Arbeitslosigkeit gefährdet die Zukunft des Sozialstaates
Manuel Castells	Flexibilisierung und Globalisierung der Arbeitswelt durch informationellen Kapitalismus (Mikroelektronik und Bio- und Gentechnologie)	Individualisierung der Arbeit, Herausbildung der Gruppe der Zeitflexiblen

Abb. 1: Zusammenfassung Arbeitswelt

Diskontinuität und - für nicht Wenige - Prekarität prägen aus Sicht der vorgestellten Autor/innen die Zukunft der Arbeitswelt in der Wissensgesellschaft; auch wenn es durchaus Gewinner/innen der Entwicklung gibt: die Wissensarbeiter/innen bei Drucker, die Wissensprofessionellen bei Stehr sowie die informationellen Produzent/innen bei Castells. Auch die Frauen werden von Castells in Teilen als Gewinnerinnen betrachtet, da sie auf der Grundlage der fortschreitenden Flexibilisierung gleichberechtigter in alle Hierarchien der Arbeitswelt vorstoßen können, wenn auch andere Rahmenbedingungen dafür stimmen müssen. Denn für eine große Gruppe von Frauen galt das biographische Prinzip des »Normalarbeitsverhältnisses« schon in der Industriegesellschaft nicht. Gleichzeitig wird aber sichtbar, dass ein gesellschaftlicher Individualisierungs- und Entsolidarisierungsprozess durch die Veränderungen in der Arbeitswelt stattfindet, der die Work-Life-Balance der Individuen, der Organisationen und der Unternehmen durch die gesamtgesellschaftliche insbesondere ökonomische Entwicklung in eine Schieflage bringt. Diese Entwicklung hat großen Einfluss auf die Balance zwischen Sicherheit und

Flexibilisierung, die sich nach den drei Theoretikern einseitig eher zugunsten der Flexibilisierung auflöst und damit die Inbalance zwischen Sicherheit und Flexibilisierung auf der gesellschaftlichen Ebene zunehmend vertieft.

2. Hochschule vor der Herausforderung »Wissensgesellschaft«

Die Hochschulen sind für alle drei Theoretiker unbestritten wichtige Bestandteile der Wissensgesellschaft. Sie müssen allerdings anwendungsorientierter werden, arbeitswelt- und wirtschaftsnäher sowie identitätsstärkender.

In den Hochschulen ist die Annäherung an die Szenarien der Wissensgesellschaftstheorien schon vorangeschritten. Insbesondere Druckers Ansatz konnte über Detlef Müller-Bölings Konzept und Leitbild der »entfesselten Hochschule« (Müller-Böling 2000) breiten Eingang in den aktuellen Reformdiskurs finden, der in der europäischen Verständigung auf den Bologna-Prozess und die Einführung von Bachelor- und Masterstudiengängen mündete.

In diesem Konzept verbindet sich das wissenschaftliche Ethos einer autonomen Hochschule mit dem Managementwissen, das Drucker als den Schlüssel zur Innovationsfähigkeit einer Organisation betrachtet.

Hochschulen sind im Sinne der »entfesselten Hochschule« nach Müller Böling:

- *autonom*, das heißt, sie sind weitgehend unabhängig von staatlicher Reglementierung und begreifen sich mehr und mehr als in Forschung, Lehre, Nachwuchsförderung und Weiterbildung eigenständig profilierte, öffentliche Institutionen;

- *wissenschaftlich*, das heißt, sie verfolgen wissenschaftliche Exzellenz in Forschung, Lehre, Nachwuchsförderung und Weiterbildung durch Evaluation, Transparenz, wachsende Effektivität und Effizienz;

- *wettbewerbsorientiert*, das heißt, sie setzen auf Qualitätsverbesserung durch den nationalen und internationalen Vergleich;

- *wirtschaftlich rentabel*, das heißt, neben der Hauptmittelvergabe durch öffentliche Gelder streben sie eine Kapitalverwertung ihres Wissens auf der Basis von »public-private-Partnership«, Drittmitteleinwerbung, »fundraising«, Patentanmeldungen an;

- *profiliert*, das heißt, sie geben sich als autonome Hochschulen ein spezifisches von anderen Hochschulen unterscheidbares, eigenständiges Profil, das wissenschaftliche Exzellenz erzeugt;

- *international*, das heißt, dass sie den internationalen Vergleich und Wettbewerb bezogen auf wissenschaftliche Exzellenz nicht scheuen, internationale Vernetzung fördern und um ausländische Studierende werben;
- *virtuell*, das heißt, sie verstehen sich sowohl als »on-campus« als auch als »off-campus« Hochschule und entwickeln beide Angebote auf der Basis ihres Profils systematisch mithilfe der virtuellen Medien.

Die Nähe zu Druckers Konzept wird auf den ersten Blick deutlich. Die Entwicklungen im Rahmen des Bologna Prozesses und die Einrichtung von Bachelor- und Master-Studiengängen sind aus dieser Perspektive eine konsequente Folge. In diesem Buch werden vor allem auf dieser Grundlage unterschiedliche Konzepte vorgestellt, wie in diesem Prozess geeignete Berufs- und Arbeitsweltkompetenzen im Studium explizit vermittelt werden können, die den Übergang von der Hochschule in den Beruf erleichtern.

Was wäre nun darüber hinaus für die Hochschulen aus den Ansätzen von Castells und Stehr zu ziehen?

Aus deren Gesellschaftsanalysen, wie sie oben dargestellt wurden, entsteht eine erweiterte Perspektive auf die Arbeitswelt, sodass neben der wettbewerbsorientierten Wirtschaftskompetenz darüber hinausgehende Arbeitsweltkompetenzen in den Blick genommen werden sollten. Eine wachsende Krise der Normalarbeit, eine daraus resultierende Krise der gesellschaftlichen Balance zwischen Sicherheit und Flexibilität in industriegesellschaftlich geprägten Gesellschaften provozieren weitere Arbeitswelt relevante Kompetenzen, die die Hochschulen vermitteln sollten: zum Beispiel Arbeitsweltentwicklungen analysieren, recherchieren, reflektieren, kritisieren und mitgestalten zu können sowie darüber hinaus individuelle, organisationsspezifische und gesellschaftliche Lösungswege im ersten Schritt für einen souveränen Übergang zwischen Hochschule und Beruf zu entwickeln.

Darüber hinaus bezieht sich Castells bei seiner Betrachtung der Hochschulen im Wesentlichen auf jene IT-Netzwerke, die in den 60er Jahren aus den Innovationsmilieus der kalifornischen Hochschulen entsprangen. Problematisch an ihnen sei die gesellschaftlich reflexionslose Art und Weise, wie der wissenschaftliche Forschungsprozess mit der IT-Entwicklung in Verbindung gebracht, vorangetrieben und mit der Wirtschaft vernetzt wurde und wird. Denn in diesem Prozess „verändert sich fundamental die Art und Weise, wie wir geboren werden, wie wir leben, wie wir lernen, wie wir arbeiten, wie wir produzieren, wie wir konsumieren, wie wir träumen, wie wir kämpfen und wie wir sterben." (Castells 2001: 35) Demzufolge gilt für Castells wie übrigens auch für Stehr die notwendige Etablierung eines begleitenden sozialinnovativen Reflexions- und Handlungswissens als fundamentaler Bestandteil der Wissenschafts- und Hochschulentwicklung. Es sind die sozial- und geisteswissenschaftlichen Fundamente der Humanwissenschaften, die sich einerseits mit den IT-Netzwerken in den Innovationsmilieus der Hochschulen und andererseits mit den maßgeblichen pro-aktiven sozialen Bewegungen vernetzen müssten, um den technologischen und ökonomischen Prozess seiner scheinbaren Schicksalhaftigkeit zu entkleiden. Stehr vermutet darüber hinaus, dass unter den technologieorientierten Wissenschaftler/innen zahlreiche Unterstützer/innen gefunden werden könnten, die durch ihre postmaterialistische Orientierung die Sinnorientierung ihres Schaffens stärker ins Zentrum rücken würden. Ziel einer solchen sozialinnovativen Vernetzung der Sozial- bzw. Geisteswissenschaften mit den neuen IT-Netzwerken könnte aus Sicht Castells bedeuten: »die Befürwortung des Einsatzes von Wissenschaft und Technologie für das Leben, gegen die Beherrschung des Lebens durch Wissenschaft und Technologie.« (Castells 2002a: 382).

Aus dieser Perspektive sollte das Leitbild der »entfesselten Hochschule« in Richtung »wissensgesellschaftsrelevanter Hochschule« erweitert und die bestehenden Widersprüche zwischen ökonomisch-technischen Anforderungen und notwendiger sozialinnovativer Reflexion als Chance begriffen werden.

Die »wissensgesellschaftsrelevante Hochschule« (in Anlehnung an Roßmanith 2003) ist als erweiterter Ansatz des Leitbildes von Müller Böling zusätzlich

- *arbeitsweltorientiert*, weil die Hochschule vor der Aufgabe steht, die gesamte Arbeitswelt, deren gesamtes Kompetenzrepertoir und die darin entstehenden neuen Arbeitsverhältnisse und -bedingungen zu reflektieren und fundiert mitzugestalten;

- *kritisch*, weil sie distanziert und analytisch auf die Herausforderungen der entstehenden Wissensgesellschaft blickt und interdisziplinäres Wissen bezogen auf die Chancen und die Risiken der gesellschaftlichen Entwicklung zur Diskussion stellt sowie Handlungswissen anbietet;

- *kulturell-ethisch*, weil sie die kulturellen Implikationen der entstehenden Wissensgesellschaft erforscht und mit den Wissenserzeugnissen der Technologie- und Wirtschaftswissenschaften vernetzt;

- *(persönlichkeits-)bildend*, weil sie den Absolvent/innen neben der Fachausbildung gesellschaftsanalytisches und persönlichkeitsentwickelndes Wissen zur Diskussion stellt, um sie zu reflektierten Akteur/innen in der Wissensgesellschaft und in deren Organisationen wie Hochschulen und Unternehmen heranzubilden.

Von der Hochschule in den Beruf - Berufs- und Arbeitsweltkompetenz im Studium

```
                    ┌─────────────────────────────────┐
                    │ Herausforderungen der           │
                    │ Wissensgesellschaft             │
                    │ für die Hochschulen             │
                    └─────────────────────────────────┘
                                                zum Leitbild der
                                          wissensgesellschaftsrelevanten
                                                  Hochschule

   vom Leitbild der entfesselten          autonom           kritikfähig
        Hochschule                    wissenschaftlich    kulturell-ethisch
                                         profiliert    (persönlichkeits)bildend
                                        wirtschaftlich   arbeitsweltorientiert
                                    wettbewerbsorientiert
                                        international
                                           virtuell
```

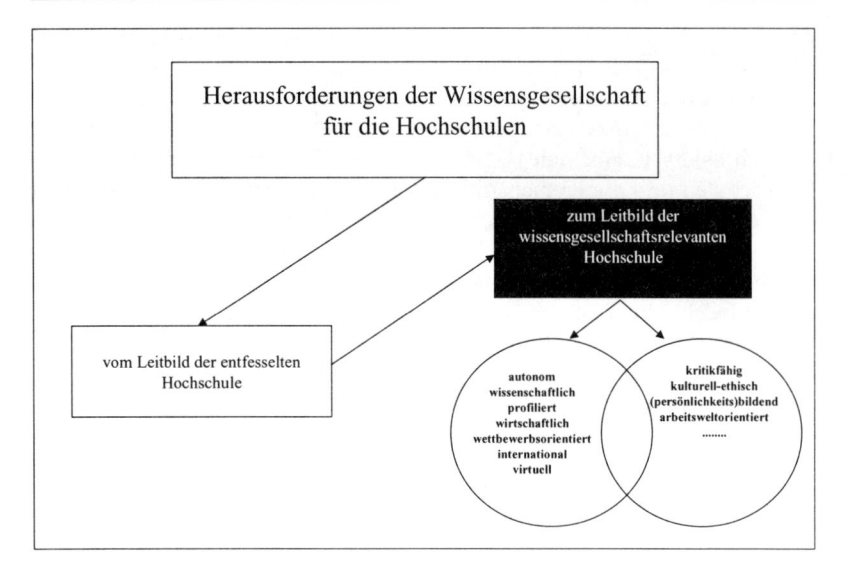

Abb. 2: Zusammenfassung Hochschule

3. Schlussfolgerungen für die Arbeitsweltkompetenzen der Wissensgesellschaft

Was sind nun konkrete Berufs- und Arbeitsweltkompetenzen, die auf dem Weg in die Arbeitswelt der Wissensgesellschaft benötigt werden?

Eine Kompetenzübersicht bezogen auf gleichberechtigt wichtige Bereiche von »Berufs- und Arbeitsweltkompetenzen im Studium« im Spiegel der Wissensgesellschaft (siehe Abbildung 3 + 4) wurde 2006 im Rahmen eines Hauptseminars „Arbeitswelt und Arbeitsweltkompetenz in der Wissensgesellschaft" entwickelt. Dieses Seminar wurde von der Kooperationsstelle Wissenschaft und Arbeitswelt im Rahmen der Studiengänge Informationswissenschaften, interkulturelle Kommunikation, Soziologie, Erziehungswissenschaften und Lehramt der Universität des Saarlandes durchgeführt.

Identifiziert wurden soziale, personale, methodische, fachspezifische, wirtschaftliche, rechtliche und gesellschaftliche Kompetenzbereiche:

Arbeitsweltkompetenz I

Soziale Kompetenzen	Persönlichkeitskompetenzen	Methodische Kompetenzen
z. B. - Kommunikationsfähigkeit und Gesprächsführung - Konfliktfähigkeit - Beratungskompetenz - Team-, Kontakt- und Kooperationsfähigkeit - Diversity- z.B. Genderkompetenz - Kritikfähigkeit - Interkulturelle Kompetenz - Führungskompetenz - Systemkompetenz - Markt- und Kundenorientierung	z. B. - Persönliche Alleinstellungsmerkmale profilieren - Motivation - Selbstmarketing - Flexibilität - Lebenslange Lernfähigkeit - Anpassungsfähigkeit - Selbstkritikfähigkeit - Toleranz, Fairness - Glaubwürdigkeit, Authentizität - Verantwortungsbewusstsein - Selbstvertrauen - Überzeugungskraft - Leistungsbereitschaft - Belastbarkeit - Selbständigkeit	z. B. - Fremdsprachenkenntnisse - EDV/IT-Wissen - Sprech- und Schreibfähigkeiten - analytisches Denken - Prozessdenken - Transfer Theorie - Praxis: Anwendungsorientierung - Moderations- und Präsentationskompetenz - Management- bzw. Organisationskompetenz - Zeitmanagement - Innovationsfähigkeit - Problemlösefähigkeit

Abbildung 3: Übersicht Arbeitsweltkompetenzen I

Arbeitsweltkompetenz II

Fachkompetenzen	Wirtschaftskompetenzen	Rechtskompetenzen	Gesellschaftskompetenzen
- Hardskills identifizieren und entwickeln - das spezifische persönliche Fachwissen herausarbeiten, profilieren und zielorientiert weiterentwickeln: Alleinstellungsmerkmal identifizieren.	- betriebswirtschaftlich und volkswirtschaftlich fundiertes Wissen, um die Arbeitswelt und deren Unternehmen und Organisationen professionell mitgestalten zu können. - Fähigkeiten, wirtschaftliche Stellschrauben einzuschätzen und Unternehmen/Organisationen auf dieser Grundlage weiter zu entwickeln.	- rechtlich fundiertes Wissen, um die Arbeitswelt und deren Unternehmen und Organisationen professionell mitgestalten zu können. - Fähigkeiten, rechtliche Stellschrauben einzuschätzen und Unternehmen/Organisationen auf dieser Grundlage weiter zu entwickeln.	-Handlungs- und Analysewissen über das, was in der Arbeitswelt in Verbindung mit dem gesellschaftlichen Wandel vor sich geht - Diversitykompetenz, um kulturelle Vielfalt und soziale Integration zu fördern sowie sozialen Diskriminierungen entgegen zu wirken.

Abbildung 4: Übersicht Arbeitsweltkompetenzen II

Die Forschungsergebnisse zur Vermittlung von Berufs- und Arbeitsweltkompetenzen im Studium, die in diesem Band von unterschiedlichen Fakultäten, Zentren und Einrichtungen der Universität des Saarlandes vorgestellt werden, setzen auf unterschiedliche Weise insbesondere an den personalen, sozialen und methodischen Kompetenzbereichen an. Vor diesem Hintergrund sind diese drei Kompetenzbereiche etwas detaillierter in der „Übersicht Arbeitsweltkompetenzen" (siehe Abbildung 3) differenziert worden. Denn der/die Studierende soll im ersten Schritt in die Lage versetzt werden, möglichst reflektiert, trainiert, individuell vorbereitet, in seiner/ihrer Identität gestärkt und motiviert den Übergang von der Hochschule in die Arbeitswelt zu vollziehen.

Die *Kooperationsstelle Wissenschaft und Arbeitswelt* der Universität des Saarlandes (KoWA), die diese Projekte – mit Hilfe der finanziellen Unterstützung der Arbeitskammer des Saarlandes – gefördert und dieses Buch herausgegeben hat, hat konzeptionell Seminare zu dem Themenbereich »*Startkompetenzen für die Arbeitswelt*« entwickelt sowie inhaltlich und methodisch vielfältig erprobt. Sie steht damit gleichermaßen für die Vermittlung von Arbeitsweltkompetenz im Studium mit einem reichhaltigen »know-how« als Ansprechpartnerin an der Universität des Saarlandes zur Verfügung. Die Webseite der Kooperationsstelle Wissenschaft und Arbeitswelt, die »Arbeitsweltkompetenz« erforscht und in Handlungswissen, Seminar- und Veranstaltungsangebote transferiert, finden Sie unter: http://www.uni-saarland.de/kooperationsstelle .

4. Literatur

Beck, Ulrich (1987): Risikogesellschaft – Auf dem Weg in eine andere Moderne. Frankfurt am Main: Suhrkamp

Beck-Gernsheim, Elisabeth (2000): Was kommt nach der Familie? München: Beck

Castells, Manuel (2001): Der Aufstieg der Netzwerkgesellschaft – Teil 1 der Trilogie „Das Informationszeitalter". Opladen: Leske + Budrich

Castells, Manuel (2002a): Die Macht der Identität – Teil 2 der Trilogie „Das Informationszeitalter". Opladen: Leske + Budrich

Castells, Manuel (2002b): Jahrtausendwende – Teil 3 der Trilogie „Das Informationszeitalter". Opladen: Leske + Budrich

Drucker, Peter, F. (1993): Die postkapitalistische Gesellschaft. Wien, New York, Moskau: Econ

Drucker, Peter Ferdinand (2001): The next society – a survey of the near future. London: Economist Newspaper

Drucker, Peter. F. (2004): Was macht eine effektive Führungskraft aus? in: Drucker/Paschek (Hrsg.): Kardinaltugenden effektiver Führung. Frankfurt am Main: Redline Wirtschaft, S. 9-25

Müller-Böling, Detlef (2000): Die entfesselte Hochschule. Gütersloh: Bertelsmann Stiftung

Roßmanith, Birgit (2003): Sozialinnovatives Wissen in der Wissensgesellschaft. München: Rainer Hampp Verlag

Stehr, Nico (2000): Die Zerbrechlichkeit moderner Gesellschaften – Die Stagnation der Macht und die Chancen des Individuums. Weilerswist: Velbrück Wissenschaft

Stehr, Nico (2001): Wissen und Wirtschaften – Die gesellschaftlichen Grundlagen der modernen Ökonomie. Frankfurt am Main: Suhrkamp

Wellhöfer, Peter R. (2004): Schlüsselqualifikation Sozialkompetenz. Stuttgart: Lucius & Lucius

2. Abschnitt

Erfahrungsberichte: Implementierung von Berufs- und Arbeitsweltkompetenz in das Studium

Ein Erfahrungsbericht des Studienzentrums in
Zusammenarbeit mit dem Hochschulteam der Agentur für
Arbeit Saarbrücken:

„Fit für die Arbeitswelt": Ein Projekt zur Implementierung von Berufs- und Arbeitsweltkompetenz im Studium

Barbara Jordan, Susanne Steinmann

1. Einleitung[1]

Gegenwärtig nehmen in Deutschland über 30 Prozent eines Altersjahrgangs ein Studium auf, und Prognosen deuten daraufhin, dass die Tendenz in den nächsten Jahren steigen wird (vgl. Schwarz-Hahn/Rehburg 2003; Allmendinger/Schreier, IAB 2005). Für das Gros der Studierenden wird jedoch nicht eine Karriere in Wissenschaft und Forschung das Ziel sein. Die Mehrzahl der Studierenden braucht vielmehr ein Studium, das sie auf die Berufswelt außerhalb der Hochschule vorbereitet. Außer Frage steht, dass Studierenden Fachwissen auf hohem Niveau vermittelt werden muss, aber auch die Förderung berufsrelevanter Kompetenzen gehört zu den zentralen Bildungsaufgaben der Hochschulen, wie dies u. a. bildungspolitisch im Bologna-Prozess thematisiert wird (vgl. Witte/Otto 2003).

Mit der Studienreform im Zuge von „Bologna" verbinden sich eine Reihe von Zielsetzungen und Erwartungen (vgl. KMK/HRK/MBF 2003): akademische Qualität und Qualitätssicherung in Studium/Lehre und Forschung, internationale Vergleichbarkeit und Kompatibilität, Mobilität sowohl räumlich als auch zeitlich (life-long learning), Verkürzung der Studienzeiten, Senkung der hohen Dropout-Quoten durch Verschlankung des Studienprogramms sowie die Erhöhung der Beschäftigungsfähigkeit (employability) und zwar im Sinne von Praxisbezug, von Berufsfeldorientierung und Interdisziplinarität. Instrumentell können Schlüsselkompetenzen als Mittel zur Erreichung von

---

1   Aus Gründen der besseren Lesbarkeit wird ausschließlich die männliche Form verwendet.

Beschäftigungsfähigkeit verstanden werden. Sie tragen dazu bei, die Hochschulausbildung anschlussfähig zu gestalten, in dem sie die Übertragbarkeit von Studieninhalten in das Arbeitsleben sichern. In diesem Kontext wird jedoch häufig kritisch angemerkt, dass die Hochschulen in Hinblick auf eine berufsorientierende Ausbildung entsprechenden Nachholbedarf haben (vgl. HRK 2004; BDA 2003, 2004).

Der Thematik der Beschäftigungsfähigkeit von Akademikern kommt auch vor dem Hintergrund der Entwicklungen auf dem Arbeitsmarkt in den vergangenen Jahren besondere Bedeutung zu: Kennzeichnend war in diesem Zeitraum ein stetiger Rückgang an Erwerbstätigkeit und analog dazu eine steigende Arbeitslosigkeit - auch bei Hochschulabsolventen und Führungskräften in bislang vergleichsweise „beschäftigungssicheren" Fachrichtungen (vgl. Jahresbericht 2003/4, AMS). Vielfach passen offene Stellen nicht zu den angebotenen Qualifikationen (Ärzte sind Mangelware, Geisteswissenschaftler gibt es im Überangebot), ältere Fach- und Führungskräfte werden aus Kostengründen abgebaut, Produktionen samt Management werden ins Niedriglohnausland verlagert und Dauerarbeitsverhältnisse gehen zurück zugunsten unsicherer Beschäftigungsmodalitäten. Trotz dieser Entwicklungen weisen Hochschulabsolventen im Vergleich zu anderen Qualifikationsgruppen die geringsten Arbeitslosigkeitsrisiken auf (vgl. Reinberg/Schreyer 2003; Institut der Deutschen Wirtschaft 2004; Allmendinger/Schreier, IAB 2005). Durch Verdrängungseffekte nach „unten" gelingt Hochschulabsolventen und berufserfahrenen Akademikern auch weniger gefragter Fächer der Eintritt in den Arbeitsmarkt, obwohl es sich nicht selten um „ausbildungsinadäquate" bzw. leicht „unterwertige" Beschäftigungsverhältnisse handelt.

Zugleich führen die Entwicklungen in der Arbeitswelt zu neuen Beschäftigungsformen - weg vom lebenslangen Dauerarbeitsverhältnis hin zu einem Wechsel an selbstständiger Berufstätigkeit und befristeter Anstellung begleitet von lebenslanger Weiterbildung. Ebenso werden in einem hoch technologisierten Land wie der Bundesrepublik Deutschland zukünftige Arbeitgeber und hoch qualifizierte Arbeitnehmer mit der Perspektive zur Fach- und Führungskraft dringend benötigt. Prognosen über die Zukunft des Akademikerarbeitsmarktes weisen u. a. aufgrund der demographischen Entwicklung auf einen Akademikermangel im nächsten Jahrzehnt hin (vgl. Reinberg/Hummel 2003; Netzwerk "Wege ins Studium" 2002; BLK 2001). Vor diesem Hintergrund wird es immer dringlicher Studierenden und Hochschulabsolventen relevante Berufs- und Arbeitsweltkompetenzen zu vermitteln und sie beim Übergang in den Arbeitsmarkt zu unterstützen. An diesem Punkt setzt das Projekt „Fit für die Arbeitswelt: Ein Studien begleitendes Trainingsprogramm für Studierende in der zweiten Studienhälfte" an.

2. Projektplanung

Kooperationspartner

Das „Zentrum für Studienberatung, Weiterbildung und Fernstudium (Studienzentrum) der Universität des Saarlandes" und das „Hochschulteam der Agentur für Arbeit Saarbrücken" entwickelten gemeinsam das praxisorientierte Projekt „Fit für die Arbeitswelt". Für die Antragstellung und Durchführung wurde eine Kooperationsvereinbarung geschlossen, die die über fast drei Jahrzehnte bestehende Zusammenarbeit der beiden Projektpartner untermauert. Entscheidend für das Gelingen des Projektes war in diesem Kontext die langjährige Erfahrung beider Partner im Bereich Studien- und Berufswahlorientierung und -beratung. Aus der beruflichen Praxis der Studien- und Berufsberatung konnte von der Annahme ausgegangen werden, dass Studierende an Universitäten besonders die geringe persönliche Ansprache und beratende Studienbegleitung vermissen. Das trifft in besonderem Maß auf das Thema der beruflichen Verwertbarkeit ihres Studiums zu. Diese Überlegungen führten zu dem Konzept des Projektes.

Programmziele

Im Projekt „Fit für die Arbeitswelt" stand die Zielsetzung im Vordergrund, Studierende in der zweiten Studienhälfte im Hinblick auf berufsrelevante Kompetenzen zu beraten, zu qualifizieren und das persönliche Entwicklungspotential zu fördern. Berufsorientierung und Beratung *vor, im und nach dem Studium* bedeutete dabei nicht die Hinführung zu bestimmten Berufen. Vielmehr stand zum einen das pädagogische Ziel im Fokus, die Entscheidungs- und Handlungsfähigkeit des Einzelnen in berufsrelevanten Situationen zu verbessern und eine Persönlichkeitsstärkung zu erreichen, und zum anderen das arbeitsmarktpolitische Ziel zur Erhöhung der Beschäftigungschancen Orientierungshilfen über Qualifikationen in potenziellen Berufsfeldern zu geben und damit eine möglichst nahtlose Einmündung in die Berufstätigkeit - ohne kostenintensive Nachschulung (geförderte Weiterbildung) - zu unterstützen. Dabei sollte allen an dem Prozess Beteiligten eine öffentliche Stimme gegeben werden und darüber hinaus die Aspekte des Gender Mainstreaming und der zunehmenden Internationalisierung (Training von Ausländern zur Integration in Deutschland) Berücksichtigung finden.

Programmplanung

Ausgehend von den genannten Rahmenbedingungen und Zielsetzungen wurde ein Konzept entwickelt, das auf drei Bausteinen bzw. Säulen basiert: 1. Persönliches Training/Coaching in verschiedenen Modulen; 2. Seminare zum Erwerb von Schlüsselqualifikationen und 3. verschiedene Informationsveranstaltungen zu aktuellen Themen rund um den Arbeitsmarkt.

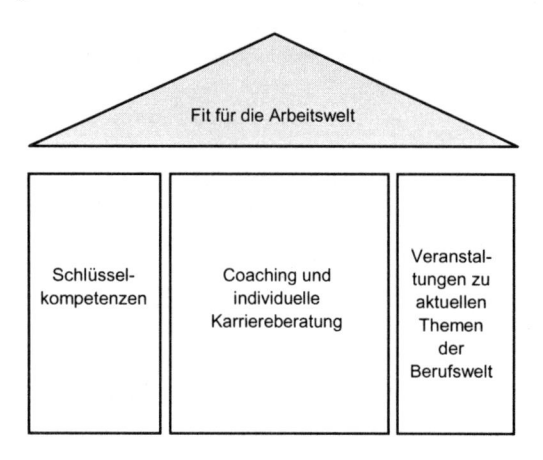

```
                    Fit für die Arbeitswelt

  ┌─────────────┐  ┌─────────────┐  ┌─────────────┐
  │ Schlüssel-  │  │ Coaching und│  │ Veranstal-  │
  │ kompetenzen │  │ individuelle│  │ tungen zu   │
  │             │  │Karriereberatung│ aktuellen  │
  │             │  │             │  │ Themen      │
  │             │  │             │  │ der         │
  │             │  │             │  │ Berufswelt  │
  └─────────────┘  └─────────────┘  └─────────────┘
```

Mit diesen „Bausteinen" wurden methodisch unterschiedliche Ansätze verfolgt. Das modular aufgebaute Trainings-/Coaching-Programm war als Mix von Gruppenprogramm und Einzelgesprächen konzipiert. Dabei sollten den Studierenden 10 Sitzungen zur Verfügung stehen mit Abständen zwischen den einzelnen Terminen von zwei bis vier Wochen. Durch diese gemischte Form von intensiver Einzel- und Gruppenarbeit sollte gewährleistet werden, einerseits die einzelnen Personen gezielt und effizient zu beraten und andererseits in der Gruppe den Erfahrungsaustausch und die Teamarbeit zu fördern.

Die Workshops zum Erwerb von Schlüsselqualifikationen sollten als Gruppenprogramm durchgeführt werden, wobei ein Methodenmix aus Lehrdialog, Übungen und Rollenspielen zum Einsatz kommen sollte. Vergleichbar zum persönlichen Trainings-/Coaching-Programm folgte die Arbeit in den Workshops dem Grundkonzept der aktivierenden Didaktik.

Im Vergleich der drei Bausteine nahm das Trainings- und Coachingprogramm eine zentrale Rolle ein und kann sicherlich bereits an dieser Stelle als der innovativste Part des Projektes bezeichnet werden. In verschiedenen Modulen hatten sich die Teilnehmer mit ihren persönlichen Stärken und

Schwächen auseinander zu setzen, eigene Kompetenzprofile zu erarbeiten, sich Klarheit darüber zu verschaffen, wonach sie überhaupt suchen, um dann angemessene Recherchestrategien anzuwenden, nach einer individuellen Zieldefinition bereits in die praktische Umsetzung einzusteigen, unterstützt durch ein Bewerbungstraining. Folgende Übersicht skizziert die Inhalte der Module und zeigt den dazu notwendigen, bereits sehr knapp kalkulierten zeitlichen Aufwand.

Module	Inhalte	Std
Einführungstag	Gruppe und Methode kennen lernen	8
Modul 1: Erstellung von Stärken-Schwächen-Profilen	Herausarbeiten der persönlichen, sozialen und fachlichen Kompetenzen, der Vorlieben/Abneigungen und Stärken/Schwächen	12
Modul 2: Erstellung von Kompetenzprofilen	Herausfiltern relevanter Kenntnisse und Fähigkeiten aus dem Stärken-Schwächen-Profil, Beschreibung der übertragbaren Kompetenzen	12
Zwischenbetrachtung	Wie war es bisher? Wie gehen wir weiter?	4
Modul 3: Informationsmöglichkeiten und Recherchestrategien	Wie und wonach suche ich? Ermitteln potenzieller Berufsbilder, potenzieller Unternehmen, geforderte Qualifikationen	12
Modul 4: Zieldefinition und praktische Umsetzung	Ziel formulieren - Definition des oder der Berufswünsche, Ist-Soll-Analyse, Check-Liste für Etappenziele	12
Modul 5: Persönlichkeitsstärkung u. Bewerbungstraining	Praktische Übungen: Selbst -PR bei der Jobsuche, Auftreten und Wirkung, Selbstbewusstsein entwickeln, Schriftliche Bewerbungsunterlagen, Bewerbungsgespräch	60
Abschlusstag	Ergebnispräsentation und Resümee	5

Für die zweite Säule „Workshops zum Erwerb von Schlüsselqualifikationen" musste aus kapazitären Gründen eine Auswahl getroffen werden. Diese konzentrierte sich auf vier Bereiche: Zeitmanagement, Rhetorik, Konfliktmanagement und Arbeiten im Team. Die Entscheidung für diese Bereiche war u.a. in der Annahme begründet, dass es sich um wesentliche, von Arbeitgeberseite immer wieder geforderte Kompetenzen handelt, die zudem auch bereits während des Studiums von großer Bedeutung sind und dort teilweise auch praktiziert werden sollten bzw. müssen.

Die dritte Säule der Informationsveranstaltungen war nicht nur an die Programmteilnehmer gerichtet, sondern auch an andere interessierte Studierende. Verschiedene arbeitsmarktrelevante Aspekte sollten aus unterschiedlichen Perspektiven beleuchtet werden. Zugleich wurden hier einige Veranstaltungen integriert, die auch in den vorangegangenen Semestern vom Hochschulteam mit Erfolg angeboten wurden. Das Programm umfasste folgende Veranstaltungen:

- Thementag „Wege ins Ausland: Studieren und Arbeiten in Europa oder weltweit" mit Ausstellung und Vortragsveranstaltungen
- „Gebrauchsanweisung für Deutschland": Interkulturelles Bewerbungstraining für ausländische Studierende
- Vorträge zu den Themen: „Akademikerarbeitsmarkt von heute und morgen: „Dr. Arbeitslos oder Master of Success?", „Weiterbildung nach dem Studium", „Karriere in der Wissenschaft", „Deutsche Lufthansa AG, Frankfurt a.M. als potenzieller Arbeitgeber"
- Podiumsdiskussion zum Thema „Anforderungen und Erwartungen an Hochschulabsolventen"

3. Durchführung des Projektes

Akquise und Profil der Teilnehmer

Das Projekt „Fit für die Arbeitswelt" war - wie bereits erwähnt mit Ausnahme der dritten „Säule" der Informationsveranstaltungen - für einen begrenzten Teilnehmerkreis von 20 Studierenden unterschiedlicher Fachrichtungen konzipiert worden. Da davon auszugehen war, dass das Projekt auf eine große Nachfrage stoßen würde, musste für die Auswahl der Teilnehmer ein entsprechender Kriterienkatalog angewendet werden. Folgende Gesichtspunkte standen dabei im Vordergrund:

- Studienabschluss in nicht allzu weiter Ferne, aber auch nicht unmittelbar bevorstehend
- Vermeidung von Mitnahmeeffekten und Akkumulation von Qualifizierungsangeboten; Vorhandensein einer gewissen „Bedürftigkeit", d. h. keine Studierende, die bereits relevante Bewerbungstrainings

oder Kurse zum Erwerb von Schlüsselkompetenzen erfolgreich besucht hatten bzw. solche, die durch herausragende Aktivitäten an der Hochschule oder unterschiedliche Praktika in Unternehmen ihre Selbstvermarktungsfähigkeiten bereits unter Beweis gestellt haben

- zeitliche Verfügbarkeit und Zuverlässigkeit
- Bereitschaft zur verbindlichen Teilnahme ohne Ausstiegsmöglichkeit bei Nichtgefallen (Ausnahmen Krankheit, Arbeitsplatz oder dergleichen)
- Beteiligung möglichst vieler Studienrichtungen
- möglichst gleichmäßige Geschlechterverteilung

Für die Akquise der Teilnehmer stand ein kurzes Zeitfenster von drei Wochen zur Verfügung. Campusweit wurde mittels Plakaten und Flyern auf das Projekt aufmerksam gemacht. Darüber hinaus erhielten die Studiendekane, die Studienfachberater sowie die Fachschaften und der AStA der Universität des Saarlandes Informationsmaterialien mit der Bitte um Bekanntmachung unter Dozenten und Studierenden sowie ggf. direkter Ansprache von Studierenden, an diesem Projekt teilzunehmen. Damit war bei den Initiatorinnen die Erwartung verbunden, Teilnehmer zu rekrutieren, die besonders von den Projektbausteinen profitieren würden. An der Teilnahme interessierte Studierende sollten sich mittels eines Kurzbewerbungsformulars melden. Trotz der vergleichsweise kurzen Bewerbungsfrist von drei Wochen gingen bereits dreimal so viele Bewerbungen ein, wie Teilnehmerplätze vorhanden waren. Die Projektinitiatorinnen Dr. Susanne Steinmann und Barbara Jordan luden alle 60 Interessenten zu einem Vorgespräch ein, in dem das geplante Programm näher erklärt wurde und mittels eines Interviews die oben aufgeführten Kriterien überprüft wurden. Einige wenige waren nach dem Gespräch von sich aus nicht mehr an einer Teilnahme interessiert, 21 erhielten eine Zusage, den restlichen wurde eine Absage geschickt. Dieses Procedere erwies sich als sehr zeitintensiv, hat sich aber dennoch aus Sicht der Projektinitiatorinnen als sinnvoll erwiesen, da - wie zu erwarten war - unter den Bewerbern einige äußerst aktive Kandidaten waren, bei denen man davon ausgehen konnte, dass ein weiteres Training überflüssig gewesen wäre. Insgesamt formierte sich eine Gruppe motivierter Studierender, die sich aus neun Männern und elf Frauen folgender Studienrichtungen zusammensetzte:

Informatik (5), Betriebswirtschaftslehre (5, darunter eine ausländische Studierende), Rechtswissenschaft (3), Französische Kulturwissenschaft und interkulturelle Kommunikation (3), Historisch orientierte Kulturwissenschaft (1), Informationswissenschaft (2) und Übersetzen/Dolmetschen (1).

Durch welches Profil lassen sich darüber hinaus die ausgewählten Teilnehmer des Projektes „Fit für die Arbeitswelt" charakterisieren? Alle Teilnehmer hatten ausnahmslos im weitesten Sinne berufliche Erfahrungen vorzuweisen, dabei überwogen Praktika, aber auch Beschäftigungen als studentische Hilfskräfte im universitären Umfeld waren von Bedeutung und andere mehr oder weniger qualifizierte Studentenjobs. Ein Teilnehmer absolvierte vor Aufnahme des Studiums eine Berufsausbildung. Vierzig Prozent der Teilnehmer hatten ihr Studienfach in der ersten Studienhälfte gewechselt. Ein bereits abgeschlossenes Studium (entweder im Ausland oder an einer Fachhochschule) wiesen zwei Teilnehmer auf. Sie schlossen im selben Studiengang noch ein universitäres Studium an. Damit befand sich genau die Hälfte der Teilnehmer noch im Studiengang der ersten Wahl.

Für die Hälfte der Teilnehmer war besonderes Interesse an den Studieninhalten das Hauptmotiv für die Wahl des Studienfaches, ein Viertel der Teilnehmer gab an, die bereits vorhandenen Kenntnisse und Fähigkeiten (z.B. Fremdsprachen, EDV) ausbauen und verfestigen zu wollen und für weitere 25 Prozent der befragten Teilnehmer waren die berufliche Verwertbarkeit, gute Zukunftschancen oder breite Einsatzmöglichkeiten die Ausschlag gebenden Kriterien gewesen. Exakt die Hälfte hatte keine Beratung bei der Studienwahl in Anspruch genommen, sondern sich mit Hilfe eines Besuches im BIZ (3), Informationsveranstaltungen an der Universität (4), dem Lesen von Studienführern (3) sowie des Recherchierens im Internet (6) informiert. Diejenigen, die persönliche Hilfe in Anspruch genommen hatten, sprachen über ihre Studien- und Berufswahl mit ihren Eltern oder anderen Verwandten (7), Lehrern (3), bereits studierenden Freunden (3) und Studienberatern, die nicht näher spezifiziert wurden (5). Interessant ist, dass von den insgesamt acht Studienfachwechslern sechs angaben, keine Beratung gesucht bzw. erhalten zu haben.

Was konkrete Berufsvorstellungen oder Berufswünsche zu Beginn des Studiums betrifft, so zeigte sich bei den Teilnehmern ein weit verbreitetes Bild: nur ein Viertel der Befragten gab an, von Beginn an gewusst zu haben, welches Berufsziel sie erreichen wollten. Bei drei Vierteln hingegen lagen keine konkreten Berufswünsche vor und nur bei zwei Teilnehmern hatten sich im Laufe des bisherigen Studiums gewisse Berufsvorstellungen herauskristallisiert. Genau an dieser Stelle setzte das Trainings- und Coaching-Programm an, den Teilnehmern bei der Auseinandersetzung mit der Thematik Berufs- und

Arbeitsweltkompetenzen und der eigenen Situation „Hilfe zur Selbsthilfe" zu geben.

Trainings- und Coachingprogramm

Das Programm startete mit einer ganztägigen Kick-Off-Veranstaltung, die von der beauftragten Trainerin, Andrea de Riz, Competence Design, und den Programminitiatoren durchgeführt wurde. In diesem Workshop wurden die Teilnehmer auf die Thematik eingestimmt: Im Vordergrund standen die Fragen, was es bedeutet, „fit für die Arbeitswelt" zu werden und „was Schlüsselkompetenzen in Bezug auf die Berufswelt" sind. Selbstverständlich diente der Workshop auch zum gegenseitigen kennen lernen und miteinander Warmwerden. Dazu wurden in Kleingruppen Partnerinterviews zu folgender Aufgabenstellung durchgeführt: „Sie sind Personalberater und haben die Aufgabe, einen Bewerber für ein Praktikum in einem Betrieb vorzustellen. D.h., Sie müssen die versammelten Personalentscheider davon überzeugen, dass Ihr Kandidat der Beste ist." Die aus diesem Interview gewonnen Erkenntnisse über den jeweiligen Partner sollten in der Gesamtgruppe, mit Hilfe eines anzufertigenden Plakates, das die Präsentation wirkungsvoll unterstützt, vorgestellt werden.

Ein wichtiger Bestandteil des Workshops war auch, die Erwartungen und Befürchtungen der Teilnehmer zu klären. Die an Hand von Metaplan ermittelten Ergebnisse entsprachen den Erwartungen: Es bestand keine Klarheit darüber, was man eigentlich kann, was die Arbeitswelt von einem erwartet, wo man Informationen darüber findet, wie und wo man Schlüsselkompetenzen erwerben kann, die man nicht schon mitbringt, und wie man die eigenen Fähigkeiten schriftlich und im Gespräch darstellt. Bedeutend für die weitere Gruppenarbeit war auch der eindringlich artikulierte Wunsch nach einer guten Gruppenatmosphäre, Offenheit und Verständnis innerhalb der Teilnehmergruppe.

Nach dieser Auftaktveranstaltung erstreckten sich die Einheiten für das Coaching in Kleingruppen und in Einzelgesprächen über eine Phase von sieben Monaten, von Januar bis Juli. Jeder Teilnehmer nahm an acht Gruppenveranstaltungen und an zwei Einzelgesprächen teil.

Die Einzelgespräche fanden nach Terminabsprache zwischen den Kleingruppengesprächen statt. Dabei wurden individuelle Fragestellungen besprochen und Ergebnisse und Fragen aus den Gruppenveranstaltungen erörtert und vertieft. Gerade dieser Projektbaustein wurde von den Studierenden wie von der Referentin besonders intensiv und effektiv erlebt. Für viele war es das erste Mal, dass sie sich ernsthaft mit der Frage „Was will ich überhaupt (erreichen)?" und „Wie komme ich dahin?" befasst haben. In den Einzelgesprächen wurde auch die Möglichkeit genutzt, ganz persönliche Probleme besprechen zu können wie besondere Schüchternheit bei Auftritten vor und in Gruppen, Unsicherheiten im Hinblick auf die eigene Zukunft oder Probleme mit familiärem Hintergrund. Für einige Teilnehmer war es die erste Gelegenheit, sich vertrauensvoll aussprechen zu können. Wünsche nach mehr Einzelgesprächen als Kleingruppenarbeit wurden geäußert, konnten jedoch wegen der großen Teilnehmerzahl nicht erfüllt werden. Es musste auf die ständigen Gesprächsangebote der Projektinitiatoren auch nach Abschluss des Projektes verwiesen werden.

Die Arbeit in Kleingruppen hatte den zusätzlichen positiven Effekt der gegenseitigen Anregung und Unterstützung. Kommentaren zufolge wie „Den anderen geht es ja auch so" oder „Worüber andere sich alles Gedanken machen" war auch die Gruppenarbeit für die meisten eine sehr wichtige und konstruktive Erfahrung.

Entsprechend der Konzeption befasste sich das erste Modul im Rahmen des Trainings- und Coachingprogramms mit der Analyse von Stärken und Schwächen (Workshop 1, 14. Januar 2005). In Einzelarbeit wurden zunächst die persönlichen Stärken und Schwächen zusammengestellt, anschließend in Kleingruppen ein Vergleich der jeweiligen Schwächen erarbeitet und danach im Plenum vorgestellt und diskutiert. Ziel dieser Übung war es, zu erkennen, dass bestimmte Probleme und Schwierigkeiten nicht nur bei Einzelnen auftreten. Diese Erkenntnis ließ dann die Frage zu, ob unter Umständen situative Faktoren des Studiums ursächlich für aufgetretene Schwierigkeiten sind oder es sich um persönliche Schwächen handelte. Die Unterscheidung persönlicher Schwächen und situationsbedingter Schwierigkeiten ist eine wichtige Voraussetzung dafür, Strategien für deren Bewältigung zu entwickeln.

Dabei war festzustellen, dass die Auseinandersetzung mit den eigenen Schwächen von den Teilnehmern sehr unterschiedlich geführt wurde. Während einige eher Vermeidungstendenzen zeigten, war es für andere ungeheuer wichtig, ihre Schwächen darzustellen und zu diskutieren. Der nächste Schritt bestand in der Erarbeitung von Strategien zum Umgang mit Schwächen.

Der zweite Workshop (28. Januar 2005) stand im Zeichen der Fragen „Was sind Kompetenzen und welche Arten von Kompetenzen gibt es?". Nach einer Kategorisierung persönlicher, sozialer und fachlicher Kompetenzen wurden die in Workshop 1 erstellten Stärken unter diesen Gesichtspunkten neu sortiert, überarbeitet und ergänzt. Auch die Fragen, welche Kompetenzen für welches Berufsbild wichtig sind und was potenzielle Arbeitgeber erwarten, wurde heftig diskutiert. Dabei war die Zusammensetzung der beiden Kleingruppen aus jeweils sehr unterschiedlichen Fachbereichen als konstruktiv zu bewerten, da so sehr unterschiedliche Vorstellungen und Erwartungen zusammenkamen.[2]

Im dritten Workshop (11. Februar 2005) ging es um den Abgleich von Selbstbild und Fremdbild. Dazu wurden die Teilnehmer aufgefordert, auf einer Karte ihre drei prominentesten Stärken zu notieren. Anschließend wurden die Karten verdeckt gezogen und jeder Teilnehmer musste eine begründete Schätzung abgeben, auf wen die drei auf der Karte notierten Stärken zutreffen könnten. Die Wertungen wurden notiert, so dass im Anschluss alle Teilnehmer eine Übersicht hatten, wie oft ihnen welche Stärken zugetraut wurden und dies mit der eigenen Einschätzung ihrer Stärken vergleichen konnten.

Diese Übung stieß in beiden Kleingruppen auf höchstes Interesse. Insgesamt war für alle Teilnehmer die Arbeit immer dann besonders interessant, wenn sie von den anderen Teilnehmern oder noch lieber von der Referentin Rückmeldung über die eigene Person erhielten. Diese Tendenz zeigte sich besonders in den Einzelgesprächen. Die begleitenden Evaluationen ergaben dazu insgesamt sehr gute Bewertungen. Für einzelne Teilnehmer gab es überraschende Erkenntnisse wie das Interesse an einem Berufsfeld, an das sie bisher noch nicht gedacht hatten, da sie sich nur an für das Studium gängigen Berufen orientiert hatten und an ihnen bekannten persönlichen Eigenschaften. Andere wurden positiv überrascht von Fähigkeiten, die sie sich bislang nicht zugeschrieben hatten, andere wiederum merkten, dass sie sich in mancher Beziehung überschätzt hatten. Der Umgang mit selbst erkannten Unsicherheiten oder Schwächen wurde teilweise recht humorvoll angegangen.

Im vierten Workshop (15. April 2005) stand das Thema Leistung und Motivation auf der Tagesordnung. Über einen Fragebogen wurde die Leistungsmotivation der Einzelnen erfasst und ausgewertet. Dabei wurden zentrale Kategorien (Eigenschaften und Merkmale) von Leistung und Motivation definiert und kontrovers diskutiert. Ein Konsens war hier nicht zu erzielen, was in Anbetracht der sehr unterschiedlichen Fachrichtungen und Berufsziele auch nicht zu erwarten war.

Der fünfte Workshop (06. Mai 2005) behandelte folgende zentrale Fragen: „Was macht eine erfolgreiche Bewerbung aus? Wie muss der Lebenslauf aufgebaut sein, damit das, was mich auszeichnet, auch zur Geltung kommt?

---

2   zu ausgewählten Studienfächern siehe Kussmaul/Henkes/Schulz, Stark/de Riz. Lüsebrink/Vatter und Sandig in diesem Band.

Von der Hochschule in den Beruf - Berufs- und Arbeitsweltkompetenz im Studium

Wie stelle ich mein persönliches Potenzial in einem Anschreiben klar und verständlich dar? Wie präsentiere ich mich in einem Vorstellungsgespräch?"
Ausgehend von den bislang erarbeiteten Profilen wurde geprüft, was davon für eine individuelle und passgenaue Bewerbung verwendet werden kann. Der Schwerpunkt lag in der Auswahl beruflich relevanter Kompetenzen und Stärken, die so formuliert wurden, dass sie sich sowohl für Bewerbungsunterlagen als auch für die Selbstpräsentation im Vorstellungsgespräch eigneten. Eine Thematisierung dieser einzelnen sehr persönlichen Punkte erfolgte individuell in den Einzelgesprächen. Hier erwies sich der Mix aus Gruppenarbeit und Einzelterminen als besonders fruchtbar. Die Zusammenstellung der kompletten Bewerbungsunterlagen blieb den Teilnehmern als Hausaufgabe überlassen. Sie erhielten zu diesen Unterlagen von der Referentin individuelles Feedback. Darüber hinaus standen auch die Berater des Hochschulteams und der Studienberatung zur Begutachtung bereit. In diesem Modul unterschied sich das Training bewusst von einem klassischen Bewerbungstraining. Dennoch wurden auch Bedürfnisse nach weitergehenden Veranstaltungen geäußert wie der Simulation von Vorstellungsgesprächen und dem Durchführen von Übungen aus dem Assessment Center mit oder ohne Videoaufnahmen.

Im darauf folgenden sechsten Workshop (20. Mai 2005) wurde das Thema »Auswahlverfahren und der individuelle Umgang« mittels einer praktischen Übung behandelt. Die komplexe Aufgabenstellung der Übung „Bau einer Brücke", zu deren Erfüllung bestimmte Kriterien vorgegeben waren, beinhaltete verschiedene Aspekte der bislang erarbeiteten Themen. Zudem war die Gruppe angehalten, den Gruppenprozess während dieser Arbeit auszuwerten und dabei insbesondere zu reflektieren, wer welche Rollen eingenommen und wer sich im Hinblick auf die besprochenen Schlüsselkompetenzen wie verhalten hat. Im Vordergrund standen 1.) die Arbeitsorganisation mit Aspekten wie Strukturierung der Arbeit, Rollenverteilung, Leitung und Führung; 2.) das Arbeitsklima mit den gruppendynamischen Aspekten wie Einbindung und Beteiligung der Gruppenmitglieder, Konflikte sowie Lösungs- und Vermittlungsmodalitäten; 3.) die Ideen- und Entscheidungsfindung und 4.) die Eigenschaften der einzelnen Mitglieder, d.h. es sollte beobachtet werden, welche Eigenschaften jeweils bei wem aufgefallen waren: Beharrlichkeit, Dominanz, Engagement, Erfolgszuversicht, Flexibilität, Leistungsstolz, Schwierigkeitspräferenz, Selbständigkeit, Statusorientierung, Wettbewerbsorientierung, Zielsetzung.

Der Ablauf und Inhalt dieses Workshops erwies sich als passgenaue Praxisübung für die bisher erarbeiteten Themen. Insbesondere durch den hohen Anteil an Feedback zum eigenen Auftritt in aufgabenorientierter und sozialkommunikativ orientierter Hinsicht wurde diese Übung von den Studierenden als wertvolle Erfahrung erlebt.

In dem sich anschließenden siebten Workshop (03. Juni 2005) ging es um die Suche nach geeigneten Berufen und Arbeitsplätzen und nach berufsspezifischen Bewerbungsmöglichkeiten und -strategien. In Kleingruppen diskutierten die Teilnehmer ihre bisher erstellten Bewerbungsunterlagen, mit dem Ziel, jede Bewerbung so zu gestalten, dass klar und deutlich herauszulesen war, was die Person jeweils von diesem Job/Unternehmen erwartet und weshalb sie für das Unternehmen interessant ist.

Das Trainings- und Coachingprogramm endete am 17. Juni 2005 mit einem ganztägigen Workshop, in dem neben Evaluation und Feedback zum Projektverlauf die Selbstpräsentation zum Thema „Warum Sie gerade mich einstellen sollten" im Mittelpunkt stand. In diese Präsentation flossen alle Themen, individuellen Erkenntnisse und Ergebnisse des Gesamtprojektes ein. Es zeigte sich, dass im Vergleich zur Präsentation am ersten Tag, an dem unter ähnlichem Thema jeder eine andere Person präsentieren musste, sowohl die Präsentationskompetenz als solche als auch vor allem das berufsbezogene Selbstbild sich im Verlauf dieser intensiven Arbeit in den Workshops und den Einzelgesprächen bei allen Teilnehmern deutlich verbessert hat. Klare berufliche Vorstellungen wurden präsentiert und die Darstellung war von deutlich sicherem Auftreten geprägt als zu Beginn.

An dieser Stelle kann das Zwischenfazit gezogen werden, dass dieses Trainings- und Coachingprogramm mit seinem innovativen Charakter sehr passgenau die Bedürfnisse der Studierenden in der zweiten Studienhälfte getroffen hat. Dies kann bezogen werden auf drei grundsätzliche Fragestellungen nach der eigenen Person im beruflichen Kontext: „Wer bin ich?", „Was kann ich und bringe ich mit?" und „Wo will ich beruflich hin?" Eine Auseinandersetzung mit diesen Fragen hatten die Studierenden in ihrem bisherigen Studienverlauf in dieser Form nicht führen können oder auch wollen, obwohl sie sich über deren Bedeutung bewusst waren. Erst die professionelle Begleitung nach dem Prinzip der „Hilfe zur Selbsthilfe" ermöglichte den Studierenden an ihren Kompetenzprofilen zu arbeiten, sich Klarheit über ihre eigene Persönlichkeit und vor allem die individuellen Berufsvorstellungen zu verschaffen. Auch die Tatsache, dass nicht nur die Gruppe, sondern insbesondere die Referentin intensiv mit jedem Teilnehmer arbeitete, hat bei den Studierenden erfolgreich zu einer Persönlichkeitsstärkung beigetragen.

Seminare zum Erwerb von Schlüsselkompetenzen

Neben dem Coaching- und Trainingsprogramm bildeten die Seminare zum Erwerb von Schlüsselqualifikationen den zweiten wichtigen Baustein des Projektes „Fit für die Arbeitswelt". Wie bereits erwähnt musste eine Auswahl an zu vermittelnden berufsrelevanten Schlüsselqualifikationen getroffen werden. Inhaltlich wurden die Workshops miteinander sowie mit dem Coaching-Programm abgestimmt, ohne jedoch im Einzelnen eine Verzahnung zu erreichen.

Der Workshop zum Thema Zeitmanagement[3] war auf zwei Tage ausgelegt (15./16. Dezember 2004) und behandelte in Theorie und Praxis insbesondere die Aspekte der Prioritätensetzung, das Bestimmen der Wertigkeit von zu erledigenden Aufgaben, das Einschätzen des zeitlichen Aufwandes für die Erledigung, das Delegieren und die dazu gehörige Kommunikation. Weiterhin wurden moderne Methoden zur Planung von Arbeitszeit und dem Umgang mit 'Zeitfressern' vorgestellt. Als Unterrichtsform kamen unterschiedliche Methoden zum Einsatz wie beispielsweise interaktives Arbeiten, Übungen in Kleinstgruppen und Rollenspiele. Die konkreten Beispiele stammten meist aus der Arbeitswelt. An dieser Stelle setzten auch die Verbesserungsvorschläge der Teilnehmer an (siehe auch 4.), die sich einen konkreteren Bezug auf den Studienalltag wünschten. Ebenso wurde kritisch angemerkt, dass die Teilnehmer weniger die (Un)Kenntnis von Methoden als ihr Problem ansahen, sondern Fragen, die ihr persönliches Selbstmanagement betrafen. Als zentrales Zwischenergebnis ist festzuhalten, dass auch hier die individuelle Situation der Teilnehmer eine Schlüsselrolle einnimmt, dass sich die Teilnehmer mit methodischem Werkzeug vergleichsweise gut durch ihr Studium ausgestattet sehen, ihnen jedoch die professionelle Unterstützung fehlt, das theoretische Wissen konkret für die Arbeitswelt umzusetzen. Auf den Workshop bezogen heißt das u.a., das Programm der beiden Tage zeitlich zu entzerren, damit die gelernten Inhalte stärker getestet und angewendet werden können.

Der Rhetorik-Workshop[4] war ebenfalls auf zwei Tage ausgelegt (10. und 17. Januar 2005), allerdings mit einem Abstand von einer Woche, so dass entsprechend Zeit zur Verfügung stand, die praktischen Übungen für den zweiten Workshoptag von Seiten der Teilnehmer vorzubereiten. Zu Beginn des Workshops erhielten die Teilnehmer einen hervorragenden Einblick in das elementare Verständnis von Rhetorik und lernten die Grundlagen der Kommunikation kennen. Nach Einschätzung des Referenten ist Reden und

---

3 Referentin: Ingrid Paulus, freiberuflich arbeitende Personaltrainerin
4 Referent: Prof. Dr. Alberto Gil, Universität des Saarlandes, Studiendekan der Philosophischen Fakultät II.

Vortragen Kommunikation und Menschenführung – am besten ohne technische Hilfsmittel, die die Kommunikation sogar behindern können. Zum Erfolg einer Rede verhilft nicht nur die richtige Redetechnik: Überzeugungskraft und das „Ankommen" der Rede setzt voraus, dass der Vortragende die nötige Fachkompetenz besitzt und damit die entsprechende Glaubwürdigkeit erhält, sich möglichst sorgfältig vorbereitet, seiner eigenen Persönlichkeit Rechnung trägt, sich auf das zuhörende Publikum oder den Gesprächspartner einstellt und damit eine geradezu demütige Haltung dem Zuhörer gegenüber einnimmt. Die Teilnehmer wurden mit den Techniken zum Halten einer Rede vertraut gemacht: Aufbau, sprachliche Gestaltung, Gedächtnistraining, Konversation, Stimmführung, Gestik und Mimik. Am eindrücklichsten wurden die Ausführungen durch das gute Beispiel des Referenten selbst dargestellt. Für den zweiten Workshop-Tag erhielten die Teilnehmer die Aufgabe, auf der Basis des Erlernten eine kleine Rede zu einem selbst gewählten Thema vorzubereiten und diese vor der Gruppe vorzutragen. Die professionelle Kommentierung der einzelnen Beiträge hat bei den Teilnehmern einen deutlichen Motivationsschub bewirkt. Für die meisten Teilnehmer war die individuelle Beurteilung durch den Referenten ein wichtiger Baustein bei der Einschätzung der eigenen Stärken und Schwächen und ein wichtiger Ansatzpunkt zur persönlichen Weiterentwicklung. So wurden nur Wünsche nach zusätzlichen Angeboten dieser Art geäußert wie „noch mehr Übungsmöglichkeiten", „mit Kamera", „längere Dauer" und „Verteilung über mehrere Wochen". Ebenfalls erhielt die gute konstruktive Art der Kritik höchstes Lob.

Im eintägigen Workshop Konfliktmanagement[5] (12. Mai 2005) stand im Mittelpunkt, dass Konflikte zum Leben gehören und sich nicht vermeiden lassen, sehr wohl jedoch die Eskalation eines Konfliktes zum Streit oder gar zum Abbruch einer Beziehung bzw. einer Zusammenarbeit. Erfolgreiches Miteinander besonders in Arbeit und Beruf ist immer ein Zusammenspiel der Inhalts- und der Beziehungsebene. Erfolgreiche Zusammenarbeit lässt sich nur erreichen, wenn auftretende Konflikte erkannt, angenommen, analysiert und mit gutem Willen lösungsorientiert behandelt werden. Dazu gehören das mutige Aufgreifen einer wahrgenommenen Unstimmigkeit sowie die Akzeptanz eines positiven und negativen Feedbacks.

Nach einer Einführungsübung wechselten sich die Lehrmethoden ab. Vortrag, Kleingruppenarbeit, Rollenspiele und Diskussionen im Plenum gestalteten den Tag kurzweilig, lehr- und erfahrungsreich. Vorgetragen wurden Themen wie das Erkennen von Konflikten, Methoden des Ansprechens von erkannten

---

5   Referentin: Dr. Birgit Roßmanith, Leiterin der Kooperationsstelle Wissenschaft und Arbeitswelt, Universität des Saarlandes

Konflikten, der Konfliktanalyse und der Suche nach Lösungsansätzen. In den Rollenspielen mit Beispielen aus der universitären Welt erlebte die Gruppe die unterschiedlichen Sichtweisen zweier Menschen in einem Konflikt, denn für jeden stellt sich die Situation anders dar und von jedem wird sie anders empfunden. Abschließend wurden Verhaltensweisen und Einstellungen dargestellt, die für den positiven Umgang mit Konflikten förderlich oder hinderlich sind.

Auch dieser Workshop gestaltete sich sehr eindrucksvoll und reich an eigenen Erlebnissen und Erfahrungen und erhielt beste Bewertungen, vor allem wurde das Bedürfnis nach weiteren Rollenspielen geäußert, ein Wunsch, mit dem sich auch das Vertrauen der Gruppenmitglieder untereinander dokumentiert.

Beim vierten Workshop[6] zum Thema „Arbeiten im Team" (13. Juni 2005), der ebenfalls unter Einsatz modernster Trainingsmethoden durchgeführt wurde, standen inhaltlich die Fragen im Vordergrund: „Teamfähigkeit, was ist damit eigentlich gemeint?" „ Bin ich fähig, effektiv in einem Team zu arbeiten oder nicht?" „Woran erkenne ich meine Teamfähigkeit?" Nach einer einführenden Definition des Begriffes wurden Themen wie die Phasen der Teamentwicklung, die unterschiedlichen Rollen im Team, der Umgang mit Konflikten, dem teamfördernden Verhalten, der Selbstorganisation und der Beziehungspflege im Team besprochen und geübt. Da die Trainerin selbst seit Jahren in der freien Wirtschaft tätig ist, stammten die Beispiele überwiegend aus diesem Bereich. Die Mehrzahl der Teilnehmer war in ihrem universitären Studium nicht an Arbeiten im Team gewöhnt. Da den meisten Teilnehmern jedoch die Berufswelt noch wenig vertraut ist, bestanden gewisse Schwierigkeiten, diese Situationen nachzuempfinden. Gleichwohl konnte die Wichtigkeit des Themas nachvollzogen werden.

Auch in diesem Workshop zeigte sich die Bevorzugung persönlicher Übungen gegenüber Vortrag und Information. Die in der Evaluation vielfach geäußerten Wünsche nach „mehr Übungen", „mehr persönliche Analyse", „mehr Rückmeldung zum Eigenverhalten" „ich weiß immer noch nicht, ob ich überhaupt teamfähig bin" sind deutliche Zeichen für die Bedürfnisse der Studierenden.

Informationsveranstaltungen zu arbeitsmarktrelevanten Aspekten

„Abgeschlossenes Studium - und was dann?" - so könnte die provokante Leitfrage für die dritte Säule im Projekt „Fit für die Arbeitswelt" lauten. Die verschiedenen Veranstaltungen, Vorträge, Betriebsbesuche und eine Podiums-

---

6   Referentin: Dipl. Päd. Kathrin Quilling, Trainerin für Mitarbeiter und Führungskräfte

diskussion sollten das vergleichsweise individuelle Programm mit allgemeinen Informationen ergänzen und abrunden und die verschiedenen Möglichkeiten beim Übergang an der zweiten Schwelle aufzeigen.

Der Thementag „Wege ins Ausland: Arbeiten oder Studieren in Europa oder weltweit" (03. Februar 2005) stellte den Auftakt zu einer Reihe unterschiedlicher Veranstaltungen dar. An diesem Tag konnten sich alle interessierten Studierende und Hochschulabsolventen bei Experten in Vorträgen und an Informationsständen über Studieren im Ausland (Referent: Wolfgang Wenzel, stellvertretender Leiter des Akademischen Auslandsamtes der Universität des Saarlandes), Arbeiten in Europa (Referenten: Anfried Horbach, EURES-Berater und Heiner Bleckmann, Berater im Europaservice), Arbeiten in Internationalen Organisationen, Jobs und Praktika im Ausland (Referentin: Iris Jacobs, Internationale Nachwuchsförderung der Zentralstelle für Arbeitsvermittlung) und Arbeiten für das Auswärtige Amt (Referent: Legationssekretär Helge Sander, Stellvertretender Leiter der Aus- und Fortbildung für die Nachwuchskräfte im Höheren Dienst) informieren und in Gesprächen die persönliche Situation und mögliche Schritte klären.

Insgesamt stieß der Thementag auf ein reges Interesse, die einzelnen Vorträge waren meist sehr gut besucht, jedoch nutzten nur wenige der Projektteilnehmer dieses Angebot.

Auch wenn der Übergang in den Arbeitsmarkt sich auf der Mikroebene der Betroffenen sehr unterschiedlich gestalten kann, so muss auch auf der Makroebene gefragt werden, wie sich allgemein der Arbeitsmarkt für Akademiker heute und in Zukunft entwickelt. Mit diesem Aspekt beschäftigte sich der Vortrag „Dr. Arbeitslos oder Master of Success" (10. Februar 2005) von Karl-Heinz P. Kohn, FH Schwerin[7]. Als Fazit kann festgehalten werden, dass sich nach wie vor ein Studium fast in jedem Fall lohnt. Bis in das Jahr 2002 stieg die Zahl der Arbeitsplätze an. Selbst bei Null-Wachstum der Wirtschaft gab es immer ein Beschäftigungswachstum bei Akademikern. Die Arbeitslosenquote seit dem Jahr 1995 zeigt, dass es im Grunde keine arbeitsmarktfernen Studienfächer gibt und damit auch die Warnungen vor einem geisteswissenschaftlichen Studium unnötig sind. Akademische Qualifikation wird auf dem Weg zur Informations- und Wissensgesellschaft immer mehr gefragt sein, wogegen die Ungelernten in der modernen oder postmodernen Gesellschaft immer schwieriger Arbeit finden werden, da sich viele Arbeitsplätze vom produzierenden

---

7 Der Referent gilt als Experte für den Akademikerarbeitsmarkt auf Grund seiner langjährigen Mitarbeit im Institut für Arbeitsmarkt und Berufsforschung (IAB), als Mitwirkender des Netzwerkes "Wege ins Studium" und als Mitautor des Jahresgutachtens des Zuwanderungsrates 2004.

Gewerbe in den Dienstleistungssektor verlagern. Immer mehr Arbeitsplätze, für die früher eine einfache Ausbildung ausgereicht hat, werden gern mit Akademikern besetzt, da das Aufgabenspektrum komplexer geworden ist. So bieten sich einem Hochschulabsolventen in der Regel eine Vielzahl von beruflichen Möglichkeiten an, vielfach Tätigkeiten, deren Arbeitsgebiet und erst Recht deren Bezeichnungen früher unbekannt waren. Auch die demographische Entwicklung lässt eher einen Akademikermangel befürchten als einen Überhang, Bevölkerungsrückgang und Bildungsstagnation könnten zu einem Mangel an akademisch ausgebildeten Fachkräften führen.

Um den Anforderungen auf dem Arbeitsmarkt von morgen gewachsen zu sein, muss besonders der hoch qualifiziert Gebildete seine Kompetenzen vermarkten lernen. Dazu gehört nicht nur lernen zu lernen, sondern auch das Entwickeln der Persönlichkeit im Laufe eines Studiums und das Erwerben von Schlüsselqualifikationen und -kompetenzen.

Für viele Absolventen stellt sich nach Abschluss des Studiums zunehmend die Frage nach einer wissenschaftlichen Karriere oder nach einem weiterbildenden postgradualen Studium, oft verbunden mit der Frage nach dem richtigen Zeitpunkt dafür, wenn neben Karriereperspektiven auch Familienbildungsprozesse an Relevanz gewinnen. Zu diesen Themen referierten verschiedene Experten: Wie Dr. Sybille Jung[8] in ihrem Vortrag (28. Juni 2005) ausführte, sind Begeisterung, Idealismus, Kreativität und Durchhaltevermögen notwendig, wenn sich ein Akademiker für eine wissenschaftliche Karriere interessiert. So groß die Faszination von Wissenschaft und Forschung auch sein mag, dabei erfolgreich zu sein, ist eine lebenslange Aufgabe, die alle Lebensbereiche prägt. Sie informierte über neue Strukturen, Tätigkeiten, Anforderungen, Fördermöglichkeiten und Karriereschritte in der Wissenschaft. Dabei stand die Promotion im Fokus, besprochen wurden jedoch auch die Wege danach: Juniorprofessur, Mentoring und Work-Life-Balance, die die aktuelle Hochschullandschaft prägen. Vier der Projektteilnehmer interessierten sich für diese Thematik und zeigten durch viele Fragen sehr großes Interesse, da sie offensichtlich vor der Entscheidung standen, einen solchen Weg einzuschlagen oder nicht.

Im Vortrag „Weiterbildung nach dem Studium"[9] (21. Juni 2005) gaben die Referenten einen Überblick über Bildungsmöglichkeiten, aber auch Förder-

---

8 Die Referentin leitet das Projekt AUDIT Familiengerechte Hochschule der Universität des Saarlandes
9 Referenten: Hans-Ludwig Müller, Arbeitsvermittler für akademische Berufe in der Agentur für Arbeit Saarbrücken, Dr. Susanne Steinmann, Leiterin des Studienzentrums, Universität des Saarlandes und Peter Maats, akademischer Mitarbeiter im Centrum für Evaluation (Ceval), Universität des Saarlandes

möglichkeiten finanzieller Art durch die Bundesagentur für Arbeit. Skizziert wurden auch verschiedene Weiterbildungsangebote an Hochschulen, insbesondere an der Universität des Saarlandes, wobei beispielhaft der Weiterbildungsstudiengang Master of Evaluation präsentiert wurde.

Wie moderne Unternehmen heute Bewerber rekrutieren und ihre Auswahlverfahren gestalten, wurde am Beispiel der Deutsche Lufthansa AG[10] (18. Mai 2005) vorgestellt. Die Personalauswahl erfolgt in einem gestuften System mittels eines neu entwickelten virtuellen Bewerbungs- und Assessment-Verfahrens, das von einer Unternehmenstochter (Lufthansa Systems) selbst erarbeitet wurde und noch ausgebaut wird. Die Grundlage dazu bildet die systematische Erfassung und Beschreibung der Anforderungen eines jeden Arbeitsplatzes. Demgegenüber stehen die Merkmale potenzieller Bewerber, so dass durch verschiedene Algorithmen und Cluster-Verfahren ein optimales Match hergestellt werden soll.

Eine weitere Veranstaltung, die aus dem Programm des Hochschulteams stammt, stellte das interkulturelle Wochenendseminar „Gebrauchsanweisung für Deutschland" (29. April bis 01. Mai 2005) zur Vorbereitung auf den deutschen Arbeitsmarkt dar, ein Bewerbungstraining für ausländische Hochschulabsolventen[11]. In diesem Workshop, an dem auch die ausländische Projektteilnehmerin mitwirkte, wurden zentral folgende Aspekte behandelt: Typische Organisations- und Ablaufstrukturen in deutschen Unternehmen, Bewerbung, Vorstellungsgespräch, Assessment Center, dazu Übungen und Rollenspiele (Videoaufnahmen mit Feedback) und Zugangsmöglichkeiten zum deutschen Arbeitsmarkt. In diesem interkulturellen Seminar zeigten sich die unterschiedlichen Denkansätze und kulturellen Besonderheiten verglichen mit den deutschen bzw. sogar europäischen Selbstverständlichkeiten. Einige Teilnehmer am Workshop hatten vergleichsweise große Mühe mit den modernen Trainingsmethoden wie offenen Diskussionen, Selbstpräsentation und Gruppenarbeit (siehe auch Lüsebrink/Vatter in diesem Band)

Dieses Beispiel spricht für die Wichtigkeit des Angebotes solcher oder ähnlicher interkultureller Seminare für ausländische Studierende, wenn Hochschulen verhindern wollen, dass sich dieser Personenkreis abkapselt und mit ähnlichem Unverständnis wieder aus Deutschland verabschiedet, mit dem er zu Studienbeginn hergekommen ist.

---

10 Referentin: Doris Krüger, Leiterin Personalmarketing
11 in Zusammenarbeit von STUBE-Rheinland-Pfalz/Saarland und dem Hochschulteam der Agentur für Arbeit Saarbrücken. Referenten: Dipl. Psychologe Dr. Paul Schiffmann, freiberuflicher Trainer für interkulturelle Kommunikation, und Barbara Jordan, Beraterin im Hochschulteam

Als Abschlussveranstaltung des Gesamtprojektes wurde eine Podiumsdiskussion zu dem Thema Anforderungen und Erwartungen an Hochschulabsolventen (07. Juli 2005) durchgeführt. Auf dem Podium diskutierten Helmut Kestenbach, Personalleiter kaufmännische Berufe, Dillinger Hüttenwerke, Petra Philipp-Franzmann, Personalberaterin, Firma Pillong Ebert-Rossbach, Wolfgang Dincher, Arbeitskammer des Saarlandes, Hendrick Weitzmann, AStA, Universität des Saarlandes, Prof. Dr. Alberto Gil, Universität des Saarlandes. Moderiert wurde die Diskussion von Wolfgang Wirtz-Nentwig, Saarländischer Rundfunk, Wirtschaftsredaktion. In dieser Diskussion wurden sehr pointiert die unterschiedlichen Sichtweisen deutlich. Als Fazit ist festzuhalten, dass Unternehmen bei der Auswahl ihrer Mitarbeiter immer eine Bestenauslese betreiben, d.h. sie wählen den passendsten Mitarbeiter aus, den sie bekommen können, das bedeutet auch, dass die Anforderungsprofile steigen, wenn der Markt dies hergibt. Aus Sicht der Arbeitgeber sind gute Abschlussnoten sehr wichtig. Entscheidend für eine Einstellung sind jedoch häufig die Softskills. Wenn jemand meint, teamfähig zu sein oder Führungsqualitäten zu besitzen, muss er auch in der Lage sein zu zeigen, womit er diese Kompetenz erworben bzw. wo er sie schon erprobt hat. Ebenso sind Betriebspraktika unerlässlich, und bei Hochschulabsolventen wird auch auf Engagement im sozialen Umfeld geachtet.

Weitgehend deckungsgleich mit den Erfahrungen und Ergebnissen aus dem Trainings- und Coachingprogramm konstatierte die Personalberaterin, dass Hochschulabsolventen häufig ein gutes Selbstbildnis fehlt; sie kennen ihre Stärken und Schwächen nicht oder sind nicht in der Lage, diese zu kommunizieren. Für diese Bewerber trifft zu, dass sie zum einen keine Antwort auf die Frage nach ihrem Alleinstellungsmerkmal haben, also nach dem, was sie besonders auszeichnet, was sie von anderen unterscheidet, und dass sie zum anderen zu wenig zielorientiert sind, d.h. zu geringe Vorstellungen von ihren persönlichen Zielen haben. Als konkrete Arbeitsmarktkompetenzen, die mitgebracht werden sollten, wurden Kommunikationsfähigkeit, Diplomatie, Teamfähigkeit, analytisches Denkvermögen, selbständiges Arbeiten, Dienstleistungsbereitschaft, Belastbarkeit und Zuverlässigkeit genannt. Viele davon würden jedoch von den Hochschulen nicht vermittelt werden. An den Hochschulen müsste sich viel verändern, wenn der „ideale" zukünftige Mitarbeiter die Hochschule mit hohem Kenntnisstand und starker Persönlichkeit verlassen soll.

Aus Sicht des Vertreters der Hochschule seien Studierende zwar zielbewusster geworden, sie suchten nach Nischen, in die sie hineinpassen könnten. Allerdings studieren - seiner Erfahrung nach - die meisten dennoch nur aus Freude am Fach und in der Regel ohne Zukunftsplan. Es sei eine gewisse

Konsumentenmentalität bei den Studierenden festzustellen mit der Tendenz zu geringer Eigeninitiative. Umdenken in die andere Richtung hin zu mehr Eigenaktivität wäre erforderlich.

Einen wichtigen Kontrapunkt setzte der Vertreter der Studierenden, der betonte, dass Studierende mit großen Unsicherheiten in und durch ihr Studium gehen. Besonders stark sei die Verunsicherung an den beiden Schwellen, d.h. beim Übergang von der Schule in die Hochschule und beim Übergang in den Arbeitsmarkt. Es sei allen bekannt, dass Unternehmen den perfekt ausgebildeten Absolventen suchen, der jung und dynamisch ist, Bestnoten vorweisen kann nebst Berufs- und Auslandserfahrungen. Damit könnten die meisten jedoch nicht aufwarten. Studierende erwarten von Seiten der Unternehmen klare und ermutigende Signale: was ist Pflicht und was ist Kür und dass man gebraucht wird.

In dieser Podiumsdiskussion, in der die unterschiedlichen Sichtweisen durch Statements pointiert wurden, bündelten sich alle im Gesamtprojekt bearbeiteten Themen und Inhalte. Als eine Art „Gesamtschau" stellte dieser Diskurs eine hervorragende Abschlussveranstaltung des Gesamtprojektes dar.

4. Evaluation des Projektes

„Ich habe jetzt mehr Zuversicht hinsichtlich meiner Zukunft", „Dieses Programm bot eine effektive Möglichkeit, mir über meinen Berufswunsch Klarheit zu verschaffen", „Als Student ist man sehr unsicher hinsichtlich der Arbeitswelt, das war die einzige Möglichkeit, sich auf das Berufsleben vorzubereiten", „So was wird an den Fakultäten nicht angeboten", „Es gab gute Übungsmöglichkeiten für den Erwerb von soft skills"…diese Aussagen waren der Haupttenor auf die Frage hin, ob derartige Projekte auch in Zukunft für Studierende angeboten werden sollten. Die den ganzen Prozess begleitende Evaluierung des Trainingsprogramms fand ihren Abschluss in einer umfangreichen Teilnehmerbefragung.

Erwartungen an das Programm

Wie die Start-Befragung gezeigt hat, sind die Teilnehmer mit sehr konkreten und dem Projekt entsprechenden Erwartungen in das Programm gegangen. Kennen lernen der eigenen Stärken und Schwächen, Erwerb von Schlüsselkompetenzen, Orientierungshilfe und ein klares Berufsziel standen bei den meisten Teilnehmern im Vordergrund. Von fast allen wurde erwartet, Ängste abzubauen hinsichtlich einer ungewissen Berufsfindung („Annäherung an mein Berufsbild", „mein Berufsziel konkretisieren", „Angst vor der Berufswelt verlieren",), und ganz konkret Sicherheit für die Bewerbungssituation zu erlangen (sich ‚sicherer' präsentieren können, „Bewerbungsgespräche führen können", „stärkeres Selbstvertrauen"). Die meisten Erwartungen wurden an die ‚persönliche Entwicklung' gestellt, weniger in Bezug auf den weiteren Studienverlauf, was vor allem in dem Zeitpunkt im jeweiligen Studienverlauf der Teilnehmer (2. Studienhälfte) begründet liegt. Für das Studium anwendbare und hier erlernte Techniken wie z.B. Zeitmanagement, Teamarbeit und Rhetorik wurden von vielen im Nachhinein als sehr sinnvoll bezeichnet und es wurde der Wunsch geäußert, ähnliche Angebote auch für die 1. Studienhälfte anzubieten, um ein zielorientiertes und strukturiertes Studieren zu ermöglichen. Die Erwartungen haben sich bei 80% ganz oder teilweise erfüllt. Der Großteil fühlte sich nach Absolvieren des Programms besser auf die berufliche Zukunft vorbereitet, sicherer im Umgang mit den eigenen Stärken und Schwächen und mit „klareren Berufsvorstellungen" ausgestattet, was dem Ziel des Programms, die Entscheidungs- und Handlungsfähigkeit in berufsrelevanten Situationen zu verbessern, nahe kommt.

Bewertungen der einzelnen Bausteine

Grundsätzlich zeigten sich die Teilnehmer mit dem Programmablauf und den Inhalten zufrieden, das Gesamtkonzept der drei Bausteine wurde von

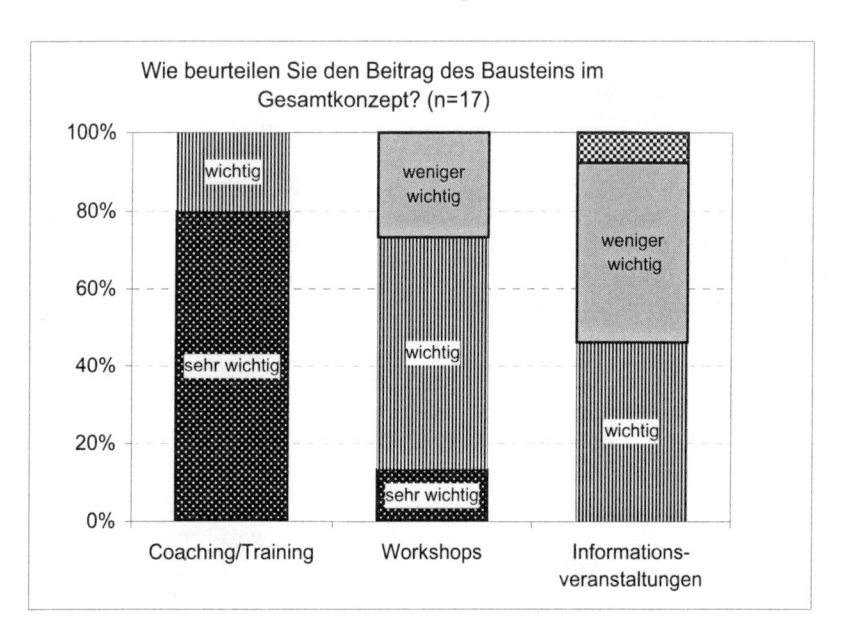

20% mit sehr gut, von 60% mit gut, und von 20% mit eher schlecht bewertet. Letztere erklärt sich durch die Beurteilung des Bausteins ‚Informationsveranstaltungen', der bei den meisten Teilnehmern auf weniger Interesse stieß als die Bausteine Training und Workshops. Diese aus dem Studium bekannteste Rezeptionsart fiel zurück gegenüber der relativ „exotischen" und im Studium weniger verbreiteten modernen Arbeitsformen der anderen Bausteine.

So beantwortete der Großteil die Frage nach dem Beitrag der einzelnen Bausteine zum Gesamtkonzept mit ‚sehr wichtig' für den Coaching-Teil, mit ‚wichtig' für die Workshops und mit „weniger wichtig" für die Informationsveranstaltungen.

Interessant ist, dass die Bewertung Workshops in der Einzelauswertung, also direkt nach der Durchführung, generell positiver ausfällt als in der Endauswertung. So gaben im Schnitt 80% an, dass ihre Erwartungen erfüllt wurden. Mit der Themenauswahl der Workshops waren sogar alle Teilnehmer zufrieden und bewerteten sie zunächst als sinnvoll, in der Endauswertung als weniger wichtig im Gesamtkonzept.

Welche Inhalte haben Sie besonders angesprochen? (n=17)

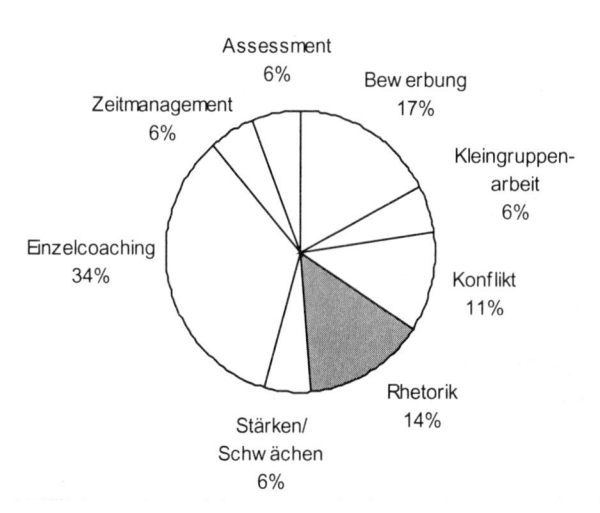

- Assessment 6%
- Bewerbung 17%
- Kleingruppenarbeit 6%
- Konflikt 11%
- Rhetorik 14%
- Stärken/Schwächen 6%
- Einzelcoaching 34%
- Zeitmanagement 6%

Die beste Resonanz in der Gesamtauswertung erhielten die Inhalte Einzelcoaching/ Bewerbungstraining, gefolgt von der Kleingruppenarbeit und dem Rhetorik-Workshop. In fast allen qualitativen Antworten wurde mehr Raum für Einzelcoaching gefordert. Diese Beurteilung entspricht der Beobachtung der Trainerin Andrea de Riz //Competence Design, dass die Arbeit immer dann für die Teilnehmer besonders interessant wurde, wenn diese von den anderen Teilnehmern oder von der Referentin Rückmeldung über die eigene Person erhielten.

Auch in den Beurteilungen der anderen Workshops wurden insbesondere die Anteile als positiv hervorgehoben, die Interaktion erforderten wie etwa Arbeit in der Gruppe, Rollenspiel oder eigene Übung mit darauf folgender Bewertung und direktem Feedback. Dies spiegelt sich in Wünschen nach „mehr Analyse des eigenen Verhaltens", „Lösen eigener Konfliktsituationen" und „Überprüfen der eingenommenen Rollen" wieder.

Organisation

Als besonders gut wurde der Zeitpunkt im Studienverlauf für ein solches Programm betrachtet: 94% empfanden ihn als genau richtig. Die Laufzeit wurde allerdings von 40% als zu lang empfunden bzw. wurde dahingehend kritisiert, dass die Zeitplanung über 1 Semester hinaus schwierig sei, der zeitliche Abstand zwischen den einzelnen Workshops zu lang war, und dass es für die Terminvereinbarung besser sei, feste Termine auf bestimmte Wochentage zu legen und bereits zu Programmbeginn alle Termine bekannt zu geben. Das war den Organisatorinnen jedoch nicht möglich, da zu viele Personen mit unterschiedlichen Wünschen und eigenen Terminen an dem Gesamtprojekt beteiligt waren.

Ein Teilnehmer wünschte sich eine Mitwirkung bei der Erstellung und der Organisation des gesamten Projektes, ein nicht uninteressanter Gedanke.

Die Zeitplanung und die Länge der einzelnen Bausteine wurden durchweg positiv bewertet, der Anteil des Gruppentrainings hätte allerdings zugunsten des Einzelcoaching reduziert werden sollen. Die Mehrheit der Teilnehmer lobte die flexible Zeitplanung der Trainerin des Coachingbausteins sowie die individuelle Benachrichtigung per E-Mail vor den jeweiligen Terminen durch die Organisatoren. Als verbesserungsbedürftig erachtet wurde die inhaltliche Abstimmung zwischen den einzelnen Bausteinen, womit die größere Verzahnung der Inhalte des Trainings mit denen der restlichen Workshops gemeint war.

Auswirkung auf Persönlichkeit, Studium und Berufswahl

Aus der Start-Befragung bzgl. der Berufsorientierung geht hervor, dass sich 75% der Teilnehmer für ihr Studienfach ohne konkreten Berufswunsch entschieden hatten und auch während des Studiums an keinen berufsorientierenden Vorträgen oder Workshops teilgenommen hatten. Lediglich bei 10% hatte sich im Studienverlauf ein konkreter Berufswunsch ergeben und bei 35% wurde zum Zeitpunkt der Befragung, also gegen Ende der 2. Studienhälfte, die Frage nach einem konkreten Berufswunsch bejaht.

Die Endbefragung ergibt, dass nach Ablauf des Trainingsprogramms 60% eine Auswirkung auf den Berufswunsch empfunden haben. Bei denjenigen, die zwar kein konkretes Berufsziel vor Augen gehabt hatten, war wenigstens Klarheit darüber entstanden, was für sie in Frage käme, haben sich berufliche Perspektiven entwickelt oder im geringsten Fall habe „man sich mit dem Thema Berufswahl auseinandergesetzt". Andere haben für sich einkreisen können, zwischen welchen Berufsfeldern sie schwanken, entweder festgestellt, dass sie von ihrem Traumjob nicht abrücken werden oder sich darin bestärkt gefühlt, „auf dem richtigem Weg zu sein".

Diejenigen, die bereits ein konkretes Berufsziel hatten und daher die Veranstaltung gelegentlich als zu wenig fachspezifisch empfanden, konnten sie immerhin nutzen, um daraus klarere Ziele für ihren jeweiligen Bereich zu formulieren. Lediglich eine befragte Person gab an, dass sie immer noch nicht wisse, was sie genau will und kann, aber immerhin „was sie machen könne".

Einschätzung der Kompetenzen im Vergleich zur Start-Befragung

Vergleicht man die Start- und Endbefragung, sind deutliche Veränderungen bei der individuellen Einschätzung der Kompetenzen festzustellen. So beantworteten 13 von 15 Personen am Ende der Veranstaltungsreihe, dass sie ihre Kompetenzen hinsichtlich ihrer Relevanz für den Arbeitsmarkt deutlich besser einschätzen können als vorher, also 86% statt 30% zu Beginn des Programms. Die Frage nach einer positiven Auswirkung auf die persönliche Entwicklung bejahten ebenfalls 86%, 26% gaben an, sie hätten mehr Selbstsicherheit gewonnen und seien sich ihrer Kompetenzen bewusster geworden, insbesondere hätten sich Hemmungen und Redeangst reduziert. Lediglich ein Teilnehmer gab an, dass die Unsicherheit bzgl. seiner Arbeitsmarktchancen weiterhin bestehe. Das Erkennen der eigenen Stärken und Schwächen wurde ebenfalls als positiv hervorgehoben: man habe mehr „Klarheit darüber, was man kann bzw. nicht kann". Von den erlernten Techniken wurde vor allem die Bedeutung der Zeitmanagement- sowie der Rhetoriktechniken unterstrichen und bereits im Studium bzw. Privatleben bewusst angewendet. Interessant ist, dass einige von gewohnten Verhaltensmustern bzw. Vorlieben abgerückt sind und z.B. festgestellt haben, dass sie „doch ganz gerne in kleinen Gruppen" arbeiten. Zu den meist genannten Auswirkungen zählen die Kategorien: Aufbau von Selbstbewusstsein, Erkennen von Stärken und Schwächen, Erlernen nützlicher Techniken und Abbau von Ängsten.

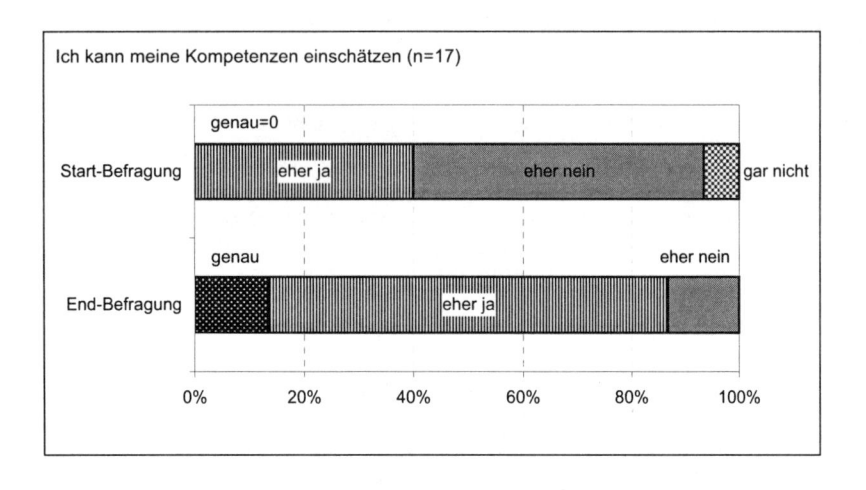

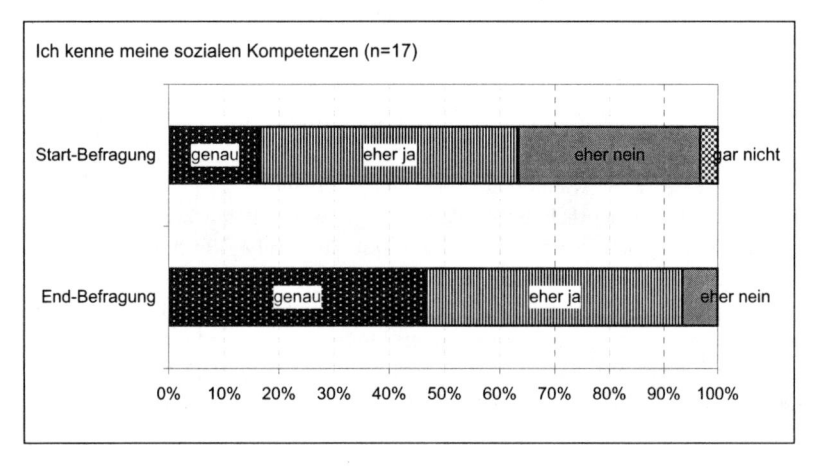

Ich kann meine Kompetenzen einschätzen (n=17)

Start-Befragung: genau=0 | eher ja | eher nein | gar nicht

End-Befragung: genau | eher ja | eher nein

Ich kenne meine sozialen Kompetenzen (n=17)

Start-Befragung: genau | eher ja | eher nein | gar nicht

End-Befragung: genau | eher ja | eher nein

Bei der Einschätzung der sozialen Kompetenzen ergab sich ebenfalls eine deutliche Veränderung. 47 % gaben nach dem Programm an, sie würden diese genau kennen im Vergleich zu 17 % bei der Start-Befragung. Die qualitativen Nennungen, die eine interessante Vielfalt aufweisen, beschränken sich nicht auf die Angabe klassischer Schlüsselqualifikationen, genannt wurden also nicht nur Teamfähigkeit oder Kommunikationskompetenz, sondern auch Engagement, Sachlichkeit oder Kooperationsbereitschaft.

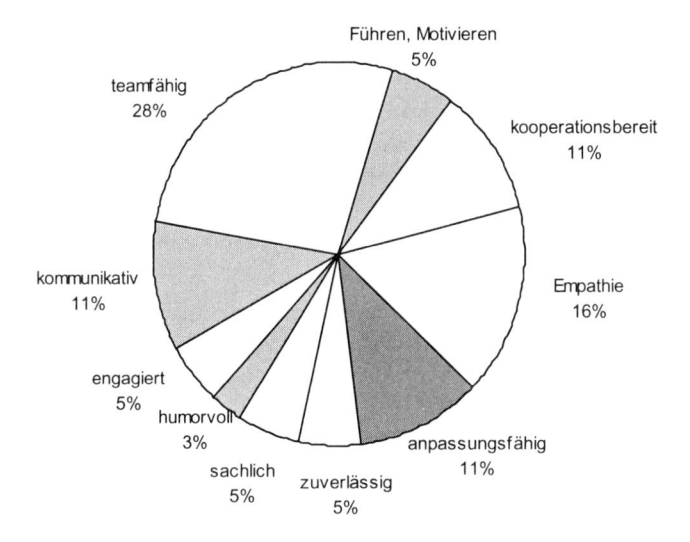

Ich kenne meine sozialen Kompetenzen (drei Nennungen; n=17)

- teamfähig 28%
- Führen, Motivieren 5%
- kooperationsbereit 11%
- Empathie 16%
- anpassungsfähig 11%
- zuverlässig 5%
- sachlich 5%
- humorvoll 3%
- engagiert 5%
- kommunikativ 11%

Die letzte Frage nach dem für angemessen gehaltenen eigenen finanziellen Beitrag eines Studierenden für die Teilnahme an einem Trainingsprogramm in diesem Umfang beantworteten nur zwei Teilnehmer mit der Angabe von „200.-" und „bis zu 500.- Euro" annähernd realistisch in Anbetracht der marktüblichen Kosten. Alle anderen rangierten mit ihren Angaben zwischen einer Eigenbeteiligung zwischen 50.- und 100.- Euro. Zwei wären nicht zu einem Eigenbeitrag bereit gewesen.

5. Fazit

Das Projekt „Fit für die Arbeitswelt" richtete sich an Studierende unterschiedlicher Fachrichtungen in der zweiten Studienhälfte, bei denen der Abschluss in nicht allzu weiter Ferne lag. Aufgrund der begrenzten Anzahl der Plätze musste nach im Vorfeld definierten Kriterien und einem persönlichen Interview eine Auswahl getroffen werden. Zugleich sollte damit auch vermieden werden, Personen zu rekrutieren, die bereits gut „für den Arbeitsmarkt gerüstet" sind und nicht notwendigerweise einer solch intensiven Betreuung und Unterstützung mehr bedürfen. Eine grundsätzliche Schwierigkeit ist damit angesprochen: wie können „Mitnahmeeffekte" vermieden werden und wie können die Personen, die am stärksten „Arbeitsmarkt avers" sind, für solche Maßnahmen motiviert werden. Im Projekt „Fit für die Arbeitswelt" gelang es durch die, allerdings sehr zeitintensiven, persönlichen Interviews ‚geeignete' Teilnehmer zu rekrutieren, wobei zweifelsohne einige Teilnehmer als vergleichsweise ‚fit' einzustufen waren. Grundsätzlich stellt sich somit die Frage, ob und wenn ja in welchem Umfang ein solches Programm mit individuellem Coaching und Training von Schlüsselkompetenzen ggf. Teil des Studienprogramms sein sollte, verbunden mit der Möglichkeit Credit Points dafür zu erwerben.

Basierend auf drei Säulen forderte das Programm, das sich über neun Monate erstreckte, von den Teilnehmern großes Engagement und hohe Eigenleistung, die zusätzlich zu dem regulären Semesterprogramm zu erbringen waren. Als Gesamtpaket hat sich diese Konzeption bewährt, wobei hervorgehoben werden muss, dass der Baustein des persönlichen Trainings- und Coaching – wie erwartet – von herausragender Bedeutung war. Durch die intensive Kleingruppen- und Einzelarbeit und die professionelle Begleitung gelang bei allen Teilnehmern eine Persönlichkeitsstärkung, teilweise in enormem Maße. Die Auseinandersetzung mit den eigenen Stärken, das Erarbeiten des persönlichen Kompetenzprofils, das Erlernen von Strategien, die Stärken und Kompetenzen auch Dritten gegenüber zu kommunizieren, fehlte bislang allen Teilnehmern in ihrem bisherigen Studienverlauf. Bei den Teilnehmern bestand zu Projektbeginn keine Klarheit darüber, was sie an Qualifikationen und Kompetenzen mitbringen, was die Arbeitswelt von ihnen erwartet, wo sie Informationen darüber finden und wie sie die eigenen Fähigkeiten schriftlich und im Gespräch darstellen sollen. So wurden auch die größten Erwartungen an die ‚persönliche Entwicklung' gestellt und – wie die Evaluation gezeigt hat – auch dahin gehend erfüllt, dass sich die Teilnehmer mit Abschluss des Programms ‚fit für die Arbeitswelt' fühlen.

Gegenüber diesem zentralen Baustein des Projektes traten die anderen Säulen leicht in den Hintergrund, insbesondere die unterschiedlichen Informationsveranstaltungen. Während die vier Workshops des Projekts von den Teilnehmern gut frequentiert wurden und auch die Wahl der Inhalte positiv beurteilt wurde, fanden die verschiedenen Vorträge und die Podiumsdiskussion vergleichsweise wenig Interesse von Seiten der Projektteilnehmer. Überraschenderweise stießen auch die Angebote der Betriebsbesuche auf wenig Resonanz, so dass sogar zwei Betriebspräsentationen - trotz umfangreicher Werbeaktionen - abgesagt werden mussten. Wie auch schon bei derartigen Angeboten des Hochschulteams in den Jahren davor zeigte sich, dass es schwer ist, Studierenden den Nutzen solcher Betriebsbesuche erfolgreich zu vermitteln.

Grundsätzlich ist auch darüber nachzudenken, ein solches Programm auf ein Semester zu komprimieren und ggf. die Module des Trainingsprogramms als separate Elemente anzubieten, um unterschiedliche Ein- und Austrittspunkte zu ermöglichen.

Im Vordergrund muss dabei immer eine individuelle Betreuung und Beratung stehen, die zweifelsohne ressourcenintensiv, aber auch entsprechend effektiv ist.

6. Literatur

Bund-Länder-Kommission für Bildungsplanung und zur Forschungsförderung BLK (2001): Zukunft von Bildung und Arbeit. Perspektiven von Arbeitskräftebedarf und -angebot bis 2015. Materialien zur Bildungsplanung und zur Forschungsförderung Heft 104.

Bundesvereinigung der Deutschen Arbeitgeberverbände BDA (2003): Memorandum zur gestuften Studienstruktur (Bachelor/Master). Berlin. September 2003.

Bundesvereinigung der Deutschen Arbeitgeberverbände BDA (2004): Auf dem Weg zu einem europäischen Hochschulraum. Bedeutung des Bologna-Prozesses für Unternehmen und Arbeitsmarkt. Berlin. Februar 2004.

Heublein, U., Schmelzer, R., Sommer, D. und Spangenberg, H. (2002): Studienabbruchstudie 2002. Die Studienabbrecherquoten in den Fächergruppen und Studienbereichen der Universitäten und Fachhochschulen. HIS Kurzinformation A5/2002. Hannover.

Institut der deutschen Wirtschaft (2004): Job-Starter sind gefragt. in: iwd Jg. 30, Nr. 15, S.1.

HRK (2004): Mit dem Bachelor ins Unternehmen. Beiträge zur Hochschulpolitik 2/2004. Berlin.

Chur, D. (2002): (Aus-)Bildungsqualität verbessern. Das Heidelberger Modell. DUZ 3: Extra S. I-IV.

KMK, HRK und BMBF (2003): Realisierung der Ziele der "Bologna-Erklärung" in Deutschland- Sachstandsdarstellung. Gemeinsamer Bericht. Berlin.

Netzwerk "Wege ins Studium" (2002): Zur Zukunft des Akademikerarbeitsmarktes. Über Nutzen und Risiken von Prognosen und den richtigen Umgang damit. Nürnberg.

Reinberg, A. und Hummel, M. (2003): Bildungspolitik: Steuert Deutschland langfristig auf einen Fachkräftemangel zu? IAB-Kurzbericht Nr. 9, S. 1-9.

Reinberg, A. und Schreyer, F. (2003): Arbeitsmarkt für AkadermikerInnen: Studieren lohnt sich auch in Zukunft. IAB-Kurzbericht Nr. 20, S. 1-7.

Schwarz-Hahn, St. und Rehburg, M. (2003): Bachelor und Master in Deutschland. Empirische Befunde zur Studienstrukturreform. Wissenschaftliches Zentrum für Berufs- und Hochschulforschung. Universität Kassel.

Witte, J. und Otto, E. (2003): Der Bologna-Prozess. Wissenschaftsmanagement 3: 29-33.

Zentralstelle für Arbeitsvermittlung - Arbeitsmarktinformationsstelle AMS (Hrsg.): Arbeitsmarkt-Informationen für qualifizierte Fach- und Führungskräfte, 2003 u.2004. Bonn.

Ein Erfahrungsbericht der Rechtswissenschaften:
Die Beratungssituation als Thema des Hochschulunterrichts

Stephan Weth, Eckard König

1. Einleitung

Zum 01.07.2003 ist eine Neufassung des Deutschen Richtergesetzes in Kraft getreten. Nach dessen § 5 Abs. 1 berücksichtigen nunmehr die Inhalte des rechtswissenschaftlichen Studiums die rechtsprechende, verwaltende und rechtsberatende Praxis einschließlich der hierfür erforderlichen **Schlüsselqualifikationen**. Zu diesen Schlüsselqualifikationen zählt u.a. die Gesprächsführung, insbesondere das Beratungsgespräch.

Es ist zweifelsohne richtig, dass der Gesetzgeber die Gesprächsführung zum Ausbildungsbestandteil gemacht hat. Denn es gibt keinen juristischen Beruf, in dem nicht zahlreiche Gespräche geführt werden müssen. Für die rechtsberatenden Berufe ist das Gespräch unentbehrliches Werkzeug: Es sind Mandanten zu beraten, es sind Gespräche mit dem gegnerischen Anwalt zu führen, es ist die eigene Position darzustellen.

So richtig es ist, das Führen von Beratungsgesprächen zum Gegenstand der Ausbildung zu machen, so ist doch zu bedenken, dass die an der Universität und im Referendariat ausbildenden Juristen, zumeist nicht ausreichend darin geschult sind, wie Beratungskompetenz vermittelt werden kann. Natürlich sind die ausbildenden Juristen Fachleute auf dem Gebiet der Juristerei und natürlich kann nur derjenige brauchbar rechtsberaten, der gute Fachkompetenz d.h. hier gute Rechtskenntnisse hat. Insoweit sind die Ausbilder geschult. Die Vermittlung von Rechtskenntnissen folgt zumeist gewohnten, gut eingefahrenen Bahnen.

Aber Beratung erfordert nicht nur Sachkompetenz, sondern auch Beratungskompetenz. Der Berater muss wissen, was Beratung überhaupt bedeutet, was

Schritte des Beratungsprozesses sind.[1] Diese Beratungskompetenz wurde in der Vergangenheit in der juristischen Ausbildung nicht vermittelt. Hier gibt es keine eingefahrenen Bahnen.

Um der Frage nachzugehen, wie Beratungskompetenz in der juristischen Ausbildung vermittelt werden kann, befassten sich in einem zweitägigen Blockseminar Juristen aus verschiedenen Ausbildungsabschnitten (Studierende, Referendare, Juristen mit 2. Staatsexamen) unter Anleitung eines Fachmanns mit diesem Problem.

Schwerpunkte dieses Blockseminars waren:

- Die Vermittlung von Grundlagen des Beratungsprozesses (Strukturierung von Beratungsprozessen, Experten- und personale Beratung usw.)
- Die Einübung von Beratungsmethoden anhand konkreter Beratungsgespräche
- Die Reflexion darüber, was Beratung eigentlich ist und welche Einstellung sie voraussetzt
- Die Diskussion über Möglichkeiten der Vermittlung von Beratungskompetenz in der juristischen Ausbildung.

Manche Teilnehmer hatten wohl zu Beginn Zweifel an der Notwendigkeit eines solchen Seminars: Beratung ist doch etwas, was wir immer schon machen – wozu dann eigens üben. Konkrete Erfahrungen wie z.B. die Erfahrung, dass schlechter Kontakt von Seiten des Beraters selbst bei routinierten Juristen Irritation und Verunsicherung bewirkt, führten dann jedoch schnell und „hautnah" zu der Erkenntnis,

- dass Beratung ein eigenes Thema ist, das eigener Beratungskompetenz bedarf,
- dass Beratungskompetenz ein wichtiger Bestandteil juristischer Professionalität ist,
- dass Beratungskompetenz erwerben immer auch heißt, Beratung üben und auch (aus der Rolle eines Mandanten) Beratung erfahren
- dass aber ein Seminar zum Thema Beratung auch Spaß machen kann und bei Teilnehmerinnen und Teilnehmern auf hohe Akzeptanz stößt.

1 Vgl. dazu auch die Ausführungen „Die Beratungssituation als Thema des Hochschulunterrichts – Einige Handlungshilfen zur Vermittlung von Beratungskompetenz" im 3. Abschnitt dieses Buches.

Ergebnis dieses zweitägigen lebhaften Dialogs war (abgesehen von dem individuellen „Lernerfolg") zum einen eine Abhandlung über das juristische Beratungsgespräch (Mandantengespräch)[2], die dazu dienen soll, den in der juristischen Ausbildung befindlichen Personen einen ersten Überblick über das richtige Führen eines Mandantengesprächs zu geben. Ergebnis war zum anderen eine Handlungshilfe zur Vermittlung von Beratungskompetenz.[3]

2. Das juristische Beratungsgespräch[4]

Bevor Struktur und Ablauf eines Beratungsgesprächs erörtert werden, bedarf es einer kurzen Auseinandersetzung mit der Frage, was Beratung ist.

Was ist Beratung?

Gleichsam eine klassische Definition von Beratung wurde von Dorothee Bang 1958 im Rahmen der Diskussion über Beratung in der Sozialarbeit eingeführt: Beratung ist „Hilfe zur Selbsthilfe"[5]. Oder, um eine neuere Formulierung aufzugreifen: Beratung ist „Unterstützung des oder der Klienten bei der Lösung von Problemen, ohne dass der Berater dem Klienten die Entscheidung abnimmt"[6]. Was heißt das konkret?[7]:

> ➢ **Beratung ist durch eine Unterscheidung zwischen „Ratsuchendem" und „Berater" gekennzeichnet**

Beratung ist grundsätzlich etwas, was sich zwischen zwei oder mehreren Personen abspielt: einem (oder mehreren) Beratern und einem oder mehreren Ratsuchenden, in der Rechtsberatung: einem oder mehreren Mandanten.

> ➢ **Gegenstand von Beratung sind „Probleme" des Mandanten**

Wenn man im Alltag von „Problem" spricht, verbindet man damit meist die Vorstellung, dass sich jemand in einer schwierigen Situation befindet, aus der er keinen Ausweg weiß. Ein Hausbesitzer weiß nicht, wie er einen Streit mit einem Nachbarn lösen soll, eine Studentin findet die Behandlung in ihrer Prüfung ungerecht usw. In der Literatur wird „Problem" weiter gefasst: „Ein

---

2 Vgl. dazu sogleich II.
3 Vgl. dazu im 3. Abschnitt dieses Bandes: König/Weth: Handlungsempfehlungen.
4 Die folgenden Ausführungen sind – leicht gekürzt – dem Buch „Das Mandantengespräch – Effiziente Beratungsgespräche in der anwaltlichen Praxis", Saarbrücken 2004, S. 3 ff. entnommen. Wir danken dem Verlag der juris GmbH für die freundliche Genehmigung.
5 Bang, Hilfe zur Selbsthilfe für Klient und Sozialarbeiter, München 1958.
6 König/Volmer, Systemisch denken und handeln, Weinheim 2004, 158.
7 Vgl. auch Bachmair u.a., Beraten will gelernt sein, Weinheim 1994, 5. Aufl.; König/Volmer, 45ff.

Individuum steht einem Problem gegenüber, wenn es sich in einem inneren oder äußeren Zustand befindet, den es aus irgendwelchen Gründen nicht für wünschenswert hält, aber im Moment nicht über die Mittel verfügt, um den unerwünschten Zustand in den wünschenswerten Zielzustand zu überführen"[8]. Abgesehen davon, dass es hier komplizierter klingt, liegt der Unterschied gegenüber dem Alltagsverständnis darin, dass vom Problem nicht nur bei einem „ausweglosen" Zustand gesprochen wird, sondern allgemeiner von einem „nicht wünschenswerten": Ein Problem kann auch darin bestehen, dass ein Mieter mit einem Mietvertrag nicht einverstanden ist und ihn geändert haben möchte – ohne dass diese Situation „ausweglos" wäre.

> ➢ **Beratung als Unterstützung bei der Lösung von Problemen kann fachliche Expertenberatung oder „personale" Beratung sein**

Berater ist diejenige Person, die auf der Basis ihrer Beratungskompetenz, ihres Fachwissens und ihrer Erfahrung diese Unterstützung geben kann. Diese Unterstützung kann in zwei unterschiedlichen Formen geschehen: als fachliche Expertenberatung oder als sog. personale Beratung:

Expertenberatung bedeutet, dass ein Experte einem Ratsuchenden Informationen und Anregungen gibt: Ein IT-Experte berät ein Unternehmen bei der Einrichtung eines Call-Centers, ein Finanzberater ein Start up Unternehmen.

Beratung kann aber auch etwas anderes sein: Ein Eheberater kann sich nicht darauf beschränken, gute Ratschläge zu geben oder den Partnern die Rechtslage zu erklären. Noch deutlicher: Gute Ratschläge werden in dieser Situation nicht das sein, das den Ehepartnern weiterhilft. Sondern ein Eheberater wird das Schwergewicht darauf legen, zuzuhören, wird nachfragen, wird die Ehepartner dabei unterstützen, sich selbst über ihre Situation klar zu werden, wird sie dabei unterstützen, Ziele und mögliche Vorgehensweisen zu klären. Das aber ist eine ganz andere Form als die fachliche Expertenberatung. Es ist eine **personale Beratung**, die nicht darin besteht, Ratschläge zu geben, sondern darin, den oder die Ratsuchenden durch geeignete Fragen, durch Zuhören und Verdeutlichen dabei zu unterstützen, sich selbst über die Situation klar zu werden und selbst neue Lösungen zu entwickeln. Ein Eheberater benötigt demzufolge auch weniger „Fachwissen", sondern vor allem Beratungskompetenz: die Fähigkeit zuzuhören, die richtigen Fragen zu stellen, den Klienten zu helfen, ihre Situation realistisch einzuschätzen, Konflikte zwischen Klienten abzubauen usw.

---

8   Dörner, Problemlösen als Informationsverarbeitung, Stuttgart 1979, 2. Aufl., 10.

Rechtsberatung hat sich traditionell ausschließlich oder vorwiegend als fachliche Expertenberatung verstanden. Nun erwarten Mandanten zweifelsohne in der Rechtsberatung Informationen („Expertenberatung") über die rechtliche Situation, über ihre rechtlichen Möglichkeiten, über mögliche oder wahrscheinliche Konsequenzen und insbesondere über Erfolgsaussichten von zu ergreifenden Maßnahmen. Aber Rechtsberatung darf nicht ausschließlich Expertenberatung sein. **Gute Rechtsberatung muss sowohl Experten- als auch Personale Beratung sein**: Der Berater gibt als Experte Hinweise zu der bestehenden Situation, aber er muss zugleich auf den Mandanten als Person eingehen, ihn dabei unterstützen, die Situation zu klären, seine Ziele zu bestimmen und das für ihn passende Vorgehen zu wählen.

> ➢ **Beratung ist Unterstützung bei der Lösung von Problemen, aber darf dem Mandanten die Entscheidung nicht abnehmen**

Der schlechte Ruf, den Juristen genießen, mag darauf zurückzuführen sein, dass dies nicht immer ausreichend berücksichtigt wird. Die Entscheidung, ob ein bestimmter Vertrag geschlossen wird oder nicht, muss der beratene Unternehmer treffen. Es ist nicht die Aufgabe des beratenden Juristen, diese Entscheidung zu fällen. Selbst wenn der Vertrag noch so windig, noch so gefährlich ist, bleibt die Aufgabe des Juristen die Risiken darzustellen und zu raten, es steht ihm aber nicht an, die Entscheidung an sich zu reißen. Hier ist Selbstbeschränkung gefragt.

> ➢ **Beratung erfordert professionelle Distanz**

Dies ist für den Bereich der Rechtsberatung selbstverständlich und leichter als z.B. für einen Eheberater: Wenn ein Eheberater zu sehr mit seinem Klienten „mitfühlt", verliert er die Distanz und kann nicht mehr beraten. Für den Anwalt gilt: Natürlich ist er Interessenvertreter seines Mandanten, der nur (einseitig) dessen Interessen und nicht etwa die Interessen der Gegenseite vertritt. Trotzdem benötigt er Distanz zu und Unabhängigkeit von seinem Mandanten:

– Als Berater muss ich zunächst überlegen, ob ich mit diesem Mandanten arbeiten kann. Kann ich ihn unterstützen? Oder gibt es mögliche Vorurteile, verdeckte Konflikte, die mich daran hindern? Eine Beraterin, die ihren Klienten ablehnt oder von ihm abgelehnt wird, verliert ihre professionelle Distanz. Sie kann nicht mehr unbefangen an den Problemen des Klienten arbeiten.

- Als Berater darf ich keine Lieblingslösung haben, die ich meinem Mandanten zu verkaufen suche. Ich darf nicht versuchen, meine eigenen Interessen durchzusetzen
- Als Berater muss ich schließlich auch akzeptieren können, dass meine Vorschläge abgelehnt werden. Wenn sich der Mandant entscheidet, einen Vertrag zu unterschreiben, den ich für höchst problematisch halte, so kann ich ihn auf Risiken hinweisen und Alternativen vorschlagen. Aber er trifft die Entscheidung.

Die Struktur des Beratungsgesprächs

Jeder kennt genügend Gespräche, die unbefriedigend verlaufen: Es wird endlos geredet, ohne dass man zu einem Ergebnis kommt. Die Argumente wiederholen sich, man dreht sich im Kreis. Dasselbe gilt auch für Beratungsgespräche: Es gibt Gespräche, in denen überhaupt nicht klar wird, worum es geht. Es gibt Gespräche, in denen Ihr Mandant immer weiter erzählt und immer neue Einzelheiten von sich gibt. Oder Gespräche, in denen Ihr Mandant eine Lösung nach der anderen verwirft oder auf jeden Vorschlag mit neuen Erzählungen zusätzlicher Details antwortet. Was hier vor allem fehlt, ist eine klare Struktur. Das ist sozusagen die erste Grundregel für Sie als Beraterin oder Berater: nicht den Mandanten einfach erzählen lassen, aber auch nicht lediglich Informationen geben, sondern:

> ➤ **Übernehmen Sie als Beraterin oder Berater die Führung im Beratungsgespräch. Ihre Aufgabe ist es, das Gespräch zu steuern und zu strukturieren!**

Doch wie soll das Beratungsgespräch strukturiert werden? In welchen Schritten oder Phasen muss ich dabei vorgehen? Beratung ist grundsätzlich Unterstützung eines Ratsuchenden bei der Lösung von Problemen. Eben damit ergibt sich ein Ansatzpunkt für die Strukturierung: Problemlösungsprozesse verlaufen sinnvoller Weise in bestimmten Phasen: Man muss z.B. erst die Situation und das Ziel klären, bevor man nach konkreten Lösungen sucht. Konsequenz daraus ist, in der Strukturierung des Beratungsprozesses den Phasen des Problemlösungsprozesses zu folgen.

Ein Problemlösungsprozess gliedert sich grundsätzlich in mehrere Phasen:

- Es ist ein Ziel festzulegen: Was soll erreicht werden?
- Es ist die Ausgangssituation zu klären: Was sind die Ausgangsbedingungen? Was ist schon an Vorarbeit geleistet? Wo genau liegen die Probleme?

- Es sind Mittel zur Erreichung des Ziels zu klären: Was sind Möglichkeiten? Was sind jeweils Vor- und Nachteile?
- Und schließlich ist ein konkreter Plan zu entwickeln und durchzuführen: In welchen Schritten gehe ich vor?

Schwierigkeiten bei der Problemlösung können auf den gleichen Ebenen liegen:

- Das Ziel kann unklar sein.
- Die Ist-Situation kann unklar sein.
- Es kann Unklarheit hinsichtlich der Wege und Mittel zur Erreichung des Ziels bestehen.
- Es sind zwar verschiedene Möglichkeiten angedacht, aber es fehlt ein genauer Plan für die nächsten Schritte.

Aber erst wenn die Fragen

- Was ist das Ziel?
- Wie ist überhaupt die Situation?

beantwortet sind, kann man die nächsten Fragen stellen:

- Was für Möglichkeiten hat der Mandant überhaupt in dieser Situation?
- Was sind seine nächsten Schritte?

Beratung als Unterstützung bei der Problemlösung bedeutet somit für Sie als Berater oder Beraterin, Ihren Mandanten durch die einzelnen Phasen des Problemlösungsprozesses zu führen. Daraus ergibt sich eine Strukturierung des Beratungsgesprächs in vier Phasen:

- Eine Phase, in der Thema und Ziel des Beratungsgesprächs geklärt werden
- Eine Phase, in der die Ist-Situation geklärt wird
- Eine Phase, in der Lösungen zur Erreichung des Ziels erarbeitet werden

Zu ergänzen ist der Ablauf des Beratungsgesprächs noch durch eine Abschlussphase, in der das Ergebnis des Beratungsprozesses nochmals zusammengefasst wird und die nächsten Schritte vereinbart werden: die Abschlussphase. Daraus ergibt sich ein **Modell in vier Phasen**[9]:

9   Im Anschluss an König/Volmer, o. Fn., 56ff.

- Eine **Orientierungsphase**, in der es zunächst darum geht, den Kontakt zum Mandanten aufzubauen, ihn dazu zu bringen, überhaupt erst einmal zusammenhängend von seinem Problem zu erzählen. Erst danach kann Thema und Ziel für das Beratungsgespräch geklärt werden.
- Eine **Klärungsphase**, in der es um die Klärung der Ist-Situation geht, d.h. herauszuarbeiten wo das Problem liegt und was die Hintergründe des Problems sind.
- Eine **Lösungs- oder Veränderungsphase**, in der Ziele oder Teilziele zur Lösung des Problems genauer bestimmt sowie verschiedene Lösungsmöglichkeiten gesammelt und bewertet werden.
- Eine **Abschlussphase**, in der das Ergebnis festgemacht und die nächsten Schritte geplant werden.

Damit ergibt sich folgende Struktur des Beratungsgesprächs:

1.	Orientierungsphase	- Kontakt zum Mandanten aufbauen - Was ist Thema? - Was ist das Ziel des Beratungsgesprächs?
2.	Klärungsphase	- Wie ist die Situation? - Wo genau liegen die Probleme? - Wie ist die rechtliche Lage?
3.	Lösungsphase	- Was genau ist das Ziel des Mandanten? - Was wäre das nächste Teilziel? - Was sind Möglichkeiten? - Was sind jeweils Vor- und Nachteile?
4.	Abschlussphase	- Was ist das Ergebnis? - Wie geht es dem Mandanten mit dem Ergebnis? - Was sind die nächsten Schritte?

Diese Phasen gelten für das einzelne Beratungsgespräch, sie gelten gleichermaßen aber für komplexe Beratungsprozesse: Wenn es z.B. um einen komplizierten Vertragsentwurf geht, dann ist zunächst das Ziel zu klären, es ist (in der Regel in mehreren Runden) die Situation zu klären, es sind jeweils verschiedene Möglichkeiten zu überlegen und gegeneinander abzuwägen. Und schließlich muss der Prozess auch zu einem Ergebnis kommen.

Die einzelnen Schritte des Beratungsgesprächs wollen wir Ihnen im Folgenden genauer vorstellen.

Die Orientierungsphase im Beratungsgespräch

a. Kontakt zum Mandanten aufbauen

Die ersten Minuten eines Gesprächs sind oft die entscheidenden. Vielleicht kennen Sie das aus eigener Erfahrung: Man trifft einen neuen Gesprächspartner, wechselt die ersten Worte, plötzlich ist der Kontakt da. Oder das andere: Nach einigen Minuten merkt man, dass man mit dem Gesprächspartner nicht warm geworden ist, nicht auf derselben Wellenlänge liegt. Oder man erlebt den Gesprächspartner als zudringlich – und zieht sich demzufolge zurück.

Was läuft hier ab? In den ersten Sekunden und Minuten nimmt jeder vom Gesprächspartner eine Fülle von Eindrücken auf: Wie er sitzt, wie er sich gibt, wie er spricht usw. Diese Eindrücke werden dann zu einem Gesamtbild verarbeitet: der Gesprächspartner ist sympathisch oder unsympathisch, man baut zu ihm Vertrauen auf oder nicht usw. In der Regel verläuft dieser Prozess unbewusst. Aber er entscheidet häufig über den Erfolg eines Gesprächs. Daraus ergibt sich als erste Aufgabe: Sensibel werden für das, was auf der zwischenmenschlichen Ebene im Gespräch abläuft.

> ➤ **Tipp:** Gerade junge Juristen sollten jede Gelegenheit nutzen, erfahrenen Anwälten beim Beratungsgespräch „über die Schulter zu sehen". Wer die Gelegenheit hat viele unterschiedliche Berater bei der Beratungstätigkeit zu beobachten, wird erstaunliche Entdeckungen machen. Zu diesen Entdeckungen wird gehören, dass mancher Berater sich nicht genügend müht einen guten Kontakt zum Mandanten aufzubauen und dass dies die Qualität der Beratung zwangsläufig mindert. Schließlich sollten sich Praktikanten, Referendare und junge Anwälte nicht scheuen, erfahrene Anwälte zu bitten, sie bei ersten eigenen Beratungen mit Rat und Tat zu unterstützen. Auch im Beratungsgeschäft gilt, dass noch kein Meister vom Himmel gefallen ist.

Es gibt eine Reihe wesentlicher Faktoren, die die Beziehung zwischen Gesprächspartnern bestimmen. Das sind:

– Die räumliche Umgebung

– Räumliche Nähe bzw. Distanz zum Gesprächspartner

– Die Richtung: Bin ich dem Gesprächspartner zugewandt? Sitze ich direkt gegenüber?

– Die Körperhaltung: Bin ich vorgebeugt? Zurückgelehnt?

– Der Blickkontakt: Starre ich den Gesprächspartner an – oder geht der Blick suchend über die Zimmerwände, ohne dass ich den Gesprächspartner wahrnehme?

Beratung ist nur möglich, wenn Kontakt da ist, d.h. wenn eine Beziehung aufgebaut ist, „die durch gegenseitige Achtung und Vertrauen gekennzeichnet ist"[10]. Ein Beratungsgespräch erfordert einen gut austarierten Kontakt zum Mandanten. Gut austariert heißt, es muss Kontakt da sein, aber er darf nicht zu eng sein. Wenn Ihr Gesprächspartner den Mund nicht aufmacht, nichts sagt und Sie gleichsam jedes Wort aus ihm herauskitzeln müssen, dürfte der Kontakt fehlen: Möglicherweise hat er kein Vertrauen zu Ihnen aufgebaut. Andererseits: Wenn die Mandantin Ihnen heulend um den Hals fällt, dürfte der Kontakt wohl etwas zu eng sein, dann ist es Ihnen nicht gelungen, die nötige professionelle Distanz aufzubauen.

Wir geben Ihnen im Folgenden einige Beispiele von Verhaltensweisen, die für den Kontakt im Beratungsgespräch hinderlich oder hilfreich sind:

Für den Kontakt hinderlich	Für den Kontakt förderlich
Kein Interesse am Gesprächspartner	Interesse am Gesprächspartner
Blick wendet sich ab, fixiert andere Punkte im Raum	Häufiger Blickkontakt
Unterbrechungen (z.B. durch Telefon, Sekretärin usw.)	Ungestörte Gesprächssituation
Gesprächspartner sitzt vor dem Schreibtisch	Gespräch an einem Besprechungstisch
Sich anderen Sachen zuwenden (z.B. nebenher Unterschriftenmappe durcharbeiten)	Sich auf Gesprächspartner konzentrieren
Gesprächspartner sitzen einander frontal gegenüber	Schräge Sitzposition
Sehr unterschiedliche Körperhaltung (z.B. ein Gesprächspartner deutlich vorgebeugt, der andere deutlich zurückgelehnt)	„Ähnliche" Körperhaltung
Zu geringer oder zu weiter Abstand	„Passender Abstand"
Kritische Fragen, Abwertung	„Hm", interessierte Fragen

10 Mohl, Der Zauberlehrling, Paderborn 2000, 7. Aufl., 55.

Vielleicht können Sie bei Gesprächen darauf achten. Oder vielleicht haben Sie auch schon selbst eine solche Situation erlebt: Ihr Gesprächspartner beschäftigt sich nebenher mit etwas Anderem, das Telefon klingelt, die Sekretärin kommt herein, um etwas mitzuteilen, Ihr Gesprächspartner wendet sich ab. Wenn Sie eine solche Situation erlebt haben, haben Sie vermutlich am eigenen Leib auch die Auswirkungen von einem solchen fehlenden Kontakt erlebt – bzw. entsprechend die Auswirkungen von gutem Kontakt. Vergleichen Sie das mit der folgenden Liste:

Auswirkungen von fehlendem Kontakt:	Auswirkungen von gutem Kontakt zwischen den Gesprächspartnern:
Verunsicherung und Orientierungslosigkeit: Was ist hier los?	Sicherheit im Gespräch
Der Gesprächspartner versucht besonders intensiv, das Gespräch in Gang zu bringen	Offenheit und Lockerheit im Gespräch
Das Gespräch wird stockend	Flüssiges Gespräch
Dem Gesprächspartner fällt nichts mehr ein	Der Gesprächspartner wird zunehmend sicherer
Der Gesprächspartner fühlt sich unsicher	Entspannte, positive Atmosphäre
Abbruch des Gesprächs	
Möglicherweise Ärger, Aggressivität „Wenn Sie das nicht interessiert, brauche ich ja nicht weiter zu erzählen!"	

Sie können diese Erfahrungen im Beratungsgespräch zum Aufbau des Kontaktes mit Ihrem Mandanten nutzen. Aber Vorsicht, machen Sie daraus nicht eine Technik des Nickens und Hm-Sagens. In der Tradition des sog. Neurolinguistischen Programmierens, das diese Phase des Kontaktaufbaus untersucht hat, um es dann für Therapie, aber auch für Verkaufsgespräche usw. zu nutzen, war man gelegentlich in Gefahr, daraus eine Technik zu machen. Damit verkehrt es sich jedoch in das Gegenteil. Denn unser Verhalten ist nicht beliebig steuerbar, sondern ist entscheidend von der Einstellung bestimmt: Wer jemanden von seiner Einstellung her ablehnt, wird dies (bewusst oder unbewusst) in seinem Verhalten zum Ausdruck bringen. Entsprechendes gilt für den Beratungsprozess: Wenn der Berater mit seinen Gedanken woanders ist, kann er sich nicht auf den Prozess konzentrieren. Dann nützt auch ein noch so intensiv antrainiertes Kopfnicken und Angleichen der Körperhaltung nichts. Der Gesprächspartner wird spüren, dass das Verhalten nicht „echt" ist und mit Verunsicherung reagieren.

An erster Stelle: sich auf die Beratung innerlich einstellen. Konkret bedeutet das:

> ➢ **Sich kurz Zeit nehmen, um sich aus dem Tagesgeschäft zu lösen und sich auf den Beratungsprozess sowie den Klienten einzustellen.** Dabei muss diese Zeit nicht unbedingt sehr lange sein, möglicherweise reichen einige Minuten.
> ➢ **Sich sog. „Selbstinstruktionen" geben, d.h. Anweisungen, die dem Berater helfen, sich auf die Situation einzustellen, z.B.: „Beratung heißt, den Klienten zu unterstützen, seine eigene Lösung zu finden".**

Auf der Basis einer solchen Einstellung gibt es dann freilich eine Reihe von Punkten, auf die Sie achten können, um Kontakt zu Ihrem Mandanten aufzubauen:

aa. Die räumliche Umgebung vorbereiten

Ein Berater, der hinter einem gewichtigen Schreibtisch sitzt, vom Telefon immer wieder unterbrochen wird, kann sich nicht auf den Mandanten einstellen, kann nicht richtig beraten. Daraus ergeben sich folgende Konsequenzen:

> ➢ **Einen ungestörten Raum (Besprechungszimmer) wählen.**
> ➢ **Störungen vermeiden: z.B. Telefon umschalten, der Sekretärin Bescheid sagen usw.**
> ➢ **Nach Möglichkeit das Gespräch nicht am Schreibtisch, sondern an einem eigenen Besprechungstisch führen – „Vor dem Schreibtisch zu sitzen" weckt für zahlreiche Personen negative Assoziationen („ich muss zum Chef") und fördert damit häufig nicht den Kontakt.**
> ➢ **Ggf. Mineralwasser oder Kaffee vorbereiten**

So sehr dies einleuchten mag, so sehr ist der Alltag der Feind der Umsetzung dieser Anregungen. Der Berater, der sich selbst beobachtet, wird häufig feststellen, dass er sich durch das Telefon stören lässt. Es ist also auch für erfahrene Berater wichtig darauf zu achten, dass sich solche Störfaktoren nicht einschleichen.

bb. Den passenden Sitzplatz wählen

Das ist ein Thema, an das man normalerweise überhaupt nicht denkt: Wo setze ich mich in der Besprechung hin? Wo soll sich die Mandantin oder der Mandant hinsetzen? Aber vielleicht ist es Ihnen aus eigener Erfahrung noch in Erinnerung: Es gibt Situationen, wo man z.B. in einer Besprechung am Rand sitzt und überhaupt nicht zum Zug kommt. Das hat etwas mit dem Sitzplatz zu tun: Wenn man am Rand sitzt, hat man leicht Schwierigkeiten, erfolgreich zu agieren. Entsprechend wählen Leiter oder Vorgesetzte (meist unbewusst) nicht ohne Grund eine Position in der Mitte oder am Kopf des Tisches. Oder zwei Gegner sitzen in möglichst weiter Distanz voneinander direkt gegenüber. Nun muss man hier nicht übertreiben, aber darauf achten sollten Sie:

> Wenn Sie zu zweit sitzen, ist es günstig, die Stühle etwa in einer 90° Position anzuordnen. Dann ist der Kontakt enger, als wenn man frontal gegenüber sitzt.

> Im Gespräch mit mehreren darauf achten, dass Sie alle im Blick haben.

> Manchmal macht es Sinn, den eigenen Platz zu markieren: Unterlagen auf den Stuhl oder den Tisch legen.

cc. Die eigene Sitzposition austarieren

Die Sitzposition ist ein entscheidender Faktor, der die Beziehung zum Gesprächspartner prägt: Ist die Distanz zum anderen zu groß – oder rückt er mir auf die Pelle? Sitzt er konfrontativ mir gegenüber – oder gibt er mir körpersprachlich zu verstehen, dass er mich unterstützen will? Nimmt er Blickkontakt zu mir auf – oder kann er mich nicht anschauen? Daraus ergeben sich eine Reihe von Hinweisen:

> Die passende Distanz zum Mandanten wählen: Ihm nicht „auf die Pelle" rücken, aber auch nicht so weit von ihm wegrücken, dass der Kontakt verloren geht.

> Auf die Richtung des Körpers achten: Andere Gesprächspartner nicht direkt konfrontieren. Eine 180°-Position kann leicht zu einer Konfrontation führen: Gegner stehen oder sitzen einander direkt gegenüber. Sich schräg hinsetzen, den Oberkörper etwas zur Seite gewendet, wird als Zeichen von Kontakt verstanden.

> Wenn Sie mit mehreren Personen im Gespräch sind, wird das Ganze schwieriger. Versuchen Sie, so etwas wie eine Mittelposition zwischen verschiedenen Gesprächspartnern zu wählen.

dd. Sich in der Körperhaltung auf den anderen einstellen

Vielleicht ist Ihnen das auch schon einmal aufgefallen: Personen, die einen guten Kontakt haben, zeigen oft eine ähnliche Körperhaltung. Man kann das z.B. im Biergarten oder an der Theke oft beobachten: Beide haben die Arme aufgestützt, den Oberkörper vorgebeugt. Auch das Gegenteil ist zu beobachten: Ein Gesprächspartner beugt sich immer mehr vor, der andere weicht mit dem Oberkörper immer mehr zurück. Hier ist der Kontakt verloren gegangen.

Im Rahmen von Untersuchungen zur Körpersprache sind diese Beobachtungen bestätigt: Guter Kontakt wird oft auch körpersprachlich durch eine ähnliche Position ausgedrückt. Im Neurolinguistischen Programmieren spricht man hier von „Pacing" (Spiegeln): Dies bedeutet, sich dem anderen in der Körperhaltung, in der Wortwahl, im Sprachtempo usw. anzugleichen. Es bedeutet sicher nicht, die Körperhaltung des anderen kopieren. Es bedeutet auch nicht, irgendwelche Körperhaltungen gleichsam technisch trainieren. Sondern es bedeutet, in dieser Phase bewusst auf die eigene Körperhaltung achten: Passt meine Körperhaltung zu dieser Situation? Oder sitze ich zu drängend nach vorne gebeugt oder zu lässig zurückgelehnt?

ee. Durch „Small talk" das Eis brechen

Oft tun sich Mandanten schwer, gleich zum Thema zu kommen und brauchen etwas Zeit zum Aufwärmen. Hier kann etwas „Small talk" (über die Herfahrt, über Ereignisse der letzten Woche usw.) hilfreich sein. Dabei kommt es weniger auf den Inhalt an als darauf, dass beide Gesprächspartner etwas Zeit haben, Eindrücke von dem anderen auf sich wirken zu lassen und sich aufeinander einzustellen. Aber Vorsicht: Wenn jemand ein drängendes Problem hat, kann Small talk unangemessen sein.

Der Aufbau des Kontaktes ist ein hoch komplexer Prozess, der zu einem wesentlichen Teil in den ersten Sekunden und Minuten des Gesprächs abläuft. Dieser Prozess verläuft zum großen Teil unbewusst. Deshalb kann man auch keine „Technik des Kontaktaufbaus" entwickeln, in der bestimmte Bewegungen möglichst genau vollzogen werden. Hilfreich ist, sich auf das eigene Gefühl zu verlassen: Sie als Berater nehmen unbewusst in dieser Phase zahllose Signale Ihres Gesprächspartners wahr und können gefühlsmäßig darauf reagieren: Ist die Position so passend oder sollte noch etwas verändert werden?

b. Orientierung auf der Inhaltsebene

Man erlebt häufig Beratungsprozesse, in denen der Gesprächspartner anfängt zu erzählen, ohne dass man als Berater weiß, worum es überhaupt geht und was das Anliegen ist. Was hier fehlt, ist Orientierung:

- Was ist das Thema des Beratungsgesprächs?
- Was ist das Ziel des Beratungsgesprächs?

Dieser Abschnitt ist der zentrale inhaltliche Teil der Orientierungsphase: Es geht darum, Klarheit darüber zu gewinnen, worum es überhaupt geht. Daraus ergeben sich folgende Aufgaben:

aa. Das Thema des Beratungsgesprächs klären

Üblicherweise ist die Frage nach dem Thema der inhaltliche Einstieg: Worum geht es? Möglicherweise kann man dabei an ein vorheriges Telefongespräch anknüpfen: „Sie hatten am Telefon schon gesagt...". In der Regel wird ein Mandant hier zunächst anfangen, die Situation zu schildern. Nicht selten ist diese Schilderung wenig strukturiert, möglicherweise ist sich der Betreffende selbst noch nicht klar darüber, was er eigentlich möchte. Trotzdem macht es Sinn, ihn zunächst einige Minuten erzählen zu lassen; er hat so die Möglichkeit, sich zunächst einiges von der Seele zu reden. Aufgabe des Beraters ist es hier, Kontakt zu halten, zuzuhören und sich einen ersten Eindruck vom Mandanten zu machen.

bb. Das Ziel des Mandanten erfragen

Entweder kommt diese erste freie Erzählphase des Mandanten von selbst zu einem Ende, oder man muss ihn anhalten. Die nächste Aufgabe ist es dann, das Ziel zu klären.

Dabei ist es sinnvoll, zwei Ziele zu unterscheiden:

- Ein Handlungsziel, das der Mandant über längere Sicht erreichen möchte: Ziel kann sein, einen möglichst günstigen Vertrag zu bekommen, günstige Bedingungen in einem Scheidungsverfahren herauszuholen, einer Anzeige zu entgehen usw.
- Davon zu unterscheiden ist das konkrete Beratungsziel, d.h. das konkrete Ziel, das am Ende des Beratungsgesprächs erreicht werden soll.

In manchen Fällen kommen Mandanten mit genauen Vorstellungen zum Beratungsziel: Sie wollen Informationen zu der Rechtslage in Ihrer Situation, Möglichkeiten für ein bestimmtes Vorgehen abklären. In anderen Situationen wird ihnen nur das Handlungsziel klar sein, und es ist dann Aufgabe des Beraters, das Beratungsziel abzuklären. Oder es ist ihnen weder Handlungs- noch Beratungsziel klar. Dann ist es möglicherweise ein längerer Prozess, die Ziele zu klären. Möglicherweise verändert sich auch das Ziel nochmals, nachdem die Situation genauer geklärt ist.

Für die Festlegung des Ziels ergeben sich daraus folgende Hinweise:

> **Fragen Sie den Mandanten, was er heute als Ergebnis des Gesprächs erreichen möchte?**

> **Oder machen Sie als Experte Vorschläge für das Ziel des heutigen Gesprächs:** „Für heute schlage ich Ihnen vor, dass wir zunächst in einem ersten Schritt die Situation klären und dann die weiteren Schritte überlegen".

cc. Die Rahmenbedingungen abklären

Rahmenbedingungen betreffen z.B. den zeitlichen Rahmen des heutigen Beratungsgesprächs oder die Übernahme von Kosten. Hier hat dann auch die Frage nach einer Rechtsschutzversicherung ihren Platz. Ergebnis der Orientierungsphase müssen klare Vereinbarungen sein:

- Kontrakt darüber, dass sich Berater und Klient auf den Beratungsprozess einlassen.

- Kontrakt über das Thema und Ziel

- Kontrakt über Rahmenbedingungen.

Entscheidend ist, dass alle Beteiligten sich tatsächlich darauf einlassen.

- Der Mandant muss eindeutig zustimmen. Dabei hängt seine Zustimmung nicht unbedingt davon ab, dass ihm völlig klar ist, worum es geht. Ein Mandant kann sich auch auf ein für ihn ungewohntes und unklares Verfahren einlassen, wenn er von der Kompetenz und Verantwortlichkeit des Beraters überzeugt ist. Im Zweifelsfall ist es besser, gezielt nachzufragen, um mögliche Einwände zu bearbeiten.

- Aber auch Sie als Berater müssen zustimmen: Können Sie sich auf dieses Thema, dieses Ziel, dieses Vorgehen, aber auch auf diesen Mandanten einlassen?

c. Aktenlektüre zur Vorbereitung des Beratungsgesprächs?

Noch nicht angesprochen ist die Frage, ob der Anwalt zur Vorbereitung des Gesprächs mit dem Mandanten dessen Unterlagen (Akten) lesen soll oder muss. Die Antwort auf diese Frage lenkt die Aufmerksamkeit auf die Vielgestaltigkeit der Beratungsgespräche. Sie reicht vom Erstgespräch mit einem neuen Mandanten bis zum wiederholten Termin mit einem Stammmandanten. Beim letzteren wird der Anwalt – gerade wenn er den Mandanten und seine Verhältnisse gut kennt – sich natürlich durch Aktenlektüre auf das Gespräch vorbereiten. Selbst wenn der Mandant seinen Anwalt mit einer neuen Angelegenheit betraut, wird es häufig sinnvoll sein, den Mandanten vor dem Gespräch um Unterlagen zu bitten und mit diesen den Termin vorzubereiten.

Bei neuen Mandanten wird es oft sinnvoller sein, erst ein Gespräch zu führen, um das Problem des Mandanten zu ermitteln ehe man sich in Unterlagen vertieft.

Die Erfahrung zeigt, dass viele Mandanten die Bedeutung von Unterlagen für ihren Fall nicht richtig abschätzen können. Es scheint deshalb sinnvoll sich umfassend die Unterlagen vorlegen zu lassen. Der Berater wird hier häufig Überraschungen erleben, wenn er die mündliche Darstellung des Mandanten mit der Aktenlage vergleicht.

Die Klärungsphase im Beratungsgespräch

Ziel der Klärungsphase ist es, die vorliegende Situation genauer zu bestimmen. Damit ist die Klärungsphase Grundlage für jede Problemlösung: Erst wenn geklärt ist, wie die Situation war und welche Bedeutung einzelne Handlungen des Mandanten z.B. für eine gerichtliche Auseinandersetzung haben, besteht eine hinreichende Chance, Lösungsmöglichkeiten zu finden. Die Klärungsphase kann grundsätzlich in zwei unterschiedliche Richtungen zielen:

- Schilderung der Situation durch den Mandanten: Was ist der gegenwärtige Zustand, was hat zu dieser Situation geführt?

- Interpretation der Situation auf der Basis juristischen, betriebswirtschaftlichen oder technischen Fachwissens und Klärung wahrscheinlicher oder möglicher Konsequenzen, die sich aus dieser Situation ergeben werden.

Im Unterschied etwa zu Coaching, wo in der Klärungsphase personale Beratung im Vordergrund steht mit dem Ziel, den Coachee dabei zu unterstützen, die Situation für sich selbst zu klären, stellt beim Mandantengespräch die Klärungsphase grundsätzlich eine Verbindung von personaler und Expertenberatung dar:

- Den Mandanten unterstützen, die Situation darzustellen (personale Beratung)

– Als Experte die Situation im Blick auf die Rechtslage zu interpretieren (Expertenberatung).

Als Berater sind Sie somit hier in beiden Rollen: Berater, der zuhört, nachfragt, zu verstehen sucht – und Experte, der die Situation auf der Basis seines juristischen Fachwissens interpretiert. Wichtig ist, beide Vorgehensweisen in dieser Phase nicht zu vermischen.

a. Personale Beratung in der Klärungsphase: die Darstellung der Situation durch den Mandanten

Die Frage, welche Situation vorliegt und was zu dieser Situation geführt hat, kann nur der Mandant beantworten. Bei der Darstellung der Situation in der Klärungsphase können vier mögliche Probleme auftreten:

– Der Mandant hält Informationen zurück, von denen er meint, dass sein Verhalten dabei ungesetzlich, unmoralisch oder unpassend gewesen sei.

– Der Mandant redet nicht von sich aus, sondern man muss ihm jede einzelne Information mühsam entlocken.

– Der Mandant bleibt bei seiner Information im Allgemeinen und an der Oberfläche.

– Der Mandant erzählt und erzählt, aber schweift andauernd vom Thema ab.

Ihre Aufgabe als Berater wird es sein, den Beratungsprozess in dieser Phase so zu steuern, dass diese Probleme vermieden werden. Dafür gibt es eine Reihe von Möglichkeiten.

aa. Sicherung des Kontraktes, dass der Mandant alle wichtigen Informationen an den Berater gibt

Ein Mandant wird nur dann Informationen an den Berater oder die Beraterin weitergeben, wenn er sicher ist, dass ihm das nicht schadet, dass diese Informationen nicht gegen ihn verwendet werden – letzten Endes: wenn er dem Berater oder der Beraterin vertraut. Das bedeutet, dass entscheidende Voraussetzungen dafür, dass der Mandant überhaupt bereit ist, Informationen weiter zu geben, bereits in der Orientierungsphase liegen. Denn hier hat der Mandant bereits für sich den Berater abgecheckt: Ist er kompetent? Kann er mir helfen? Kann ich ihm vertrauen?

Zu Beginn der Klärungsphase kann es hilfreich sein, diesen Kontrakt abzusichern: „Mir ist wichtig, dass Sie die Situation so darstellen, wie sie tatsächlich verlaufen ist; denn nur dann können wir eine sinnvolle Lösungsstrategie entwickeln. Können Sie sich darauf einlassen?" Entscheidend ist hier, dass der Mandant diesem Kontrakt zustimmt. Im Zweifelsfall, z.b. bei einem zögernden Tonfall, zweifelnder Miene usw. lieber nochmals nachfragen. In vielen Fällen gibt es dann noch offene Punkte, die zunächst zu klären sind, bevor sich der Mandant auf diese Zusicherung einlässt. Hier kann es auch sinnvoll sein, auf die Stellung des Anwalts hinzuweisen, der zur Verschwiegenheit verpflichtet ist und der (nur) die Interessen seines Mandanten vertritt und nicht etwa diejenigen der Gegenpartei oder Dritter.

bb. Klärung des Kernproblems

Die in der Klärungsphase vom Berater (Rechtsanwalt) zu ermittelnden Tatsachen lassen sich u.E. in zwei Gruppen teilen.

Es sind zum einen die Tatsachen, bei denen der Mandant in aller Regel selbst weiß, dass sie wichtig sind und dass ohne ihre Offenlegung sein Problem nicht gelöst werden kann. Es wird dies der historische Vorgang (Geschehensablauf) sein, der zum eigentlichen Problem geführt hat (Die Kündigung – z.B. eines Arbeitsverhältnisses). Diesen Vorgang schonungslos und vollständig offen zu legen wird dem Mandanten häufig nicht leicht fallen. Er muss nämlich unter Umständen eigene Fehler einräumen oder es haben sich bei ihm Emotionen aufgestaut, so dass es ihm schwer fällt einigermaßen sachlich über die Dinge zu sprechen. Hier werden an den Berater nicht unerhebliche Anforderungen gestellt, die zu bewältigen die folgenden Ausführungen helfen sollen.

(1) Die freie Darstellung der Situation durch den Mandanten

In der Regel beginnt jede Klärungsphase mit einer freien Darstellung der Situation: Der Mandant erzählt aus seiner Sicht, wie er die Situation sieht. Ihre Aufgabe als Berater ist es in dieser Situation, Ihren Mandanten überhaupt zum Reden zu bringen – oder ihn daran zu hindern, dass er von einem Thema zum anderen wechselt und alles erzählt, was ihm in den Sinn kommt. Daraus ergibt sich, dass Sie als Berater sowohl den Redefluss anstoßen, ihn steuern und ggf. auch bremsen müssen. Im Einzelnen bieten sich dafür folgende Möglichkeiten:

➢ **Die Erzählung des Mandanten durch offene Fragen anstoßen**

In vielen Fällen brauchen Mandanten einen Anstoß, um zu erzählen. Diesen Anstoß können Sie durch offene Fragen geben. Beispiele sind.:

– „Können Sie zunächst die Situation schildern?"

– „Können Sie bitte erzählen, wie es zu dieser Situation kam?"

- „Was hat aus Ihrer Sicht zu dem Problem geführt?"

Gerade die letzte Frage gibt in vielen Fällen einen guten Einstieg und Hinweise auf die Vorgeschichte, die dann später bearbeitet werden können.

> **Dem Mandanten beim Erzählen Zeit lassen und zuhören**

Viele Mandanten brauchen zunächst Zeit, sich warm zu reden. Von daher gilt: ihnen diese Zeit lassen, zuhören, nicht gleich unterbrechen.

> **Den Erzählfluss des Mandanten durch „Aufmerksamkeitsreaktionen" unterstützen**

Sog. „Aufmerksamkeitsreaktionen" sind interessierte Signale wie Nicken, „hm", Blickkontakt usw. Wichtig ist dabei, sie nicht „technisch" einzusetzen – Ihr Mandant nimmt unbewusst sofort wahr, dass sich die Beraterin „in Wirklichkeit" nicht für das Thema und ihn interessiert. Sondern Ausgangspunkt ist die Einstellung der Beraterin: „Mir ist wichtig, zunächst Ihre Sichtweise zu hören". Diese Einstellung kann dann durch entsprechendes Verhalten unterstützt werden.

> **Den Mandanten bei Abschweifungen wieder zum Thema führen**

Die zweite Gefahr in dieser freien Erzählphase besteht darin, dass ein Mandant endlos von einem Thema zum anderen kommt. Aufgabe des Beraters ist es dabei, ihn hier wieder zum Thema zu führen, ohne den Redefluss zu sehr zu unterbrechen:

- „Was bedeutet das für Ihre Situation?"
- „Und wie hat sich Ihr Verhältnis mit Ihrem Nachbarn dann weiter entwickelt?"

Die freie Erzählphase gibt dem Mandanten die Möglichkeit, sich – in einer fremden und möglicherweise für ihn bedrohlichen Umgebung – zunächst warm zu reden und zugleich seine Gedanken zu sammeln. Der Berater erhält in dieser Situation einen ersten Überblick über die Sichtweise des Mandanten und zugleich häufig Hinweise auf Themen, die später weiter zu klären sind:

- Welche Themen werden angesprochen, welche nicht?
- Gibt es Themen, die im Hintergrund anklingen und möglicherweise für die weiteren Überlegungen von Belang sind?
- Was sagt die Körpersprache des Mandanten? Zeigt er Betroffenheit? Ist er entspannt? Gibt es Widersprüche zwischen dem Inhalt und seiner

Körpersprache? Erzählt er von einer Situation als einer bewältigten? Bleibt er dabei verkrampft?

(2) Die genauere Klärung der Situation

Häufig bleibt in dieser freien Erzählphase die Darstellung an der Oberfläche: „Eigentlich hat es keine Probleme gegeben". Aber das „eigentlich" deutet darauf hin, dass es „unter der Oberfläche" sehr wohl Probleme gegeben hat, die der Mandant entweder nicht für wichtig hält oder die er nicht preisgeben möchte – oder die ihm möglicherweise selbst noch nicht klar sind. Das bedeutet für den Berater, hier genau zuzuhören und im zweiten Teil der Klärungsphase den Mandanten zu unterstützen, die Situation genauer zu klären und zu präzisieren. Dafür bieten sich unterschiedliche Möglichkeiten:

➢ **Fokussieren einer konkreten Situation**

Eine erste Möglichkeit besteht darin, dass der Mandant eine ganz konkrete Situation schildert: „Vielleicht können Sie ein Beispiel für einen dieser Konflikte geben". Eine konkrete Schilderung trägt dazu bei, sich die Situation genauer zu vergegenwärtigen und stellt damit bestimmte Merkmale deutlich heraus.

Für den Berater gilt dabei, darauf zu achten, dass die Situation tatsächlich konkret dargestellt wird und der Mandant nicht im Allgemeinen bleibt. Manchmal benötigt der Mandant Zeit, sich an eine konkrete Situation zu erinnern, manchmal ist es hilfreich, die Vergegenwärtigung der Situation durch konkrete Fragen zu unterstützen:

- Wer war an dieser Situation beteiligt?
- Wie war das Umfeld: ein Büro, eine Besprechung?
- Was taten die beteiligten Personen? Was sagten Sie, was machten Sie? Wie genau reagierte der andere?
- Wie hat sich die Situation entwickelt? Womit fing es an, was geschah als nächstes?
- Was ging dem Gesprächspartner dabei durch den Kopf? Welche Gedanken hat er sich dazu gemacht? Wie hat er die Situation empfunden?

➢ **Klärung verdeckter Erfahrungen**

Hierbei handelt es sich um ein Verfahren, das ursprünglich aus der Tradition des Neurolinguistischen Programmierens stammt. Dahinter steht die Erfahrung, dass Personen in ihren Äußerungen immer nur einen Teil ihrer konkreten Erfahrungen explizieren, andere Erfahrungen aber weglassen.

D.h. in der Sprache ist immer ein Teil der konkreten Erfahrung verdeckt. Zur Verdeutlichung ein Beispiel:

Eine Mandantin berichtet: „Allmählich hat sich die Beziehung verschlechtert". Dahinter stehen konkrete Erfahrungen, die sie gemacht hat, die aber in dieser Äußerung nicht geklärt werden sondern verdeckt bleiben. Für eine Lösung ist jedoch wichtig, dass die dahinter stehenden Probleme genauer beschrieben sind:

- „Zu wem hat sich die Beziehung verschlechtert?"
- „Was genau hat sich verschlechtert?"
- „Was hat dazu geführt, dass sich die Beziehung verschlechtert hat?"
- „'Allmählich' heißt?"

Selbstverständlich wird man nicht alle Fragen hintereinander stellen. Und selbstverständlich wird man auch nicht jede verdeckte Information nachfragen - dann würde im Endeffekt jedes Gespräch unmöglich. Nachfragen von verdeckten Informationen, wenn es zu intensiv angewandt wird, kann die Beziehung belasten. Nachfragen von verdeckten Informationen muss immer auf ein Ziel ausgerichtet sein: Wo werden Themen angedeutet, die für die Beurteilung der Situation und die Lösung des Problems relevant sind? Diesen Themenbereich gilt es dann, genauer herauszugreifen und an dieser Stelle zu klären, was hinter den Formulierungen des Mandanten steht.

> ➢ **Paraphrasieren und Strukturieren**

Während bei den zuvor genannten Möglichkeiten der Berater nachfragt, versucht er hier, die Inhalte zusammenzufassen, zu präzisieren oder zu strukturieren:

- „Ich höre somit heraus, dass es Ihnen vor allem darum geht, die fortwährenden Reklamationen zu vermeiden"
- „Damit deuten sich zwei zentrale Probleme an: Die Unzuverlässigkeit Ihres Mitarbeiters und die Vermutung, dass er Ihnen Kunden abwirbt. Ist es das?"

Für den Berater bietet dieses Vorgehen die Möglichkeit, abzusichern, ob er die Situation verstanden hat. Die Gefahr besteht darin, dass die Paraphrasierung nicht den Kern trifft, aber der Mandant trotzdem nicht korrigiert. Paraphrasieren und Strukturieren sollten immer als Fragen formuliert werden, so dass der Mandant die Möglichkeit erhält, seine eigene Sichtweise zu überdenken und zu präzisieren und ggf. die Zusammenfassung des Beraters zu präzisieren: „Nein, eigentlich geht es mir nicht um die Reklamationen, sondern darum, dass...".

> **Widerspiegeln von Gefühlen**

Eine ähnliche Form ist das in der Tradition der sog. Klientzentrierten Gesprächsführung entwickelte Widerspiegeln von Empfindungen, das „Aktive Zuhören". Grundgedanke ist, dass hinter einzelnen Äußerungen stets Empfindungen stehen, die in vielen Fällen nicht expliziert sind. Klärung der Situation kann dann heißen, sich über diese Empfindungen klar zu werden.

Für den Berater ergeben sich dabei zwei Schritte:

– Genau zuhören: Welches Gefühl steht hinter dieser Äußerung?

– Dieses Gefühl verbalisieren.

Wenn ein Mandant sich zum Beispiel beklagt, dass sein Vorgesetzter ihm nicht zuhört, dann kann hinter dieser Äußerung Ärger über den eigenen Vorgesetzten stehen. Dieses Gefühl kann dann durch den Berater verbalisiert werden: „Sie ärgern sich, dass Ihr Vorgesetzter Ihnen nicht zuhört". Übrigens ist das Aktive Zuhören ein gutes Verfahren, das Gespräch weiterzuführen: In der Regel wird der Gesprächspartner den Faden aufgreifen: „Ja, und ich habe immer wieder versucht, einen Termin zu finden...".

cc. Klärung der rechtlichen Rahmenbedingungen

Die Klärung der rechtlichen Rahmenbedingungen wird für den Mandanten meist weniger belastend sein als die Klärung des Kernproblems. In aller Regel werden hier auch Fragen und Probleme zu erörtern sein, von denen der Mandant (von sich aus) nicht weiß, dass sie wichtig sind. Bei der Kündigung sind das etwa die Fragen nach den Formalien der Kündigung, dem Zugang der Kündigung, der Anwendbarkeit des Kündigungsschutzgesetzes, der Beteiligung des Betriebsrats etc. Diese Fragen wird der Experte (Anwalt) ansprechen müssen. Hier wird es auch wenig Sinn machen, den Mandanten die Situation frei darstellen zu lassen. Die Klärung der rechtlichen Rahmenbedingungen wird, was die Art der Befragung und das Eingehen auf den Mandanten (also die Gesprächsführungskompetenz) betrifft, unproblematisch sein.

b. Expertenberatung in der Klärungsphase

Im Anschluss an die Darstellung des Sachverhalts durch den Mandanten, wird der Anwalt Fragen zur Vervollständigung des Sachverhalts und Klärung der rechtlichen Rahmenbedingungen Fragen an den Mandanten haben. Im

Mandantengespräch wird der Mandant darüber hinaus einen Kommentar vom Experten erwarten:

- Gibt es Punkte, die aus Sicht des Experten besonders relevant sind?
- Wie ist die Einschätzung des Experten? Sieht er das Problem/ die Situation als gravierend oder eher nebensächlich an? Wie ist die rechtliche Lage?
- Was sind aus Sicht des Experten zu erwartende Konsequenzen? Was sind mögliche Risiken, mögliche Chancen?

D.h. hier ist in der Klärungsphase der Berater nach seiner Sicht als Experte gefragt.

Allgemein lassen sich für das Verhalten des Experten in der Klärungsphase folgende Hinweise geben:

> **Die Darstellung der eigenen Sichtweise strukturieren**

Was viele Mandanten in dieser Situation benötigen, ist eine klare Struktur. Von daher empfiehlt es sich, kurz zu überlegen, wie der Berater seine Darstellung strukturiert. Eine solche Struktur ist selbst dann hilfreich, wenn die Darstellung nur einige Minuten in Anspruch nimmt. Eine mögliche Struktur könnte z.B. sein:

- Welche Tatbestände der Situation sind rechtlich relevant?
- Welche geltenden Gesetze, Vorschriften, Normen kommen in dieser Situation zum Tragen?
- Welche Probleme ergeben sich daraus?
- Welche Chancen und Risiken zeichnen sich ab?

Gerade für den Anfänger sind Checklisten eine gute Hilfe, um nicht einzelne Fragen, die unbedingt geklärt werden müssen, zu vergessen. Eine solche Checkliste kann auch bei der Strukturierung der Erörterungen mit dem Mandanten hilfreich sein.

> **Als Berater Position beziehen**

Auch das gehört zu der Aufgabe, Klarheit für den Mandanten zu schaffen. Wenn es sein Problem ist, eben nicht genau zu wissen, wie er eine Situation einschätzen soll, benötigt er hier Orientierung. Das meint selbstverständlich nicht, dass sich ein Berater festlegen soll, wenn die rechtliche Lage unklar ist. Aber er sollte eben das transparent machen. Wie diese Position jeweils formuliert wird, wird von Situation zu Situation unterschiedlich sein:

- „Aus meiner Sicht stellt sich Ihre Situation so und so dar..."
- „Relevant für die rechtliche Beurteilung ist insbesondere die Tatsache..."
- „Hier bewegen wir uns in einer rechtlich ungeklärten Situation...".

Thomas Gordon, der eine Reihe praktischer Bücher über Gesprächsführung geschrieben hat, schlägt hier vor, die eigene Position in „Ich-Botschaften" zu formulieren. Sie können das entsprechend anwenden: „Ich sehe die Situation so und so...". Sie wirken dadurch authentischer und transparenter für Ihren Mandanten – und treten zugleich dem Vorurteil entgegen, Juristen könnten nicht klar formulieren.

> **Diskussionen über die eigene Sichtweise vermeiden:**

In vielen Fällen versuchen Mandanten im Anschluss daran diese Sichtweise zu diskutieren: „Aber in Wirklichkeit ist es doch ganz anders". Solche Diskussionen sind in der Regel wenig fruchtbar und führen leicht dazu, dass man als Berater weiter erklärt, der Mandant weitere Einwände bringt. Hier ist es sinnvoll, solche Diskussionen von vornherein zu verhindern: „Dies ist meine Sichtweise. Und mir ist wichtig, dass Sie aus meiner Sicht mögliche Risiken und Chancen kennen. Denn nur dann können wir überlegen, wie wir damit umgehen".

c. Der Abschluss der Klärungsphase

Vermutlich muss Ihr Mandant das Gesagte zunächst einmal verarbeiten: Was bedeutet Ihre Einschätzung für seine Situation? Ist er erleichtert, dass es doch nicht so schlimm ist, wie er befürchtete? Oder ist er erschreckt, weil er die Situation erst jetzt in ihrer Tragweite erkennt? Das bedeutet für den Mandanten, er braucht erst einmal etwas Zeit, die Situation zu verarbeiten. Für das Beratungsgespräch bedeutet das, dass es von der Expertenberatung jetzt wieder auf die persönliche Ebene – und das heißt: auf die Ebene der personalen Beratung – wechselt. Das heißt im Einzelnen:

> **Mit einer offenen Frage oder einer entsprechenden Äußerung den Anstoß zur personalen Beratung geben:** „Wenn Sie das hören, was geht Ihnen durch den Sinn?"

> **Anschließend als Berater Zeit lassen und zuhören**

Fast immer benötigen Mandanten hier etwas Zeit, um sich mit der Situation auseinander zu setzen. Lassen Sie Ihnen diese Zeit, hören Sie zu.

> **Verständnis zeigen**

Je problematischer die Situation ist, desto mehr benötigen Mandanten hier Verständnis. Versuchen Sie, gerade hier den Kontakt zu halten: Sich auf den anderen einzustellen, deutlich zu machen, dass Sie seine Enttäuschung oder ... verstehen. Sie können auch das Aktive Zuhören wieder anwenden: die Gefühle Ihres Gesprächspartners verbalisieren: „Ich kann mir vorstellen, dass Sie das Gesagte erschreckt".

Gerade dieser Wechsel von Experten- zu personaler Beratung ist für Berater häufig nicht leicht – vor allem dann nicht, wenn man sich selbst in die Thematik eingedacht hat und darauf konzentriert ist. Aber was Mandanten in dieser Phase benötigen, sind nicht weitere fachliche Erklärungen, sondern Verständnis und Zeit, sich mit dem Gesagten auseinander zu setzen. Für Sie als Berater bedeutet das:

> **Versuchen Sie, jetzt gedanklich umzuschalten: Jetzt geht es nicht darum, meine Sicht nochmals zu begründen, sondern der Mandant braucht Verständnis.**

Antwortet der Mandant auf die Frage: „Wenn Sie das hören, was geht Ihnen durch den Kopf?" offen, so wird das häufig eine gute Ausgangsposition sein, um eine Lösung für das Problem des Mandanten zu finden.

Die Lösungsphase im Beratungsgespräch

Ziel der Lösungsphase ist es, zu klären, was der Mandant erreichen möchte, es sind verschiedene Handlungsmöglichkeiten zusammen zu stellen und zu bewerten.

a. Klärung des Ziels des Mandanten

Mit Zielen haben Sie sich ja bereits in der Orientierungsphase befasst. Doch da ging es insbesondere um die Frage, was Ziel des Beratungsgesprächs sein soll. Jetzt geht es darum, auf dem Hintergrund der Informationen der Klärungsphase genauer zu klären, was der Mandant oder die Mandantin überhaupt erreichen möchte. Was der Mandant als Ziel ansetzt, ob er z.B. auf jeden Fall Rechtsstreitigkeiten vermeiden möchte oder ..., kann letztlich nur er selbst entscheiden. Der Berater kann ihm diese Entscheidung nicht abnehmen. Aber er kann ihm helfen, diese Entscheidung „sehenden Auges" zu treffen. Dafür bieten sich folgende Möglichkeiten:

(1) Dem Mandanten verschiedene mögliche Ziele verdeutlichen

In vielen Fällen ist Mandanten überhaupt nicht klar, welche Ziele ihnen zur Verfügung stehen. Dann führt es zunächst einmal zu Klarheit, ihnen die überhaupt zur Verfügung stehenden Optionen zu nennen. Aufgabe des Beraters ist hier wieder die des Experten: Er kann die unterschiedlichen Möglichkeiten einschätzen. Ggf. kann der Berater in dieser Situation auch ein Ziel oder Teilziel vorschlagen, z.b. das Ziel, die gesamte finanzielle Situation zunächst einmal genauer zu klären, bevor man sich für weitere Schritte entscheidet.

(2) Chancen und Risiken der verschiedenen Ziele nennen

Auch hier ist der Berater Experte, der aus seiner Sicht mögliche Konsequenzen bzw. mögliche Chancen und Risiken auflistet. Wichtig ist hierbei, „neutral" zu sein, d.h. möglichst objektiv Chancen und Risiken zu nennen.

(3) Im Rahmen von personaler Beratung den Mandanten fragen, welches Ziel er (zunächst) weiter verfolgen möchte?

An dieser Stelle erfolgt wieder der Wechsel von Experten- zu personaler Beratung: Der Berater kann Möglichkeiten nennen, aber dem Mandanten die Entscheidung nicht abnehmen. D.h. Aufgabe des Beraters ist es hier wieder: fragen, zuhören, Verständnis zeigen, ggf. genauer nachfragen. Mögliche Fragen an dieser Stelle sind:

➢ **Was möchten Sie erreichen?**

➢ **Welches dieser Ziele sollen wir aus Ihrer Sicht zunächst weiter verfolgen?**

➢ **Was möchten Sie vermeiden?**

Ergebnis muss wieder ein Kontrakt sein, dass bestimmte Ziele weiter verfolgt werden. Und auch hier gilt: Ausschlaggebend ist nicht die Auffassung des Beraters, sondern die des Mandanten, er muss entscheiden.

b. Sammlung von Lösungsmöglichkeiten zur Erreichung des Ziels des Mandanten

Entsprechend dem klassischen Vorgehen im Rahmen des Problemlösungsprozesses ist es zweckmäßig, zunächst einmal verschiedene mögliche Lösungen zu sammeln, ohne sie gleich zu bewerten. Dahinter steht ein Grundsatz des „Brainstorming": Um eine Diskussion über einzelne Ideen zu vermeiden (man neigt sehr schnell dazu, neue Ideen sofort zu problematisieren und zu zerreden), zunächst einmal nur verschiedene Ideen sammeln und sie erst in einem zweiten Schritt bewerten.

Sammlung von Lösungsmöglichkeiten ist grundsätzlich im Rahmen von Experten- und personaler Beratung möglich: Der Berater kann Möglichkeiten nennen (Expertenberatung), oder der Mandant wird dabei unterstützt, selbst neue Möglichkeiten zu entwickeln. Oder Berater und Mandant sammeln gemeinsam Lösungen. Während z.B. beim Coaching zu persönlichen Themen häufig das Schwergewicht auf personaler Beratung liegt (der Klient wird z.B. dabei unterstützt, selbst Möglichkeiten zu entwickeln, wie er mehr Selbstvertrauen gewinnen kann), liegt das Schwergewicht bei eher fachlich ausgerichteter Beratung eher auf Expertenberatung: Der Berater als Experte schlägt Möglichkeiten vor.

Aber auch bei Rechtsberatung kann letztlich nur der Mandant entscheiden. Aufgabe des Beraters ist es deshalb, ihm diese Freiheit zu geben. Das fällt nicht ganz leicht, insbesondere dann nicht, wenn man selbst als Experte von einem bestimmten Vorgehen überzeugt ist und man den Eindruck hat, dass der Mandant mit der von ihm gewählten Lösung „in sein Unglück rennt". Ggf. ist in einer solchen Situation hilfreich, sich nochmals die Definition von Beratung zu vergegenwärtigen: Aufgabe des Beraters ist es, Anregungen zu geben, nicht aber, dem Mandanten die Entscheidung abzunehmen. Wenn der Mandant sich für einen Lösungsweg entscheidet, den der Anwalt nicht mitgehen will oder kann, so bleibt ihm als letzte Möglichkeit das Mandat nicht fortzuführen.

Für das konkrete Vorgehen haben Sie also die zwei Möglichkeiten: als Experte Möglichkeiten vorzuschlagen, oder den Mandanten zu unterstützen, selbst mögliche Lösungen zu entwickeln.

(1) Sammlung von Lösungsmöglichkeiten im Rahmen von Expertenberatung

Gerade bei der Rechtsberatung erwartet der Mandant in der Regel, dass ihm der Anwalt als Experte Lösungen vorschlägt. Der Berater kann dem Mandanten erläutern, wie er in dieser Situation vorgehen würde. Oder er kann zwei oder drei verschiedene Vorgehensweisen entwickeln, was häufig den Vorteil bietet, dass der Mandant dann im Blick auf seine persönliche Zielsetzung auswählen kann.

Für das konkrete Vorgehen bedeutet das:

> **Als Experte die jeweilige Möglichkeit jeweils möglichst konkret nennen, ggf. an einem Beispiel verdeutlichen**

> **Dem Mandanten die Möglichkeit zu Verständnisfragen geben**

Ist dem Mandanten klar, was dieser Lösungsweg bedeutet? Hilfreich ist, hier direkt zu fragen: „Ist Ihnen das Vorgehen dabei klar?". Hilfreich ist auch, dabei auf die Körpersprache des Mandanten zu achten: Signalisiert die Körpersprache, dass der Mandant die Idee verstanden hat, oder signalisiert sie Unverständnis. Dann ggf. dies direkt ansprechen: „Ich sehe bei Ihnen noch eine zweifelnde Miene. Ist noch etwas dabei unklar?" Wichtig ist jedoch dabei, dass dieses Nachfragen nicht in eine Diskussion führt. Es geht nicht darum, Vor- und Nachteile zu diskutieren, sondern Ideen zu sammeln.

> ➤ **Die jeweiligen Lösungsmöglichkeiten nach Möglichkeit (auf Flipchart u. dgl.) visualisieren, so dass sie der Mandant vor Augen hat**

Visualisierung verschiedener Ideen z.B. auf Flipchart oder Whiteboard ist eine bei Beratung im Business-Bereich mittlerweile häufig genutzte Vorgehensweise. Sie sichert ab, dass man sich nicht im Kreis bewegt und dieselbe Idee mehrmals diskutiert, sondern auf einen Blick sehen kann, welche Möglichkeiten man schon entwickelt hat. Sie können ja überlegen, dieses Verfahren auch anzuwenden.

(2) Sammlung von Lösungsmöglichkeiten im Rahmen personaler Beratung

Insbesondere dann, wenn es im Beratungsprozess um persönliche Themen geht, ist eine Entwicklung von neuen Lösungsmöglichkeiten im Rahmen von personaler Beratung oft hilfreicher als Expertenberatung von außen: Der Gesprächspartner kann dabei seine Situation genauer berücksichtigen und seine Lösungsmöglichkeiten direkt darauf beziehen. Und er ist weniger in Gefahr, auf die Vorschläge eines Experten mit „ja – aber" zu reagieren.

Den Anstoß zur Entwicklung neuer Lösungen im Rahmen von personaler Beratung geben hier wieder bestimmte offene Fragen, mit deren Hilfe sich die Erfahrungen des Klienten, aber auch seine Phantasie unterstützen lassen. In der Literatur zu Coaching und Beratung finden sich dazu zahlreiche Anregungen[11], einige mögliche Fragen seien hier aufgeführt:

> ➤ **Welche Lösungsmöglichkeiten sehen Sie?**

> ➤ **Haben Sie in der Vergangenheit eine ähnliche Situation erfolgreich bewältigt? Wie sind Sie dabei vorgegangen?**

> ➤ **Was wäre ein erster Schritt?**

> ➤ **Was würde das Problem vergrößern?**

Diese Frage klingt ungewöhnlich, kann aber durchaus hilfreich sein: Wenn ich Möglichkeiten überlege, ein Problem zu vergrößern, kommen damit zugleich Ansätze für eine Problemlösung in den Blick.

c. Bewertung der Alternativen

Die Bewertung von Alternativen ist aus zwei unterschiedlichen Perspektiven möglich:

- Aus Sicht des Beraters als des Experten, der auf der Basis seiner Fachkenntnis Chancen und Risiken der verschiedenen Möglichkeiten beurteilen kann und ggf. auch entscheiden muss, ob er sich auf eine bestimmte Vorgehensweise einlassen kann.

- Aus Sicht des Mandanten, d.h. im Blick auf seine persönliche Situation, aber auch im Blick auf seine Einstellungen, seine Ängste und seine Fähigkeiten, ggf. auch im Blick auf andere Personen, deren Reaktionen er besser kennt als der Berater von außen.

Letztlich muss der Mandant auch hier wieder die Entscheidung selbst treffen. Aber es ist auch hier hilfreich, wenn er sie „sehenden Auges trifft". Das bedeutet, dass bei der Bewertung beide Perspektiven sinnvoll sind und der Berater hier wieder sowohl die Rolle des Experten einnimmt, als auch im Rahmen von personaler Beratung den Mandanten unterstützt, aus seiner Sicht die Vorgehensweisen zu bewerten:

- Der Berater nennt eventuelle Chancen und Risiken einzelner Möglichkeiten.

- Der Mandant bewertet aus seiner Sicht die verschiedenen Lösungsmöglichkeiten: Welche sind geeignet? Kann oder will er bestimmte Möglichkeiten kombinieren oder modifizieren? Aufgabe des Beraters ist es hier wieder, nachzufragen, zuzuhören und den Gesprächspartner zu unterstützen, sich seine Meinung zu bilden.

Entscheidend ist, dass die Bewertung mit personaler Beratung abschließt: Am Ende muss der Mandant entscheiden, was aus seiner Sicht passend ist.

Die Abschlussphase im Beratungsgespräch

Beratungsprozesse brauchen einen eindeutigen Abschluss: Das Ergebnis muss festgehalten werden, es sind Maßnahmen zu planen und Vereinbarungen zu treffen. Das heißt im Einzelnen:

a. Die Formulierung des Ergebnisses

Hier geht es darum, das Ergebnis festzumachen: Was ist dem Mandanten klar geworden? Für welches Vorgehen hat er sich entschieden? Kann er sich auf den Vorschlag des Beraters einlassen? Hat er eine Lösung gefunden, mit der er zufrieden ist – oder hatte er sich etwas anderes erhofft?

Das bedeutet, dass die Abschlussphase mit personaler Beratung beginnt. Hier ist die Sichtweise des Mandanten gefragt: Er muss das Ergebnis für sich

---

11 Vgl. z.B. König/Volmer 2003; Raddatz 2000, S. 169ff.

klären. Sie als Berater können hier wieder das Instrumentarium der personalen Beratung anwenden: Zuhören, Zeit lassen, nachfragen, Verständnis zeigen.

Eingeleitet wird diese Phase wieder mit einer offenen Frage, z.B.:
- Was nehmen Sie als Ergebnis mit?
- Ist das Ergebnis für Sie plausibel? Oder gibt es noch offene Punkte?

Auch wenn keine Lösung gefunden wird oder der Mandant sich als Ergebnis etwas anderes erhofft hat, ist das als Ergebnis zu formulieren: „Ich kann mir vorstellen, dass Sie sich eine andere Lösung erhofft haben. Was bedeutet es für Sie, dass die Situation so ist?" In diesem Fall wird in der Abschlussphase ein neues Thema zum Gegenstand personaler Beratung: Was macht der Mandant damit, dass er ein bestimmtes Problem nicht lösen oder ein bestimmtes Ziel nicht erreichen kann. Möglicherweise besteht die Lösung darin, sich eben auf diese Situation einzustellen: Wenn der Mandant weiß, dass er bestimmte Wünsche, Vorstellungen oder Ansprüche nicht durchsetzen kann, dann muss er sich darauf einstellen. Aufgabe des Beraters ist hier die der personalen Beratung: den Mandanten dabei zu unterstützen, die Situation gedanklich zu verarbeiten.

b. Entwicklung des Maßnahmenplans

Das Ergebnis ist im Grundsatz klar, etwa: Es soll Kündigungsschutzklage erhoben werden. Doch was sind die nächsten Schritte? Was konkret ist zu tun?

Ein Beratungsgespräch endet in der Regel mit einem konkreten Maßnahmenplan: sei es, dass der Berater bestimmte Aufgaben übernimmt, sei es, dass der Mandant das tut. Diese Maßnahmen müssen abschließend zusammengefasst und vereinbart werden. Das bedeutet im Einzelnen wieder eine Verknüpfung von Experten- und personaler Beratung:

> **Entwicklung von Maßnahmen im Rahmen von Expertenberatung**

In der Regel wird der Berater bestimmte Maßnahmen vorschlagen:
- Maßnahmen, die der Berater selbst durchführt, sei es, dass er bestimmte Unterlagen anfordert, dass er eine Klageschrift formuliert usw.
- Maßnahmen, die der Mandant durchzuführen hat, z.B. bestimmte Unterlagen zusammen zu stellen. Eine solche Maßnahme kann auch sein, dass er sich die Situation nochmals überlegt.

> **Entwicklung von Maßnahmen im Rahmen von personaler Beratung**

Es ist durchaus denkbar, dass der Berater den Mandanten fragt, ob er (darüber hinaus) selbst bestimmte Maßnahmen noch für wichtig hält: „Gibt es darüber hinaus noch etwas, was Sie tun möchten?"

Hilfreich ist, auch diese Maßnahmen zu visualisieren – sei es, auf einer Flipchart, sei es, dass der Berater die Maßnahmen protokolliert und dem Mandanten (ggf. zusammen mit einem Ergebnisprotokoll) zuschickt. Hilfreich ist dabei die Form der To-do-Liste:

Nr.	Was ist zu tun?	Wer mit wem?	Bis wann?	Bemerkungen

Entscheidend ist, dass diese Maßnahmen abschließend explizit vereinbart werden. D.h. der Mandant muss zustimmen, und es ist Aufgabe des Beraters, diese Zustimmung abzusichern: „Ist das Vorgehen so für Sie in Ordnung?", „Können Sie sich darauf einlassen?". Aber auch der Berater muss, soweit er davon betroffen ist, sich darauf einlassen. Es kann durchaus hilfreich sein, sich als Berater eben diese Frage explizit zu stellen und die eigene Zustimmung auch explizit gegenüber dem Mandanten zu äußern.

Es ist kaum etwas unbefriedigender als ein Gespräch ohne Ergebnis. Von daher ist entscheidend, dass jedes Beratungsgespräch einen expliziten Abschluss hat. Das kann manchmal durchaus schwierig sein, insbesondere dann, wenn sich eine Thematik als schwieriger und komplexer herausstellt, als ursprünglich angenommen. Trotzdem gilt, dass auch ein solches Gespräch eine Abschlussphase benötigt. Das heißt im Einzelnen:

> **Ca. 10 bis 15 Minuten vor Ende der vereinbarten Zeit in die Abschlussphase wechseln** – gleichgültig, wie weit man bei der Behandlung des Themas gekommen ist.

> **Das erreichte Ergebnis zusammenfassen: Was ist geklärt, welche Fragen sind noch offen?**

> **Überlegen, was Schritte für das weitere Vorgehen sein können:**
„Was können wir tun, um bei dieser Thematik weiter zu kommen?"

> **Die nächsten Schritte notieren und durch Kontrakte absichern.**

Die Abschlussphase bietet dann zugleich den Anknüpfungspunkt für das nächste Beratungsgespräch: Ausgangspunkt ist dann zu klären, was sich aus den Vereinbarungen ergeben hat. Was wurde erledigt, was nicht? Warum sind bestimmte Sachen nicht erledigt? Was sind die nunmehr anstehenden Themen?

Ein Erfahrungsbericht der Betriebswirtschaftslehre:
Universitäre Ausbildung vs. arbeitsweltliche Realität – projektbezogene Bestandsaufnahme –

Heinz Kußmaul, Jörg Henkes,
Claudia Marie-Luise Schulz

1. Projektmotivation

Die langjährigen Lehrerfahrungen des Projektleiters haben gezeigt, dass im Hinblick auf die Verzahnung der Theorie mit der Praxis insbesondere auf zwei Ebenen Probleme auftreten: zum einen auf der Ebene des Studierenden[1] während seines Studiums und zum anderen auf der Ebene der unternehmerischen Praxis nach der Einstellung von Universitätsabsolventen. Auf der Ebene des Studierenden während seines Studiums der Betriebswirtschaftslehre an der Universität des Saarlandes bestehen unter anderem folgende Probleme:

- Wahl des richtigen Studienschwerpunkts im Hinblick auf die spätere Berufs- und Arbeitswelt. Dies gestaltet sich aufgrund der zahlreichen und vielschichtigen Vertiefungsmöglichkeiten gerade im Bereich der Betriebswirtschaftslehre als schwierig.

- Mangelndes Verständnis für das Erfordernis von sozialer Kompetenz und mangelnde Möglichkeiten und Angebote, eine solche zu erlangen und zu fördern.

- Schwierigkeit des Erstkontakts zur Berufs- und Arbeitswelt in Ermangelung an Erfahrungen im Umgang mit dieser und in Ermangelung eines entsprechenden Netzwerkes sowie zielführender Kontakte.

- Fehlende Erfahrungen in der Berufs- und Arbeitswelt mangels pflichtmäßig vorgesehener Praktika, mangels persönlichen Engagements zur Erlangung eines Praktikumsplatzes oder auch mangels Praktikums-

---

[1] Da eine differenziertere Auswertung und Beschreibung den Rahmen dieses Berichts sprengen würde, sei an dieser Stelle ausdrücklich darauf hingewiesen, dass mit dem vereinfachenden Gebrauch des Begriffs „Teilnehmer", „Studierender", „Student" sowohl die weiblichen als auch die männlichen Personen innerhalb des Projekts gemeint sind.

zusagen, zum Beispiel wegen unzureichender oder mangelhafter Bewerbungsunterlagen.

- Fehlendes Verständnis der Studierenden bezüglich der Notwendigkeit eines fundierten theoretischen Wissens in der betrieblichen Praxis.

- Aus eigenem Antrieb absolvierte Praktika führen aus Sicht des Studierenden nicht immer zu den gewünschten Erkenntnissen oder werden als wenig befriedigend angesehen. Dies ist nicht zuletzt zurückzuführen auf die mangelnde psychologische, soziale und fachliche Auswahl des Praktikumsplatzes, die fehlende Betreuung während des Praktikums und die nicht initiierte Reflexion des absolvierten Praktikums.

Auf der Ebene der unternehmerischen Praxis kann weiter differenziert werden in Probleme auf Seiten des Unternehmens und in Probleme auf Seiten des Studierenden:

- Auf Seiten des Unternehmens:
  - Mangelnde soziale Kompetenz der neuen Mitarbeiter, was gegebenenfalls die Inanspruchnahme weiterer Ressourcen nach sich zieht, um entsprechende Kompetenzen zu vermitteln und eine Integration in das Unternehmen zu ermöglichen.
  - Mangelndes Verständnis der Studierenden für komplexe wirtschaftliche Zusammenhänge, da teilweise theoretisches Wissen nur fragmentarisch erlernt wird. Das Vermitteln dieses Verständnisses, das eigentlich als Voraussetzung anzusehen ist, aber immer häufiger gänzlich abhanden gekommen ist oder gar nicht erst erlernt wurde, bindet betriebliche Ressourcen.
  - Keine Übereinstimmung des neuen Mitarbeiters mit dem aufgestellten Anforderungsprofil. Folge hieraus ist, dass das Unternehmen einen vermeintlich geeigneten Kandidaten bereits nach kurzer Zeit wieder entlassen muss, was aus Betriebssicht erhebliche Aufwendungen und für den entlassenen Mitarbeiter empfindliche Nebenwirkungen, auch seelischer Art, verursachen kann.

- Auf Seiten des Studierenden als neuem Mitarbeiter:
  - Probleme im Rahmen der Integration wegen der mangelnden sozialen Kompetenz führen zu Spannungen mit Kollegen und letztlich zu Demotivation und mindern so gegebenenfalls die Arbeitsleistung.

- Erkenntnis, dass die gewählten Studienschwerpunkte nicht dem gewünschten Tätigkeitsbereich bzw. den persönlichen Fähigkeiten und Neigungen entsprechen. Dies hätte zur Folge, dass nicht benötigtes Wissen erlernt wurde und benötigtes Wissen erst noch erworben werden muss. Außerdem ginge damit eine im jeweiligen Einzelfall mitunter erhebliche Verlängerung der Studienzeiten einher; dies ist ein Umstand, der in Zeiten von Studiengebühren und in Anbetracht der aktuellen Arbeitsmarktsituation nicht tragbar ist.

- (Zu späte) Erkenntnis der Notwendigkeit des Denkens in größeren Dimensionen und Zusammenhängen. Damit verbunden, und nicht zuletzt Folge des oft nicht ausreichend vorhandenen theoretischen Wissens, ist auch das fehlende Verständnis komplexer betrieblicher Abläufe und Zusammenhänge. Dies führt in letzter Konsequenz zu Unzufriedenheit und womöglich zu einer suboptimalen Arbeitsproduktivität.

2. Projektzielsetzung

Auf der Grundlage der vorgenannten Erkenntnisse war die Zielsetzung des Projekts „Die Integration der arbeitsweltlichen Realitäten in die universitäre Ausbildung" im Kontext der Forschungsausschreibung „Berufs- und Arbeitsweltorientierung in den Hochschulen" die Unterstützung der Studierenden der Betriebswirtschaftslehre an der Universität des Saarlandes bei der praxisorientierten Gestaltung ihres Studiums im engeren und im weiteren Sinne.

Dieses Projekt beinhaltete ein Bündel von Maßnahmen, die insgesamt von dem Gedanken der Integration von arbeitsweltlichen Realitäten in die universitäre Ausbildung geprägt waren. Es sollte eine Plattform zum Kennenlernen und Reflektieren der arbeitsweltlichen Realitäten geschaffen werden, um die Notwendigkeit zu verdeutlichen, den Aufbau des Studiums entsprechend zu gestalten, und um den Bezug des theoretisch erlangten Wissens zur Praxis herzustellen. Hierdurch sollten die Studierenden der Betriebswirtschaftslehre an der Universität des Saarlandes beim zielorientierten Aufbau des Studiums unterstützt werden und es sollte ein erfolgreicher Übergang in die Berufs- und Arbeitswelt direkt oder indirekt ermöglicht werden.

Gerade im Bereich der Betriebswirtschaftslehre bestanden und bestehen für Studierende zahlreiche Wahlmöglichkeiten der Vertiefung (beispielsweise in so gegensätzlichen Bereichen wie Marketing und Personalmanagement auf der einen Seite und Wirtschaftsprüfung oder Betriebswirtschaftliche Steuerlehre auf der anderen Seite). Die Erfahrung hat gezeigt, dass sich viele Studierende zu Beginn des Studiums – aber auch noch nach Abschluss des Vordiploms nach im Regelfall circa vier Semestern – außerstande fühlen, eine für sie sinnvolle Entscheidung bezüglich der Wahl des geeigneten Studienschwerpunkts zu treffen. Hierdurch kann sich in vielen Fällen eine unnötige Verlängerung der Studienzeiten ergeben; dieses Ergebnis könnte durch eine zielgerichtete Informationsvermittlung – wie zum Beispiel mit Hilfe dieses Projekts intendiert – verhindert werden. Außerdem führt die Wahl eines nicht den persönlichen Präferenzen entsprechenden Vertiefungsfachs zu einer Demotivation auf Seiten der Studierenden, zu einer unnötig hohen Drop-out-Quote oder gar zu einer sehr späten Einsicht nach ersten beruflichen Erfahrungen. Eine dann noch vorgenommene Umorientierung kann erhebliche Folgen für die individuelle Erwerbsbiographie haben.

Aber auch nach einer den persönlichen Interessen, Neigungen und Fähigkeiten entsprechenden Wahl des Studienschwerpunkts ist nicht nur ein zügiger Abschluss des Studiums erstrebenswert, sondern auch der Erwerb sozialer Kompetenz. Dies gilt insbesondere hinsichtlich eines späteren Einstiegs in die Berufs- und Arbeitswelt. Diesem Aspekt wird die derzeitige Studienordnung der Betriebswirtschaftslehre der Universität des Saarlandes nicht hinreichend gerecht und war somit ebenfalls ein Anknüpfungspunkt für das Projekt.

Ein weiteres Problem stellt sich den Studierenden mit Abschluss des Studiums bei der Umsetzung des erlangten theoretischen Wissens in die Praxis. Hieraus resultieren nicht selten Ängste, das Studium abzuschließen und den „Schritt in die Praxis" zu wagen. Auch auf dieser Ebene sollten durch das Projekt Berührungsängste abgebaut werden, indem zielgerichtete Maßnahmen – zum Beispiel die betreute Herstellung des ersten Firmenkontakts – durchgeführt werden.

Mittels dieses Projekts sollten Schnittstellen zwischen der universitären Theorie und der unternehmerischen Praxis gestärkt werden, dies vor allem, um den Studierenden einen erfolgreichen Abschluss mit direkter Integration in die Berufs- und Arbeitswelt zu ermöglichen. Mittels eines ganzheitlichen Ansatzes erfolgte eine kostenlose Unterstützung der Studierenden der Betriebswirtschaftslehre an der Universität des Saarlandes in folgenden drei Bereichen:

1. Unterstützung bei der Wahl der Vertiefungsfächer, die den Interessen und Neigungen des Studierenden entsprechen. Dies erfolgte im Hinblick auf die in der Berufs- und Arbeitswelt bestehenden Präferenzen und die Fähigkeiten des Studierenden.

2. Studienbegleitende Möglichkeit der Absolvierung eines betreuten Praktikums. Hierbei erfolgte die Betreuung unter psychologischen,

sozialen und fachlichen Gesichtspunkten. Dies schloss insbesondere eine Reflexion auf Seiten des Studierenden mit ein.

3. Unterstützung beim Übergang von der universitären Theorie in die unternehmerische Praxis nach erfolgreichem Abschluss des Studiums.

Aus unserer Sicht lag der Schwerpunkt auf dem zweiten Aspekt, da er u.E. im Mittelpunkt stand. Die Erfahrungen im Zuge der Projektdurchführung haben diese Ansicht bestätigt. Wir erhofften uns insbesondere aus dem Praktikumsmodul folgende positive Effekte:

- Schaffung einer Konvergenz von Theorie und Praxis, mit dem Ziel, die bestehende Kluft zu schließen.

- Durch temporäre Teilhabe der Studierenden an der Berufs- und Arbeitswelt wird ein Verständnis für die Belange selbiger geschaffen.

- Mittels der betreuten Integration in die unternehmerische Praxis wird die Bedeutung sozialer Kompetenz aufgezeigt, nicht vorhandene soziale Kompetenz entwickelt und vorhandene soziale Kompetenz gestärkt.

- Die Übung im Umgang mit der Berufs- und Arbeitswelt baut Hemmschwellen ab und erleichtert zukünftige Kontakte.

- Durch die Integration in die Berufs- und Arbeitswelt besteht die Möglichkeit, Netzwerke aufzubauen und Kontakte zu knüpfen, um den späteren Einstieg in diese zu vereinfachen.

- Chance, durch die fundierte Verknüpfung von Student und Praktikumsplatz einen geeigneten zukünftigen Arbeitnehmer an das Unternehmen zu binden.

3. Projektinitiierung und -durchführung

Ausgelöst durch diverse Gespräche und Diskussionen mit Studierenden, Hochschulvertretern und Angehörigen der Berufs- und Arbeitswelt erfolgte schon frühzeitig eine Thematisierung der oben genannten Problembereiche. Nach einer eingehenden Situationsanalyse wurden die genannten Probleme lokalisiert und systematisiert. Im Anschluss erfolgte die Ermittlung der gewünschten Ziele und – daraus abgeleitet – der notwendigen Maßnahmen.

Dabei wurde festgestellt, dass die am Institut des Projektleiters vorhandene fachliche Kompetenz ausreiche, um die gewünschten Ziele zu erreichen. Jedoch wurden auf der psychologischen Ebene Defizite lokalisiert. Nach eingehender Suche einer geeigneten Fachkraft wurde die Diplompsychologin Frau CLAUDIA MARIE-LUISE SCHULZ, Firma CML Schulz, für das Projekt gewonnen. Nach vielfältigen Diskussionen wurde das vorliegende Projektkonzept ausgearbeitet und das Projekt schließlich durchgeführt.

Um die oben genannten Problembereiche sowohl aus Sicht der Studierenden und der Universität (Theorie) als auch aus der Sicht der Berufs- und Arbeitswelt (Praxis) lösen zu können, war es notwendig, diese differenziert zu betrachten und zu systematisieren. Dabei wurde ersichtlich, dass sich die Problembereiche – dies analog zum chronologischen Ablauf des Studiums – in drei Phasen einteilen lassen:

- Phase I: Wahl des richtigen Studienschwerpunkts.

- Phase II: Schaffung von Berührungspunkten zwischen Student und Arbeitswelt.

- Phase III: Erfolgreicher Übergang vom Studium in die Berufs- und Arbeitswelt.

Innerhalb dieser drei Phasen gelangten dabei folgende Methoden zur Anwendung, um in Abhängigkeit von den individuellen Aspekten der Teilprobleme eine adäquate Lösung finden zu können:

Phase I: Wahl des Studienschwerpunkts:

- persönliche und fachliche Situationsanalyse,

- persönliche, fachliche und berufliche Zielanalyse,

- Entwicklung eines individuellen Entwurfs persönlicher Lebens- und Berufsgestaltung: Fokus auf die Passung der individuellen Ziele mit den aktuellen und antizipierten zukünftigen Erfordernissen des Arbeitsmarkts,

- Vermittlung von Kontakten zu entsprechenden unterstützenden Ansprechpartnern an der Universität (Theorie) und zur Berufs- und Arbeitswelt (Praxis) als flankierende Maßnahme und

- Rückkopplung und Reflexion der Ergebnisse dieser Kontakte und der persönlichen Recherche in der individuellen Beratung.

Phase II: Implementierung von beruflicher Praxis in die universitäre Ausbildung:

Diese Phase sollte durch ein betriebliches Praktikum oder sonstige berufspraktische Erfahrungen gekennzeichnet sein. Die Auswahl des Praktikums sollte sich in der Regel am Studienschwerpunkt orientieren, konnte aber auch dem Wunsch nach parallel verlaufenden Erfahrungen in einem alternativen Fachbereich entspringen. Das Praktikum war im günstigen Fall ein erfolgreicher Erstkontakt zwischen Unternehmen und Studierenden, der eine spätere Anstellung wahrscheinlicher machen sollte; es konnte aber auch der kritischen Entscheidungsfindung des Studierenden dienen, welche beruflichen und persönlichen Kriterien bezogen auf eine Arbeitsstelle für ihn prioritär waren. Grundsätzlich sollte das Praktikum mit derselben Ernsthaftigkeit, Motivation und demselben Qualitätsanspruch angetreten werden wie eine Arbeitsstelle. Insofern haben sich folgende Beratungsinhalte ergeben:

- individuelle Profilbildung, Potenzial-Analyse und individuelles Bewerbungstraining,

- ein begleitendes Coaching, inkl. professioneller Entwicklungsbegleitung durch Thematisierung, Analyse und Reflexion betrieblicher Abläufe und der aktuellen Rolle des Studierenden als Mitarbeiter sowie der Bewusstmachung der Einbettung des Unternehmens in betriebliche, wirtschaftliche und politische Zusammenhänge,

- die Studierenden unterstützende Trainingseinheiten, was folgende Punkte umfasste:

- Einübung und Entwicklung sozialer Kompetenzen anhand aktueller realer Praxisbeispiele und

- Entwicklung einfacher, förderlicher alternativer Verhaltensweisen für das konkrete berufliche Setting,

- Unterstützung fachlicher Wissensvermittlung für die betriebliche Praxis durch die Förderung studentischer Recherchebemühungen von betriebsrelevantem Know-how innerhalb und außerhalb des Unternehmens sowie der Registrierung und Bewusstmachung eventuell zu vertiefender Wissensgebiete für die erfolgreiche Arbeit im Unternehmen.

Phase III: Gestaltung des Übergangs vom Studium ins Berufsleben:

- Situationsanalyse und Zielfindung: Potenzial-Analyse, Wahrnehmungstraining,

- Profilbildung: Individuelles Bewerbungstraining, Selbstmarketing,

- Berufseinstiegsgestaltung: Antizipierung des Berufseinstiegs, professionelle Begleitung, Wahrnehmungstraining.

In allen Phasen kamen grundsätzlich folgende Methoden zum Tragen:
- systematische und ganzheitliche Beratung unter Einbezug des gesamten Kontextes einer zu bearbeitenden Fragestellung (unter anderem zirkuläres Fragen, Ressourcenorientierung, Kundenorientierung, spezifische Repräsentationsformen für Systeminformationen und Lösungsorientierung),
- Denken und Handeln in optimierbaren Prozessen (Kontinuierliche Verbesserungsprozesse (KVP), Qualitätsmanagement),
- Perspektivenwechsel und Rollenspiel, Training und Coaching.

Um die genannten Ziele in einem angemessenen Umfang und mit befriedigenden Ergebnissen auf Seiten aller Beteiligten erreichen zu können, erstreckte sich die Laufzeit des Projekts über mehr als ein Semester (circa neun Monate). Es bestätigte sich bei den ersten Kontakten und Gesprächen mit den Projektteilnehmern die Vermutung, dass der absolute Interessenschwerpunkt der Teilnehmer und damit auch der Projektschwerpunkt in Phase 2 lag. Außerdem zeigte sich, dass eine trennscharfe Unterscheidung in die Phasen 2 und 3 nicht immer sinnvoll war, sodass im Folgenden nur zwischen Teilnehmern der Phase 1, deren Hauptanliegen die Studienschwerpunktgestaltung war, und Teilnehmern der gemeinsamen Phase 2/3, die ihren Studienschwerpunkt bereits fixiert hatten und konkrete Berührungspunkte mit der Arbeitswelt suchten, unterschieden wird.

4. Verlauf der Beratungspraxis

Die Beratung der Studierenden erfolgte durch die Diplompsychologin Frau CLAUDIA MARIE-LUISE SCHULZ, Firma CML Schulz. Der Bereich der betriebswirtschaftlichen Studienberatung im Rahmen der Entscheidungsfindung des Studienschwerpunkts lag beim Projektleiter des Projektes, Herrn Univ.-Prof. Dr. HEINZ KUSSMAUL, sowie durch den Wissenschaftlichen Mitarbeiter, Herrn Diplom-Handelslehrer JÖRG HENKES, Lehrstuhl für Betriebswirtschaftslehre der Universität des Saarlandes; dieselbe personelle Konstellation war maßgeblich für die konkrete Unterstützung bei der Suche nach einem Praktikumsplatz oder einer Arbeitsstelle im Sinne einer Kontaktherstellung mit relevanten Unternehmen oder sonstigen Arbeitgebern. Für eine Projektteilnehmerin konnte bereits kurz vor Eintritt in die Beratungsphase durch die Projektverantwortlichen ein Firmenkontakt hergestellt werden, welcher schließlich zu einer Anstellung der betreffenden Person führte. Je nach Vorwissen und aktueller Zielsetzung kamen folgende Beratungsinhalte bzw. Trainingseinheiten konkret zum Tragen.

Für Teilnehmer der Phase I:

aktuelle Situationsanalyse, Elemente der Potenzialanalyse, Rechercheunterstützung bezüglich beruflicher Ziele im Zusammenhang mit den gewählten Studienschwerpunkten, Entwicklung einer Zeitschiene zur weiteren Planung des Studiums, Visualisierung von Zukunftskonzepten, Entwicklung und Überarbeitung des aktuellen Lebenslaufs, Thematisierung von Anschreiben, Bewerbungsaufbau und Gestaltung der Bewerbung, Auslandsbewerbungen, Bewerbungsformen und Jobsuchmaschinen. Alle Teilnehmer dieser Phase befanden sich zu Projektbeginn im 3. Fachsemester.

Für Teilnehmer der Phasen II/III:

Die Beratung erfolgte ausschließlich in Form von Zweierinteraktionen und nach dem inhaltlichen Konzept einer individuellen, profilbildenden Unterstützung des zu Beratenden in Richtung Eigenständigkeit und Autonomie. Damit war das Ziel vorgegeben: der Studierende sollte Handwerkszeug, Techniken und Sichtweisen kennenlernen, mit denen er nicht nur die aktuelle sondern auch zukünftige Bewerbungssituationen im Sinne einer Transferleistung bewältigen kann. Der Anspruch der Beratung bestand darin, im vorgegebenen zeitlichen Rahmen und mit Kunden mit geringen bis keinen Vorkenntnissen und Erfahrungen zumindest die Grundlagen von adäquatem Bewerbungsverhalten zu vermitteln.

Dies ist aus Sicht der Beratenden nicht nur in jedem Fall gelungen, sondern in einigen Fällen kamen zudem weiterführende Themen wie fortgeschrittene Gestaltungsmöglichkeiten von Bewerbungen, Vorstellungsgespräch und bewerbungsstrategische Fragestellungen zum Zug. Eine komplette, sozusagen „versandfertige", Bewerbungserstellung war aufgrund der zeitlichen Vorgabe, der notwendigen Grundlagenvermittlung und/oder dem Fehlen einer konkreten Stellenausschreibung nicht möglich. In jedem Fall wurde deutlich gemacht, dass die im Beratungszeitraum gesammelten Erfahrungen und Kenntnisse zum Zeitpunkt der konkreten Stellenbewerbung aktualisiert und gegebenenfalls erweitert werden müssen.

Die Projektteilnehmer dieser Phasen waren zum Zeitpunkt der Beratung (Kontaktvermittlung) zwischen 21 und 32 Jahre alt und im 3. bis 7. Semester des Betriebswirtschaftslehrestudiums an der Universität des Saarlandes. Drei Teilnehmer hatten bereits eine abgeschlossene kaufmännische Ausbildung. Eine Teilnehmerin hatte bereits eine juristische Ausbildung. Eine (weitere) Teilnehmerin der Beratung gelangte während des Projektes in Arbeit, die übrigen absolvierten zum Teil Auslandssemester (sechs) beziehungsweise Praktika (drei). So breit gefächert wie die berufspraktischen Erfahrungen der

Projektteilnehmer waren die Vorkenntnisse bezüglich Bewerbungsverhalten und -strategien.

Je nach Erfahrung und aktueller Zielsetzung kamen folgende Beratungsinhalte beziehungsweise Trainingseinheiten konkret zum Tragen: in der Regel eine Situations- und Zielanalyse, Elemente einer Potenzialanalyse, in einem Fall eine komplette Potenzialanalyse, Information über bewerbungstechnisches Standardwissen bezüglich Bewerbungsaufbau, Lebenslaufgestaltung und inhaltlichem Aufbau eines zielorientierten Anschreibens, Anzeigenanalyse, Stellenrecherche, Informationsverwertung der Stellenausschreibung und Bezug zum Anschreiben, in der Regel zweimalige Überarbeitung eines konkreten Lebenslaufs und Anschreibens, Zeugnisanalyse und -aufbau, Gestaltungsmöglichkeiten von Bewerbungsunterlagen, Material, Aufbaumöglichkeiten, Design, Thematisierung oder Durchführung eines konkreten Vorstellungsgesprächs im Rollenspiel, weiterführende Informationen zur Bewerbungsgestaltung, wie beispielsweise die Erstellung einer „dritten" Seite, Deckblattgestaltungen, Mappenarten und -techniken und Verwendung von Gestaltungsmaterialien.

In jedem Fall waren für den Teilnehmer sichtbare Entwicklungen im Sinne einer qualitativen Verbesserung des zum Teil erstmalig erstellten Ausgangsmaterials die Folge. Diese Verbesserung umfasste aus Sicht der Beraterin schwerpunktmäßig: die häufige Ersterstellung von Lebenslauf und Anschreiben, eine deutliche Verkürzung des Anschreibens, eine deutliche Verkürzung des Lebenslaufs, Kennenlernen und Umsetzung von Aufbaukriterien für Lebenslauf und Anschreiben, die „Philosophie" hinter einem Anschreiben, Kennenlernen, Unterscheiden und Verwenden eigener Hard und Soft Skills, die Unterscheidung zwischen der eigenen Perspektive und der des potenziellen Arbeitgebers und die Umsetzung dieses Wissens für den Bewerbungsprozess, die Verwendung des vorangegangenen Wissens im Sinne einer pointierten und profilierten Selbstdarstellung, die den Adressaten zielorientiert erreicht, Wissen um spezifische und effektive Bewerbungsstrategien.

5. Projektauswertung der Projektleitung

Die Projektauswertungen resultieren zum einen aus einem mehrseitigen Abschlussfragebogen der Projektleitung und zum anderen aus einem ungefähr einstündigen Abschlussgespräch durch die Fima CML Schulz. Selbstverständlich erfolgten inhaltliche Absprachen. Im vorliegenden Kapitel werden zunächst die wesentlichsten Inhalte des Fragebogens vorgestellt, indem die zu den Fragestellungen gegebenen Antworten wiedergegeben werden und dabei insbesondere sowohl auf die Häufigkeit bestimmter Antworten als auch auf einige hervorzuhebende Erkenntnisse eingegangen wird. Im folgenden Kapitel wird die Projektauswertung durch die Beraterin dargestellt. Für einige inhaltliche Ergänzungen wurden Inhalte der standardisierten persönlichen Rückmeldung durch die Teilnehmer genutzt, die Frau SCHULZ unabhängig von den Befragungen bei den Teilnehmern im Anschluss an das Abschlussgespräch einholte. Es wird also zunächst deskriptiv und im folgenden Kapitel dann analytisch eine Projektreflexion vorgenommen; an späterer Stelle wird dann versucht, Schlussfolgerungen und Handlungshilfen abzuleiten.

Aufgrund der geringen Größe der Stichprobe (der Rücklauf an Fragebogen beschränkte sich auf 13 Exemplare) und aufgrund der infolge der Projektkonzeption und des damit angesprochenen Teilnehmerkreises fehlenden Unterschiedlichkeit der Teilnehmer kann kein Anspruch auf Allgemeingültigkeit der Analyseergebnisse erhoben werden. Im Übrigen unterblieben Antworten zu manchen Fragen gänzlich und es waren teilweise Interpretationen erhaltener Antworten erforderlich. Mehrfachnennungen waren möglich.

Motivation
- Wieso haben Sie an diesem Projekt teilgenommen?
- Was haben Sie vom Projekt erwartet?

Die Befragung hat hier die in der folgenden Abbildung aufgeführten Antworten ergeben:

Projektmotivation

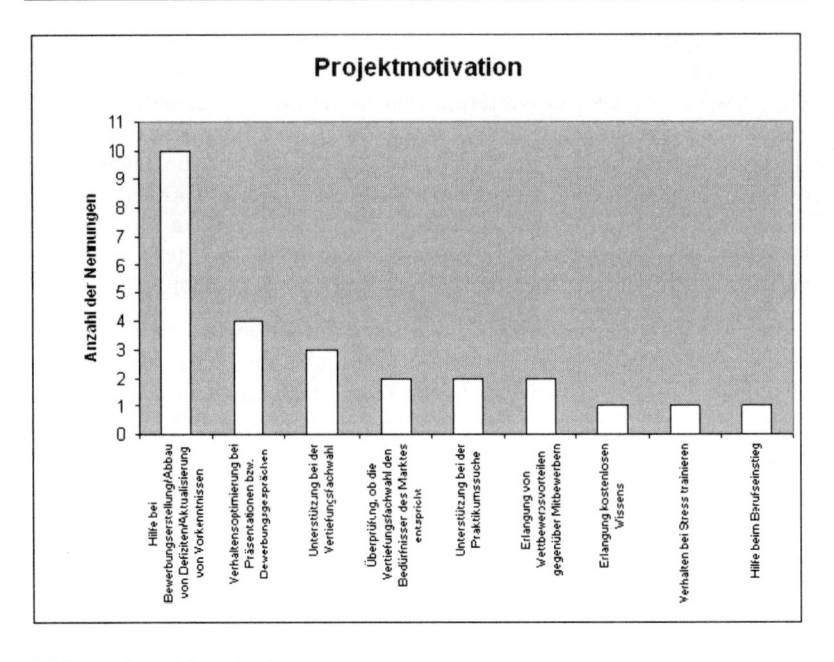

[Balkendiagramm – Anzahl der Nennungen:
- Hilfe bei Bewerbungserstellung/Abbau von Defiziten/Aktualisierung von Vorkenntnissen: 10
- Verhaltensoptimierung bei Präsentationen bzw. Bewerbungsgesprächen: 4
- Unterstützung bei der Vertiefungsfachwahl: 3
- Überprüfung, ob die Vertiefungsfachwahl den Bedürfnissen des Marktes entspricht: 2
- Unterstützung bei der Praktikumssuche: 2
- Erlangung von Wettbewerbsvorteilen gegenüber Mitbewerbern: 2
- Erlangung kostenlosen Wissens: 1
- Verhalten bei Stress trainieren: 1
- Hilfe beim Berufseinstieg: 1]

Abbildung 1: Projektmotivation

Auffällig ist insbesondere die Anzahl der Teilnehmer mit dem Interesse an einer Unterstützung bei der Bewerbungserstellung. Die Erfahrungen der Projektverantwortlichen im Rahmen des Projektes, aber auch außerhalb des Projektes, bestätigen den Bedarf an Hilfestellungen gerade in diesem Bereich.

Studienausrichtung

- Welche Schwerpunkte standen Ihnen bei der Wahl Ihres Studienschwerpunktes zur Auswahl?
- Wie haben Sie sich entschieden?
- In welcher Weise war das Projekt für Sie bei der Entscheidungsfindung förderlich?
- Welchen zukünftigen Nutzen kann das Projekt bzw. die Projektarbeit – auch mittel- bis langfristig – für Sie haben?
- Was möchten Sie sonst noch bemerken?

Die diesbezügliche Befragung hat folgende Antworten hervorgebracht:

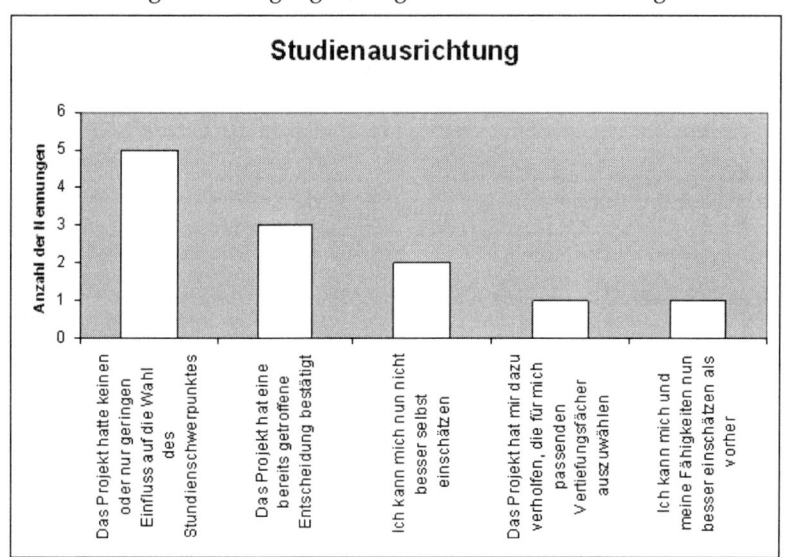

Studienausrichtung

Antwort	Anzahl der Nennungen
Das Projekt hatte keinen oder nur geringen Einfluss auf die Wahl des Stundienschwerpunktes	5
Das Projekt hat eine bereits getroffene Entscheidung bestätigt	3
Ich kann mich nun nicht besser selbst einschätzen	2
Das Projekt hat mir dazu verholfen, die für mich passenden Vertiefungsfächer auszuwählen	1
Ich kann mich und meine Fähigkeiten nun besser einschätzen als vorher	1

Abbildung 2: Studienausrichtung

Die Antworten zu den in diesem Bereich gestellten Fragen zeigen, dass es zumindest (aber auch nur) teilweise gelungen ist, Projektteilnehmern hinsichtlich ihrer Studienausrichtung weiterzuhelfen. In Anbetracht der Teilnehmerstruktur muss allerdings berücksichtigt werden, dass einige bereits so weit fortgeschritten waren, dass eine Umorientierung kaum mehr realisierbar war. Zumindest konnten einige Teilnehmer ihre Vertiefungsfachwahl bestätigen und in einem Fall gelang es sogar, eine Studienschwerpunktwahl aktiv und zielführend zu unterstützen.

Bewerbungstraining

- Haben Sie vor dem Projekt schon einmal eine Bewerbung geschrieben und wenn ja: welche Materialien/Hilfsmittel haben Sie dazu verwendet und welche Vorkenntnisse hatten Sie?
- Was haben Sie früher scheinbar oder offensichtlich falsch gemacht vor dem Hintergrund des mittlerweile erworbenen Wissens? War dies für Sie eine überraschende Erkenntnis und wenn ja: wieso?
- Welche Inhalte des Projekts waren für Sie förderlich und welchen zukünftigen Nutzen hat das Projekt bzw. die Projektarbeit für Sie?

- Wie würden Sie Ihren Lernfortschritt während des Projekts bewerten (1 (sehr gut) - 2 (gut) - 3 (befriedigend) - 4 (schlecht))?
- Was möchten Sie sonst noch bemerken?

In diesem Bereich wurden die folgenden Antworten gegeben:

Bewerbungshilfe

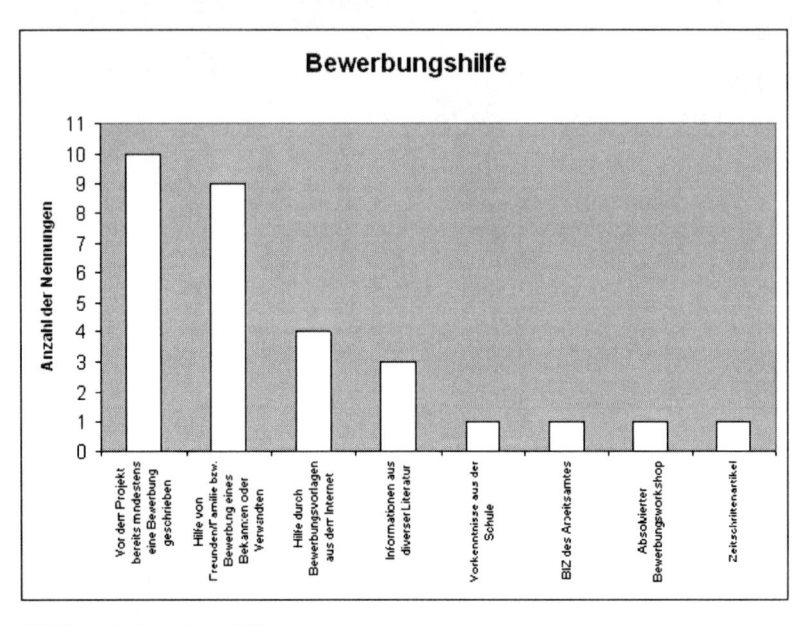

Abbildung 3: Bewerbungshilfe

Auffällig ist, dass die Mehrheit der Teilnehmer bereits Bewerbungserfahrungen gesammelt hatte; auffällig sind aber auch die hierbei zu Rate gezogenen Hilfsmittel. Die Ergebnisse zeigen ganz deutlich, dass am häufigsten die Hilfe von Freunden, Bekannten oder von den Eltern in Anspruch genommen wird, wobei hinsichtlich der Professionalität, Qualität und Aktualität derartiger Hilfeleistungen sicherlich eine sehr große Bandbreite besteht. Professionelle Bewerbungsunterstützungen kann nur die Minderheit der Teilnehmer aufweisen (obwohl derartige Angebote durchaus bestehen). Dies kann einerseits an mangelnder persönlicher Motivation liegen, andererseits aber auch am zu geringen Bekanntheitsgrad bestehender Angebote, wobei an dieser Stelle abermals auf die geringe Stichprobengröße hingewiesen sei, welche keine allgemein gültigen Schlussfolgerungen zulässt. Als nicht hinnehmbar müsste - sofern die Aussagen ein repräsentatives Bild zeichnen - in Anbetracht der aktuellen Arbeitsmarktsituation das stiefkindliche Dasein des Themas einer professionellen Bewerbungsgestaltung auf schulischer (zumindest wohl in den meisten Gymnasien) wie universitärer Ebene bezeichnet werden.

Hinsichtlich der Einschätzung früherer Bewerbungsfehler hat die Befragung folgendes Ergebnis hervorgebracht:

Bewerbungsfehler

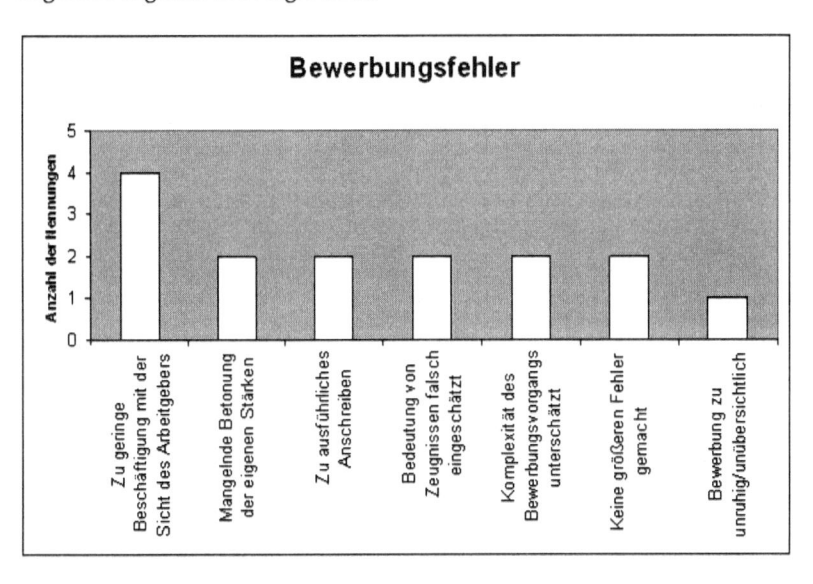

(Balkendiagramm mit Anzahl der Nennungen auf der y-Achse von 0 bis 5)
- Zu geringe Beschäftigung mit der Sicht des Arbeitgebers: 4
- Mangelnde Betonung der eigenen Stärken: 2
- Zu ausführliches Anschreiben: 2
- Bedeutung von Zeugnissen falsch eingeschätzt: 2
- Komplexität des Bewerbungsvorgangs unterschätzt: 2
- Keine größeren Fehler gemacht: 2
- Bewerbung zu unruhig/unübersichtlich: 1

Abbildung 4: Bewerbungsfehler

Zu der am häufigsten gegebenen Antwort sei hier eine kurze vertiefende Erläuterung der Beraterin eingefügt: Eine wichtige Erfahrung aus der beraterischen Praxis mit den Studierenden bestand in der Erkenntnis, wie schwierig beziehungsweise völlig neu für die Teilnehmer das Thema „Perspektivenwechsel" in der Umsetzung ist. Ein Schwerpunkt der Beratung bestand dementsprechend darin, dem Bewerber die Perspektive des Arbeitgebers, seine Sicht der Anforderungen an den Bewerber und seine mögliche Beurteilungsweise zu veranschaulichen, bewusst und dadurch für den Bewerbungsprozess verwertbar zu machen. Besonders deutlich wurde dies im Zusammenhang mit der adäquaten Analyse von Stellenausschreibungen und der darauf folgenden professionellen Gestaltung des Anschreibens. Da der Fähigkeit, die Perspektive des potenziellen Arbeitgebers wahrzunehmen, eine besondere Bedeutung beizumessen ist, spielte die Thematisierung während der Beratung eine größere Rolle. Dies scheint sich im obigen Reflexionsergebnis widerzuspiegeln.

Auffällig ist die differenzierte Benennung des Nutzens durch die Teilnehmer (vgl. Abbildung 5); dies lässt sich sicher auch zurückführen auf die Vielzahl der bisher bestehenden Defizite in solchen Bereichen. Angesichts der bestehenden Defizite bereits im Bereich der technischen Umsetzung der Bewerbung muss von Seiten der Projektverantwortlichen konstatiert werden, dass zum Ausmerzen sämtlicher Schwachstellen in einigen Fällen einiges mehr an zeitlichem Aufwand erforderlich gewesen wäre. Direkten oder indirekten Nutzen versprechen sich die Teilnehmer in folgenden Bereichen:

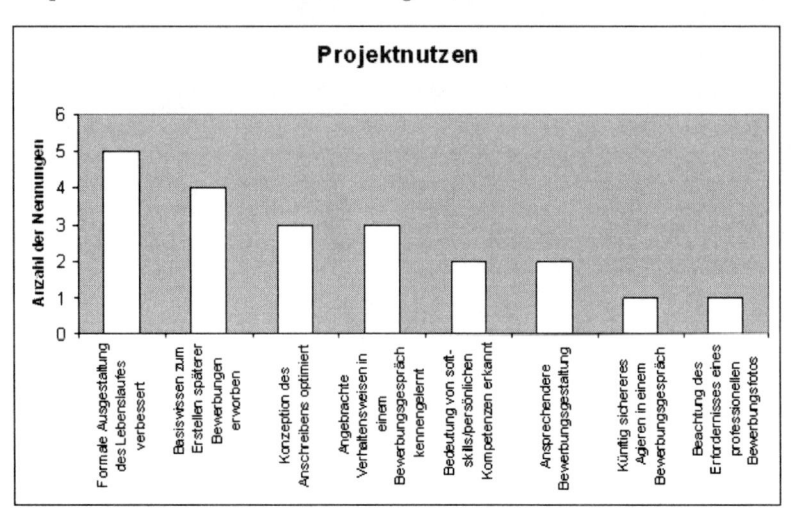

Abbildung 5: Projektnutzen

Auf die Frage nach dem Lernfortschritt antworteten die Teilnehmer mehrheitlich mit „gut".

Beruf und Praktikum

- Hatten sie vorher bereits Berührungspunkte mit der Arbeitswelt, beispielsweise in Form eines Praktikums oder einer beruflichen Tätigkeit?

- Welche Problembereiche konnten Sie dabei (auch aus heutiger Sicht rückwirkend) identifizieren?

- Inwiefern könnte das Projekt Ihrer Meinung nach dazu dienen, solche Probleme (künftig) zu vermeiden?

- Wie sind Sie bei der Praktikumssuche vorgegangen?

- Welche Suchstrategien werden Sie zukünftig nutzen bzw. welche „Fehler" werden Sie zukünftig vermeiden?
- Wie würden Sie Ihren Lernfortschritt bzgl. Praktikums- und/oder Arbeitsplatzsuche bewerten (1 (sehr gut) – 2 (gut) – 3 (befriedigend) – 4 (schlecht))?
- Inwiefern hat Ihnen das Projekt dazu verholfen, einen Praktikumsplatz zu finden?
- Aus welchen Gründen haben Sie bisher kein Praktikum gemacht?
- Beabsichtigen Sie, in naher Zukunft ein Praktikum zu machen oder werden Sie sogar sicher eines absolvieren? Inwiefern versprechen Sie sich von dem Projekt positive Impulse diesbezüglich?
- Inwiefern hat Ihnen das Projekt direkt oder indirekt dazu verholfen, einen Arbeitsplatz zu finden?
- Was möchten Sie sonst noch bemerken?

Die bisherigen beruflichen beziehungsweise arbeitsweltlichen Erfahrungen der Projektteilnehmer sind aus folgender Abbildung ablesbar:

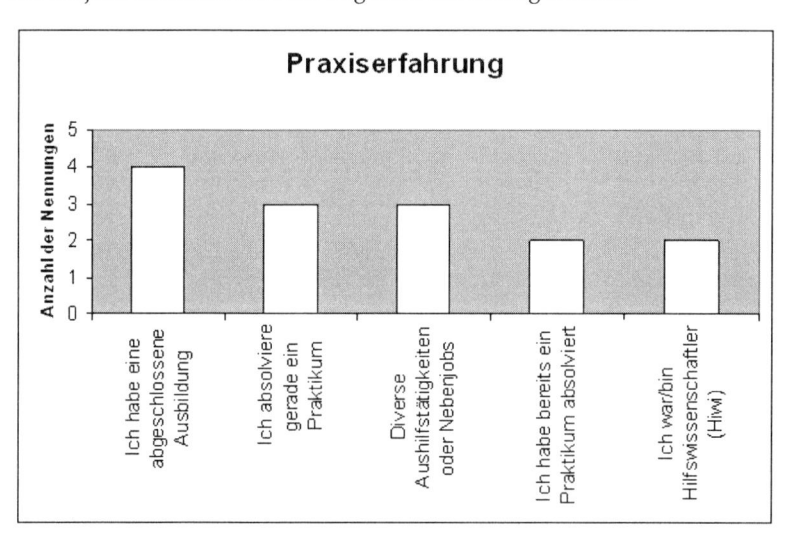

Abbildung 6: Praxiserfahrung

Die Auswertung zeigt, dass fast alle Projektteilnehmer bereits eine irgendwie geartete Praxiserfahrung gesammelt haben. Insofern lässt sich sicherlich folgern, dass die Projektergebnisse bzw. -erkenntnisse hinsichtlich der Identifikation bestehender studentischer Defizite bei einem anderen, weniger erfahrenen, Teilnehmerkreis wohl schlechter ausgefallen wären. Vor diesem Hintergrund war die Frage nach bestehenden Problembereichen von besonderem Interesse; allerdings war der diesbezügliche Rücklauf an Antworten ernüchternd gering.

Hinsichtlich der Auswahl eines Praktikumsplatzes und der dabei entwickelten Suchstrategien kamen die folgenden Antworten zustande:

Praktikumssuche

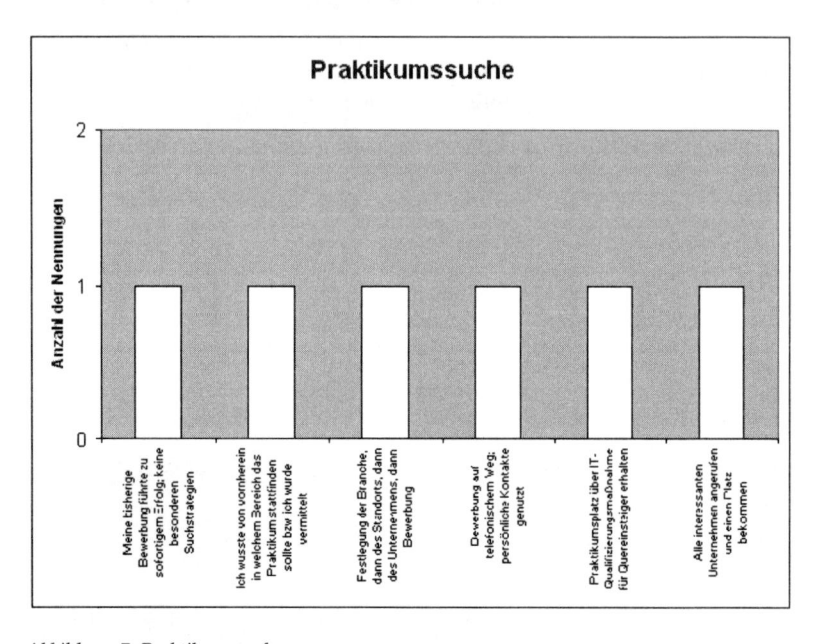

Abbildung 7: Praktikumssuche

Hinsichtlich der Einschätzung bzw. Beurteilung des Projektnutzens hat die Befragung zu den folgenden Ergebnissen geführt:

Projektnutzen

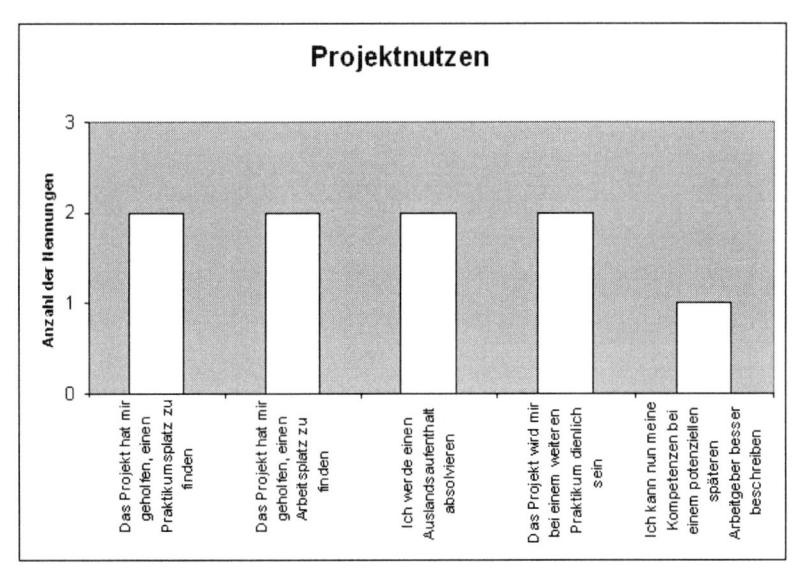

[Balkendiagramm — Anzahl der Nennungen:
- Das Projekt hat mir geholfen, einen Praktikumsplatz zu finden: 2
- Das Projekt hat mir geholfen, einen Arbeitsplatz zu finden: 2
- Ich werde einen Auslandsaufenthalt absolvieren: 2
- Das Projekt wird mir bei einem weiteren Praktikum dienlich sein: 2
- Ich kann nun meine Kompetenzen bei einem potenziellen späteren Arbeitgeber besser beschreiben: 1]

Abbildung 8: Projektnutzen

Hinsichtlich der Beurteilung des Projektnutzens kann ein durchaus positives Fazit gezogen werden. Drei Teilnehmer konnten ein Praktikum absolvieren und zwei Personen wurden bei der Arbeitsplatzsuche mit direkter (eine Person) und mittelbarer Projektunterstützung fündig. Die, gemessen an der eigenen Zielsetzung, relativ geringe Anzahl absolvierter Praktika erklärt sich vielleicht dadurch, dass sechs Projektteilnehmer während des Projektzeitraumes einem Auslandsaufenthalt den Vorzug gegenüber einem (teilweise schon vermittelten) Praktikum eingeräumt haben. Bei zwei der verbliebenen Teilnehmer führte eine unterstützte Praktikumssuche zu keinem Ergebnis. Die restlichen Teilnehmer zeigten kein nachhaltiges Bemühen bei der Praktikumssuche. Hier wurden offenbar Mitnahmeeffekte generiert, die die Projektverantwortlichen zu der Erkenntnis zwangen, dass es sinnvoll gewesen wäre, die unterstützte, aber nichtsdestotrotz auch selbst vorangetriebene Praktikumssuche verbindlich als Teilnahme-Voraussetzung zum Projekt zu formulieren.

Alle
- Kennen Sie ähnliche Projekte bzw. sonstige Beratungsangebote im universitären Umfeld und haben Sie bisher bereits Gebrauch davon gemacht? Wenn ja: welche?, wenn nein: wieso nicht?

- Gibt es Ihrer Meinung nach von Studentenseite aus einen Bedarf zur Fortführung bzw. Neuauflage eines solchen Projektes?
- Wie könnte man Ihrer Meinung nach die Projektinhalte einem größeren Adressatenkreis zugänglich machen?
- Wären Sie in Anbetracht der mithilfe des Projekts gewonnenen Erkenntnisse bereit, für die von Ihnen (unentgeltlich) in Anspruch genommenen Beratungsleistungen Geld zu bezahlen? Wenn ja: wie viel ungefähr? Wenn nein: wieso nicht?

Die Auswertung der hier gestellten Fragen (vgl. Abbildung 9) korrespondiert im Ergebnis mit den Ergebnissen hinsichtlich der Vorkenntnisse in Sachen Bewerbungsgestaltung. Auffällig ist – bei aller Relativität wegen der geringen Stichprobengröße – die fehlende universitäre Unterstützung Studierender in den berufsbezogenen Themengebieten beziehungsweise die fehlende studentische Kenntnis bestehender Beratungsangebote.

Während sich alle Projektteilnehmer, mit einer Ausnahme, einig darüber waren, dass ein signifikanter Bedarf für ein solches Projekt oder für ähnliche Projekte besteht, wäre nur (aber auch immerhin) knapp die Hälfte der Personen explizit bereit, für die Teilnahme eigenes Geld zu investieren (vgl. Abbildung 10). Diejenigen Projektteilnehmer, die nicht bereit wären, Geld für die Teilnahme an diesem Projekt zu zahlen, begründen ihre Antwort auf unterschiedliche Weise.

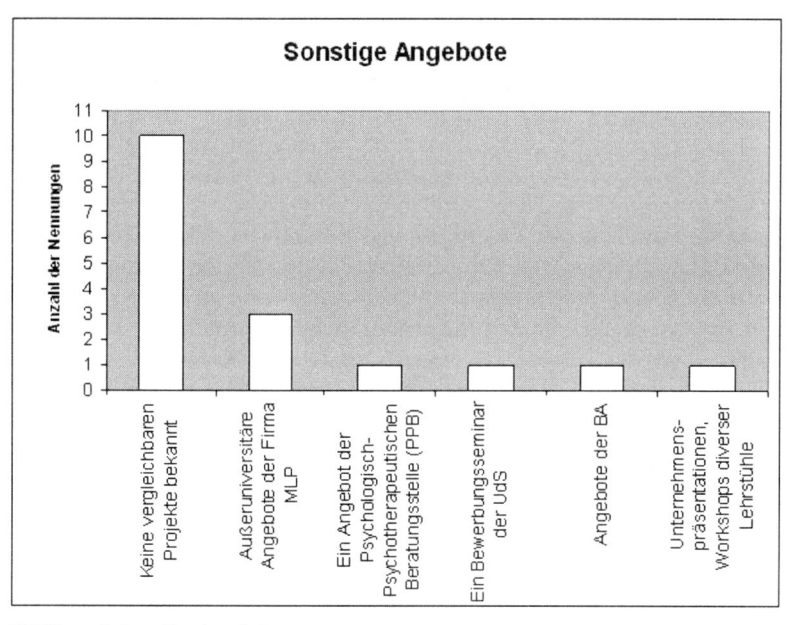

Abbildung 9: Sonstige Angebote

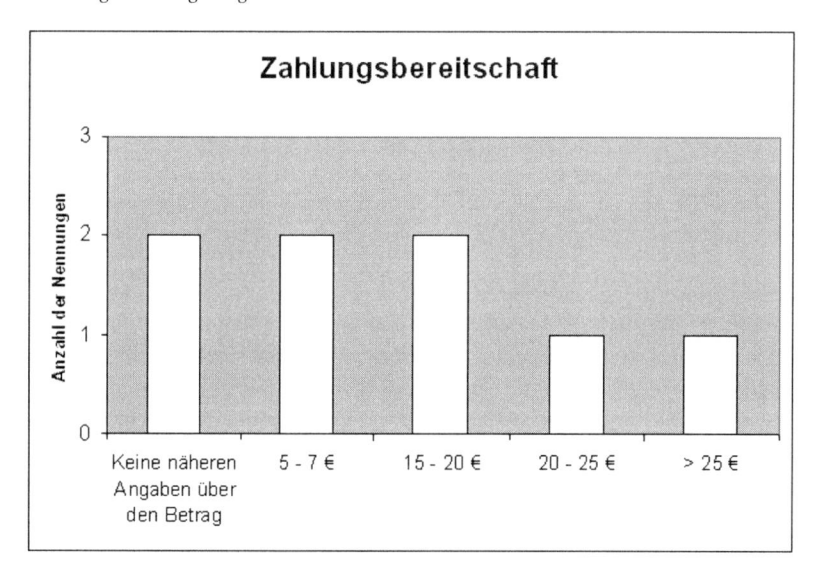

Abbildung 10: Zahlungsbereitschaft

Teilweise wird für den Fall einer Entgeltlichkeit angemahnt, dass die Individualberatung noch intensiver sein müsste, als sie es im Rahmen dieses Projektes, insbesondere in zeitlicher Hinsicht tatsächlich war. Teilweise wird aber auch die Ansicht vertreten, dass es zu den Pflichtaufgaben einer Universität gehöre, die Studenten, beispielsweise im Rahmen solcher Projekte, auf die Berufswelt vorzubereiten. Derartige Begründungen werden nach Ansicht der Projektverantwortlichen sehr stark an Gewicht gewinnen, wenn erst einmal Studiengebühren an der Tagesordnung sind und wenn die Anzahl der Bachelor-Studiengänge an der (im Bereich der Betriebswirtschaft diesbezüglich allerdings zögerlichen) Universität des Saarlandes steigt. Das im Vergleich zu den klassischen Diplom-Studiengängen wesentlich geringere Ausmaß an vermitteltem theoretischen Wissen im Rahmen eines Bachelor-Studiengangs könnte durch einen größeren Praxisbezug – wenn auch nur zum Teil – kompensiert werden.

Die Zahlungsbereitschaft beziehungsweise die Höhe des Stundensatzes, den die Teilnehmer für die Teilnahme an einem solchen Projekt bereit wären zu akzeptieren, ist in Abbildung 10 ablesbar. Nur jeweils eine Person (aus der nicht überprüfbar repräsentativen Stichprobe) begründete ihre Ablehnung mit den fehlenden finanziellen Mitteln. Zahlreiche andere Teilnehmer glaubten auch, dieses Problem zu erkennen, allerdings stets bei anderen Studenten, jedoch nie auf sich selbst bezogen. Ebenfalls lediglich eine Person fühlte sich bereits so weit vorgebildet, dass ihr das Projekt nur wenig Neues vermitteln konnte und insofern eine Entgeltlichkeit nicht zu akzeptieren sei.

Die Frage nach Möglichkeiten der Erweiterung des Adressaten- beziehungsweise Teilnehmerkreises führte zu den in Abbildung 11 dargestellten Ergebnissen. Während eine Erweiterung der Kapazitäten in Zeiten knapper Kassen sicherlich ein unrealistisches Szenario darstellt, sind hier einige interessante Vorschläge zu finden. Ein vielversprechender und unter Umständen umsetzbarer Ansatz ist in der vorgeschlagenen Kombination von Gruppenberatungen und Einzelberatungen zu sehen. So könnte eine allgemeine Bewerbungsberatung sicherlich auch mit fünf oder zehn Teilnehmern stattfinden, während dann in individuellen Sitzungen jeweils auf persönliche Spezifika eingegangen werden könnte. Die Projektergebnisse haben gezeigt, dass Teile von Studierenden beispielsweise für das zweite Modul auch bereit wären, einen finanziellen Beitrag zu leisten.

Erweiterung des Adressatenkreises

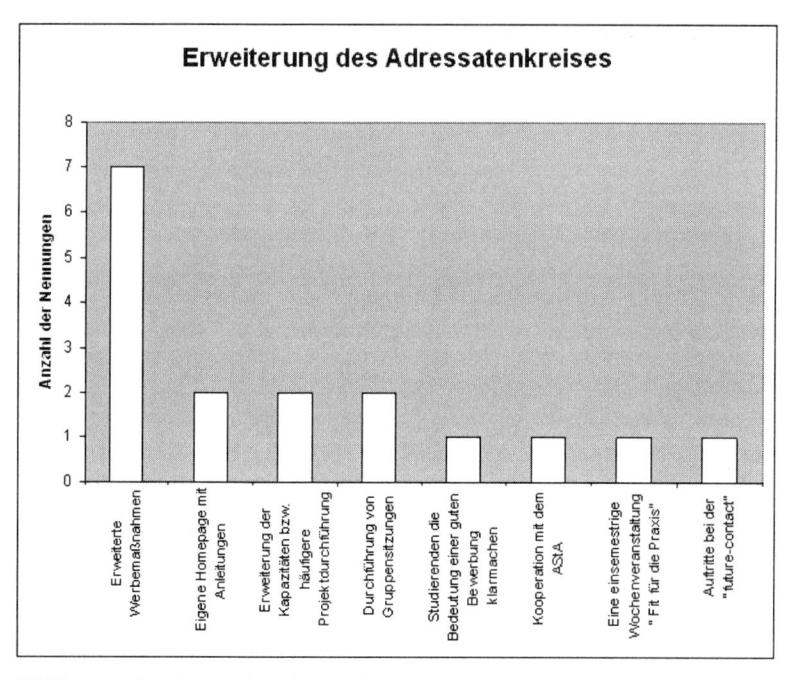

Abbildung 11: Erweiterung des Adressatenkreises

6. Projektauswertung der Beraterin

Der Zeitraum zwischen Beratung und Befragung betrug aufgrund der zeitlichen Dauer des Projektes bis zu zehn Monate. Die Befragung erfolgte teilstandardisiert aufgrund festgelegter Fragestellungen, die zu Themenkomplexen zusammengefasst sind.

Die folgende Darstellung ist eine Übersicht aus kurzen handschriftlichen Notizen der Antworten auf die einzelnen Fragestellungen. Da die Abschlussbefragung ein zum Teil sehr persönliches Gespräch darstellte, erfolgt die Auswertung in Form eines qualitativen Berichts. Wenn sich Einzelaussagen nicht sinnvoll zusammenfassen lassen, erfolgt eine Aufzählung. Quantifizierungen finden statt, wo dies möglich ist, ohne Anspruch auf jegliche Repräsentativität oder Vollständigkeit.

> **Themenbereich Rückblick**
>
> Dieser umfasste
>
> - die erinnerbaren Beratungsinhalte,
> - die bereits gemachten beruflichen und/oder praktischen Erfahrungen des Studierenden.

Beratungsinhalte:

Für die Beraterin war es, trotz der sehr intensiven Arbeit mit den Studierenden, erstaunlich, wie genau sie sich an die zum Teil detaillierten Beratungs- und Trainingsinhalte erinnerten, da teilweise sehr lange Zeiträume zwischen Beratung und Abschlussgespräch lagen. Eine Erklärung ist vielleicht gerade diese Intensität sowie die ihr zugrunde liegende individuelle Ausrichtung des Beratungsansatzes. Benannt wurden dabei sowohl die Bewerbungskategorien (wie Formulierung und mehrfache Überarbeitung eines Anschreibens) als auch die persönlichen Lernerfahrungen. Erstere sind bereits benannt, insofern folgen die eher persönlichen Erfahrungen der Teilnehmer: Einbauen persönlicher Stärken in das Anschreiben, Ausmerzen von Lücken im Lebenslauf und in den Unterlagen, die „richtigen" Formulierungen finden (beim Anschreiben), die adäquate Länge („kurz, knapp, knackig") finden, im Zuge einer Kürzung „das Richtige" weglassen, Wissen um optionale Inhalte im Lebenslauf (zum Beispiel Hobbies) und ihre Bedeutung für die Bewerbung, die Herausarbeitung von Kompetenzen und die Übertragung der Ergebnisse auf berufliche Anforderungen, die Herausarbeitung persönlicher Kompetenzen und die Transferleistung auf berufliche Kontexte, Herantasten an die persönliche Ideallösung (nach mehreren Versionen von Anschreiben und Lebenslauf), die „Gegenseitigkeit" des Arbeitens und das „zu-Herzen-Nehmen" der gelernten Inhalte (zumindest „versuchsweise"), freudvolles Arbeiten und Eigeninitiative, die sich gelohnt hat, sowie die Möglichkeit, eine Rückmeldung innerhalb der Beratungssituation zu erhalten.

Berufliche und/oder praktische Erfahrungen:

Die Bandbreite der praktischen Erfahrungen ist groß. Das ist deshalb nicht erstaunlich, weil praktische Erfahrung ein „Muss" im erfolgversprechenden Bewerbungsprozess darstellt. Üblich waren Mehrfachnennungen. Es scheint so, dass es die aktiveren Studenten sind, die ein – zusätzliches – Projektangebot annehmen und bei denen die neuen Erfahrungen auf bereits vorhandenes Vorwissen treffen und so implementiert werden können. Genannt werden in Mehrfach-Kombination, selten einzeln: schulische Ausbildung im Ausland,

Auslandssemester, hilfswissenschaftliche Tätigkeiten, Praktika, sowohl fachorientiert als auch breiter gestreut, schulisch als auch studiumsbegleitend, berufliche Aushilfstätigkeiten (Ferienjobs) und voruniversitäre Ausbildungen oder Studien.

Für die Beraterin sehr interessant und aufschlussreich ist der festgestellte Zusammenhang zwischen persönlicher Gewandtheit im Auftreten, also die Selbstpräsentationsfähigkeit, und die Menge und Qualität gemachter praktischer Erfahrungen. Sehr deutlich war dies bei Teilnehmern mit Berufsausbildung feststellbar. Unterschiede wurden sogar innerhalb des Projektzeitraums deutlich, wenn zwischen Beratung und Abschluss nicht nur ein großer Zeitraum, sondern auch praktische berufliche Tätigkeiten oder Auslandserfahrungen stattgefunden hatten. Diese Beurteilung ist eindeutig subjektiv und nicht quantifizierbar.

Eine gewisse Offensichtlichkeit und Selbstverständlichkeit ist – ein Erfahrungsbericht macht es möglich – nicht von der Hand zu weisen, sind es doch gerade die nicht direkt berufsspezifischen Fertigkeiten und Kenntnisse aus der Praxis, die von Arbeitgebern bevorzugt beurteilt werden, wenn es um akademische Bewerber geht.

Themenbereich berufsrelevante Kompetenzen

Dieser umfasste

- die Frage nach berufsrelevanten Kompetenzen in der heutigen Arbeitswelt und im Zusammenhang mit der derzeitigen Arbeitsmarktsituation,

- den Stellenwert dieser Kompetenzen innerhalb der universitären Ausbildung sowie die gesellschaftspolitische Bedeutung der Universität als Ausbildungsstätte.

Berufsrelevante Kompetenzen:

Als solche werden genannt: einschlägige praktische berufliche Erfahrungen, fachliche Kenntnisse (Vierfachnennung), Sachverstand (Uni plus Berufspraxis), Sprachkenntnisse (vor allem Englisch), Teamarbeit, *Teamfähigkeit (Vierfachnennung)*, Integrationsfähigkeit (vor allem in der Einarbeitungszeit), Motivation (Zweifachnennung), Engagement, Interesse, Neugierde, Ausbildung, berufliche Kenntnisse, Auftreten, Persönlichkeit (im Sinne von Freundlichkeit, Kontaktfähigkeit, Ehrlichkeit, Loyalität), Sozialkompetenz (Kollegialität, kommunikative Fähigkeiten), Führungskompetenz, *Offenheit (Zweifachnennung), Flexibilität (Dreifachnennung),* Mobilität, *eigenständiges*

Arbeiten (Zweifachnennung), selbständiges Arbeiten, Ehrgeiz, Lernfähigkeit, *Leistungsbereitschaft (Dreifachnennung),* Durchsetzungsfähigkeit, Zielstrebigkeit, Genauigkeit, Pünktlichkeit, Soziale Kompetenzen allgemein, sich langsam emanzipieren, fragen können und Grenzen kennen, Grenzen ziehen, sich abgrenzen, Streit- und Konfliktfähigkeit, Streitkultur.

Die Mehrfachnennungen zeigen, dass den Studierenden durchaus klar ist, auf welche Fähigkeiten es im beruflichen Kontext schwerpunktmäßig ankommt: Fachkenntnisse, Motivation, Engagement, Offenheit, Flexibilität, Eigenständigkeit, Leistungsbereitschaft. Die Gesamtaussagen ergeben zudem ein abgerundetes realistisches Bild der Anforderungen im Beruf. Fachkenntnisse sind hier bekanntermaßen nur ein kleiner Baustein in der großen Menge von erwarteten Fähigkeiten, die überwiegend aus dem Bereich Sozialkompetenz stammen. Umso interessanter ist die Antwort auf die Fragestellung, ob und wie diese notwendigen Fähigkeiten während der Ausbildungszeit erfahrbar und/oder erlernbar sind.

Berufsrelevante Kompetenzen und universitäre Ausbildung:

Der Trend der Antworten, die zum Teil umfangreich ausfielen, ist eindeutig: Kompetenzen, die später im Beruf bedeutsam sind, werden von der Universität allenfalls im Sinne fachlicher Kenntnisse vermittelt. Sozialkompetenz wird nach Meinung der Befragten entweder überhaupt nicht vermittelt oder nur durch die Eigenaktivität des Studierenden erlernbar. Letzteres gilt für ungefähr die Hälfte der Befragten. Hier scheinen auch fachspezifische Merkmale der Lehrpläne von Bedeutung zu sein. Zudem spielt die Eigenmotivation eine große Rolle, da der Studierende Lernbereiche selbst aufsuchen oder sogar kreieren muss, um sozialkompetentes Verhalten einüben zu können. Die Eigenverantwortlichkeit des Studierenden für das, was er lernt, wird mehrfach deutlich.

Benannt wird von einem der Studierenden mit Berufsausbildung auch der enorme Vorzug der beruflichen Schulungen für die später sogar im Studium erwarteten Fähigkeiten, wie beispielsweise die Durchführung von Präsentationen. Eine eher anonyme Behandlung der Studierenden wird mehrfach konstatiert, allerdings nicht im Sinne einer Schuldzuweisung, sondern als Beschreibung der Gegebenheiten. Die grundsätzliche Möglichkeit, Lernbereiche völlig zu umgehen, in denen beispielsweise Teamarbeit erfahrbar wäre, wird ebenfalls benannt.

In der Summe der Äußerungen ergibt sich ein ausgesprochen rundes und in seiner Aussage klares Bild. Die Begründungen, warum berufspraktische

Kenntnisse eine vergleichsweise geringe Rolle in der universitären Ausbildung spielen, reichen vom niedrigen Betreuungsschlüssel des Fachpersonals, finanziellen Gründen, der fehlenden Verpflichtung zu Praktika, fehlendem Interesse der Universität im Sinne fehlender Nähe zum Studierenden, bis zu Lehrplanzielen, die diese Aufgabe einfach nicht beinhalten. Mehrfach hervorgehoben werden Präsentationen von externen Unternehmen, die gewisse Einblicke in Berufswelten erlauben.

Umso deutlicher stellt sich daher die Frage, welchen Stellenwert die vorliegende Projektarbeit in diesem Zusammenhang einnehmen kann.

Themenbereich Stellenwert des Projekts

umfasste

- die Bedeutung des Projekts hinsichtlich berufsrelevanter Kompetenzen,
- die Bedeutung des Projekts hinsichtlich einer professionellen Kontaktaufnahme.

Allgemein:

Nach Meinung der Befragten bietet das Projekt eine grundsätzliche Feedback-Möglichkeit für den Studierenden dadurch, dass eine außenstehende Fachperson Einblick in berufliche Sichtweisen erhält. Die Darstellung der eigenen Qualifikation gehört hier ebenso dazu wie das Training, beispielsweise von Vorstellungsgesprächen. Das Projekt wurde als „Türöffner" bezeichnet in dem Sinne, dass eine sachgerechte Bewerbung den Stellenwert einer „Eintrittskarte" ins Berufsleben einnehmen kann. Die Bedeutung der faktischen Kenntnisse durch das Bewerbungstraining wird ebenso mehrmals genannt wie die Thematisierung des persönlichen Auftretens und die Stärkung des eigenen Urteils. Die Herausarbeitung von Stärken und „Defiziten" und die Anregung, diese auszugleichen, werden passenderweise als Merkmale der Feedback-Situation benannt. Dazu gehört die Hinwendung des Studierenden zu einer Sichtweise des Unternehmens und die Förderung der Fremdwahrnehmung „Wie wirke ich als Bewerber auf das Unternehmen?". Selbstmarketing, also die Beantwortung der Frage: „Wie verkaufe ich mich gut oder besser?" gehört zu diesem Themenkomplex und wurde als Unterstützung erkannt. In nur zwei Fällen konnte kein Zusammenhang und keine klare Unterstützung ausgemacht werden.

Von der Hochschule in den Beruf - Berufs- und Arbeitsweltkompetenz im Studium

Im Besonderen:

Hier hatte das Bewerbungstraining mit seinen spezifischen Inhalten natürlich einen zentralen Stellenwert. Als unterstützend und förderlich benannt wurden: *Erwerb von Sicherheit bezüglich der eigenen Bewerbungsunterlagen und der notwendigen Inhalte (Zweifachnennung), Erkennen von eigenen relevanten Kompetenzen, deren Formulierung und Verwendung in der Bewerbung (Zweifachnennung), Erwerb von Sicherheit bezüglich der eigenen Wirkung, Selbstsicherheit (Vierfachnennung)*, Angstfreiheit, Professionalisierung der Bewerbung und der Bewerbungsstrategie: Erkenntnis der Bedeutung des telefonischen Erstkontakts, Aufmerksamkeitsfokussierung auf die Bewerbung im Sinne von „Augen geöffnet", Abbau von Hemmungen, Reflexion persönlicher Ziele, Methode des Brainstormings und kritische Auseinandersetzung mit sich selbst, Selbstreflexion, Rollenspiel als Methode der Situationstestung ohne Risiko, Erhöhung der kommunikativen Fähigkeiten, Fähigkeit zu kreativem Schreiben, Gestaltungsfähigkeit der Bewerbung erhöht. Diese Ergebnisse entsprechen den Erfahrungen der Beraterin mit den Studierenden. Umso erfreulicher ist es, dass die Lernerfahrungen bewusst sind und in der Gesamtsicht ein derart umfassendes und klares Bild ergeben.

Themenbereich persönliche arbeitsweltliche Erfahrungen

umfasste

- eine Prognose des Studierenden bezüglich zukünftiger Erfahrungen mit der Arbeitswelt beziehungsweise einen Rückblick auf bereits gemachte Erfahrungen,

- eine Darstellung persönlicher konflikthafter Erfahrungen im universitären Kontext und die verwendeten Bewältigungsstrategien.

Persönliche Erfahrungen in der Arbeitswelt:

Erwartungsgemäß sind die gemachten Erfahrungen breit gestreut, interessanterweise dabei aber überwiegend positiv. Eine Lernphase zu Beginn des Berufseinstiegs wird dabei als durchaus üblich einkalkuliert und als normal eingestuft.

Freundlichkeit, Kollegialität und gegenseitige Unterstützung am Arbeitsplatz, gutes Betriebsklima, Zuverlässigkeit und keinerlei Konflikte sind die genannten Begriffe auf der einen Seite. Notwendige Arrangements mit den Bedingungen, von Arbeitgebern geschürte Konkurrenzen, Dummheit, Arroganz, cholerische Chefs und berechnende Arbeitskollegen stehen auf der anderen Seite. Zutreffend beschrieben wird auch der Prozess des Hineinwachsens in ein Unternehmen: Sich arrangieren, andere akzeptieren lernen, mit anderen auskommen und ohne feste Vorstellungen in einer Gruppe arbeiten werden als durchaus zutreffende Merkmale des sich Einfügens in die Arbeitsgemeinschaft benannt.

Erfahrungen im universitären Kontext:

Konflikthafte Erfahrungen finden wohl eher „draußen" in der arbeitsweltlichen Realität statt: „Gut gelaufen", „die Leute suche man sich ja selber aus" steht hier zwar auf der einen Seite. Persönliche schwierigere Lernerfahrungen sind trotzdem maßgeblich. Genannt werden hier: Umgang mit Zeitdruck im Sinne von Lernen, Arbeitspensen frühzeitig einzuteilen und mit der Lernaktivität rechtzeitig zu beginnen sowie das Lernen neu lernen zu müssen, auf sich alleine gestellt sein, Einzelkämpferdasein, sich vor Prüfungen realistisch einzuschätzen, Prüfungsangst und Lernstress und der Umgang damit, Kennenlernen der eigenen Stresstoleranz, Sachverhalte und Themen als gegeben hinnehmen müssen, unliebsame Fächer, Unübersichtlichkeiten in der Organisation, Notwendigkeit von Zweck-Arbeitsgemeinschaften und die Erfahrung von „Mitläufern" bei Gemeinschaftsarbeiten, Teamarbeit erfahren und lernen, Konkurrenzkampf unter den Kommilitonen und mangelnde Kollegialität, Lehrpersonal realistisch einschätzen.

Also hält auch das Studium außerhalb des Lernplans Lernerfahrungen bereit, auch wenn diese später als Kompetenzen nicht so erfahren oder eingestuft werden.

Themenbereich Schlüsselkompetenzen

umfasste

- die Nennung von für das berufliche Leben relevanten Schlüsselkompetenzen aus Sicht der Studierenden.

Ausgangspunkt der Betrachtung sollen hier der Einfachheit halber die vom Institut der Deutschen Wirtschaft 1999 benannten zehn wichtigsten Schlüsselqualifikationen für Akademiker sein, und zwar in der Reihenfolge ihrer prozentualen Einstufung als „sehr wichtig" im Rahmen einer Befragung: Kundenorientierung, Leistungsbereitschaft/Engagement, Teamfähigkeit/Kooperationsfähigkeit, Lernfähigkeit/-potenzial, Kommunikationsfähigkeit, vernetztes Denken/Denken in Zusammenhängen, Problemlösungskompetenz, EDV-Anwenderkenntnisse, Belastbarkeit, Selbständigkeit.

Diese Aufzählung beinhaltet einen Großteil der von Arbeitgeberseite implizit und explizit immer wieder genannten Arbeitnehmeranforderungen und von

Arbeitnehmerseite sind dies größtenteils die Fähigkeiten, die den Berufstätigen dazu befähigen, auf sich verändernde Anforderungen im Berufsleben flexibel und adäquat reagieren zu können. Zu ergänzen sind hier noch: Durchsetzungsfähigkeit, Entscheidungsstärke, Führungsfähigkeit, Kooperationsbereitschaft, Verantwortungsbereitschaft.

Ergänzen lassen sich die genannten Schlüsselqualifikationen zusätzlich noch um Fähigkeiten und Fertigkeiten aus den Bereichen Fachkompetenz, Methodenkompetenz, Sozial- und Persönlichkeitskompetenz. Die individuellen Ausprägungen dieser Kompetenzbereiche bestimmen letztlich die Handlungskompetenz eines Menschen. (Siehe auch den folgenden Themenbereich). Nun zu den Antworten und dem Verständnis der Befragten:

Interessanterweise ergibt die Gesamtsicht der Antworten ein durchaus „vollständiges" Bild aus den Teilmengen der Einzelaussagen. Auf eine Aufzählung wird deshalb hier verzichtet.

Bemerkenswert bleibt die Tatsache, dass in vielen Fällen der Begriff der Schlüsselqualifikation nicht geläufig ist und nach Erläuterung beziehungsweise Nennung der oben genannten Kompetenzbereiche nur Einzelnennungen zutreffender Schlüsselkompetenzen stattfinden. Am häufigsten sind dabei Nennungen von Sozialkompetenzen oder „Social Skills", da diese Begrifflichkeit im Bewerbungstraining eine wichtige Rolle spielte.

Nach Meinung der Beraterin ist eine erfolgreiche Bewerbung und Bewerbungsstrategie nur mit einem fundierten Wissen um die Notwendigkeit ausreichender Sozialkompetenzen möglich. Hier besteht Nachholbedarf.

Themenbereich soziale Vergleichsprozesse hinsichtlich berufspraktischer Kompetenz

umfasste

- die Einschätzung der MITstudenten hinsichtlich deren SELBSTeinschätzung bezüglich ihrer eigenen Ausstattung für das Berufsleben.

Unterschieden wurde hier nach Fachkompetenz (erarbeitetes Theoriewissen), Sozialkompetenz, Methodenkompetenz, Persönlichkeitskompetenz.

Die Antworten fielen zum Teil sehr ausführlich und differenziert aus und beruhten offensichtlich auf guter Beobachtungsfähigkeit und zahlreichen Erfahrungswerten. Mit Sicherheit implizierte zudem die Unterscheidung in der Fragestellung nach Kompetenzbereichen eine dezidiertere Betrachtungsweise.

Tendenzen der Aussagen:

1. Es bestehe eine große Überschätzung der eigenen Fähigkeiten und Kenntnisse in Bezug auf die Erfordernisse des Berufslebens.
2. Diese Überschätzung sei im Bereich Fachkompetenz noch am geringsten und steige maßgeblich bei den übrigen Kompetenzbereichen.

Im Detail erfolgt eine beispielhafte ausführlichere Darstellung in Kurzfassung für den Bereich Fachkompetenz, da hier die meisten Aussagen erfolgten und eine sachlich und fachlich gegebene Relevanz besteht:

- Über die Meinung ihrer Kommilitonen befragt, meinten die Interviewten, dass diese mehrheitlich der Auffassung seien, dass ihr Theoriewissen im Berufsleben ausreichen würde. Dies sei nicht so: Berufspraktische und fachspezifische Erfahrungen würden zunehmend erwartet.

- Irrtümliche Meinung, Semesterferien seien Freizeit: Im Gegenteil, gerade hier müsse Praxiswissen erworben werden.

- Irrtümliche Meinung, es „reiche", wenn man den Abschluss habe. Nein, Noten seien wichtig, aber plus Zusatzqualifikation, die auch an der Universität erworben werden könnten (zum Beispiel Sprachen).

- Noten und fachliches Wissen würden unterschätzt. Aber auch ein guter Abschluss sei keine ausreichende Sicherheit für das berufliche Fortkommen. Dies sei nur wenigen Kommilitonen bewusst.

- Ein „echter" Einblick in berufliche Abläufe sei nach der Berufswahl nicht gegeben. Dafür sei das Studium zu schnell zu Ende und das Fach habe zu oft „Lückenbüßer"- (beziehungsweise an anderer Stelle Notlösungs-) Funktion.

- Man sollte sich bewusst sein, dass man auch nach der universitären Ausbildung Lehrling sei. Daher sei Respekt vor Älteren und Berufserfahrenen im Betrieb sehr wichtig, denn Pannen verbreiteten sich aufgrund der betrieblichen Netzwerke blitzschnell.

- Eine Fehleinschätzung des Übergangs vom Studium in den Beruf im Sinne eines Übergangs von der Theorie in die Praxis würde in der universitären Ausbildung auch vorgelebt und so übertragen.

- Die weit verbreitete Einstellung, die ihnen zustehende Einstiegsstelle sei eine Chefposition, sei eine Utopie. Dies führe zu einer arroganten Einstellung und die Betroffenen seien zudem ganz schlechte Praktiker. Theoretische Kenntnisse würden zudem überschätzt.

- Grundsätzlich sei die theoretische Ausbildung durch die Universität sehr gut.
- Das Gros werde mit viel Theorie konfrontiert, die in der Praxis so nicht gebraucht würde.
- Was man während des Studiums lerne und welche praktischen Erfahrungen gemacht würden, hänge sehr stark davon ab, ob und wie weit sich derjenige mit dem Berufsleben auseinander setze. Es gebe durchaus externe Fachleute, die beispielsweise in Workshops Praxisrelevanz aufzeigten.

Von Interesse wird es im Folgenden sein, welche Ideen die Studierenden haben bezüglich eines Ausgleichs der zum Teil kritisch hinterfragten Punkte.

Themenbereich Implementierung arbeitsweltlicher Kompetenzen in die universitäre Ausbildung

umfasste

Ideen und Beispiele der Studierenden, wie Studenten bereits während des Studiums für zukünftige arbeitsweltliche Fragestellungen, Probleme und Herausforderungen sensibilisiert werden könnten.

Vor allem Soft Skills sind erlern- und trainierbar. Dazu müssen reelle Situationen der Auseinandersetzung vorhanden sowie aufsuchbar sein und dann auch tatsächlich erlebt und reflektiert werden. Allerdings gibt es auch hier die pessimistische Haltung, dass freiwillige diesbezügliche Angebote von Seiten der Studenten wohl nicht genutzt würden und nur Pflichtveranstaltungen zum Ziel führen würden. Letztlich bliebe die Nutzung der Angebote in der Verantwortlichkeit des Einzelnen und Pflichtveranstaltungen würden ihr Ziel verfehlen.

Was als Resumée bleibt, ist die Notwendigkeit, Studenten für das, was sie nach dem Studium in der arbeitsweltlichen Realität erwartet, zu sensibilisieren. Die Studenten schlagen konkret vor: Arbeit in Kleingruppen, Teamarbeit, praxisnahe Trainings (ein Vergleich wird hier mit privaten Hochschulen angestellt), Lehr- und Lernmodule mit Vertretern aus der Praxis, Arbeitsformen „mit Bewegung", praxisorientierte Übungsaufgaben, Auslandssemester, Umgang mit Menschen, Planspiele, Arbeiten in der beruflichen Praxis: Praktika, Tätigkeit als wissenschaftlicher Mitarbeiter, Vereinstätigkeiten.

Diese Beispiele stellen tatsächlich gute Möglichkeiten dar, Soft Skills zu trainieren: Arbeiten in Projekten kann der Einübung situationsadäquaten Denkens und Handelns dienen, Planspiele und Fallstudien unterstützen lösungsorientiertes Handeln in Kooperation mit Partnern, Auslandsaufenthalte schulen Flexibilität und fördern eigenverantwortliches Handeln, Diskussionen und jede konstruktive Form der persönlichen Auseinandersetzung stärken kommunikative Fähigkeiten und Fertigkeiten des Ausgleichs. Insofern haben die Teilnehmer ein sehr gutes Gespür dafür, welche Arbeitsumgebung sie als notwendiges Lernfeld benötigen.

Themenbereich grundsätzliche Bewertung des Projekts durch die Teilnehmer mit Ausblick

Hier fließen zum Teil die persönlichen Bewertungen der Beratungstätigkeit der Beraterin durch die Teilnehmer mit ein, so weit sie zum Thema passen. Dies ist beispielsweise dann der Fall, wenn differenzierte Äußerungen zur Art des Erfolges der Beratung erfolgten:

- das Projekt habe viel Spaß gemacht und in der Persönlichkeit „weiter gebracht",
- für interessierte Studenten sei das ein tolles Angebot und sollte wiederholt werden (Sechsfachnennung),
- der Teilnehmerkreis sei zu klein, die Menge der Studierenden müsse erreicht werden,
- weitere Inhalte eines Projektes sollten sein: Übung von Vorstellungsgesprächen, Gehaltsverhandlungen, persönliche Zielsetzungen überprüfen und arbeitsrechtliche Themen,
- der Zusammenschluss einer universitären Einrichtung (der Lehrstuhl für Betriebswirtschaftslehre) mit einer nicht universitären Beratungseinrichtung (in Person der Beraterin) habe die Erfahrung unterschiedlicher Sichtweisen ermöglicht,
- die Zeitkontingente für die Beratung waren zu kurz.

7. Fazit

Das Projekt verlief erfolgreich sowohl in der Bewertung der Teilnehmer als auch aus qualitativer Sicht der Beraterin und des Projektleiters. Zudem erfolgte die Arbeit mit sehr hoher Effizienz im Kosten-Nutzen-Verhältnis. Dem Wunsch der Teilnehmer und der fachlichen Einschätzung der Beraterin nach einem größeren Beratungsumfang für jeden Teilnehmer, aber auch einer Nutzbarmachung für einen insgesamt größeren Teilnehmerkreis könnte in einem Folgeprojekt folgendermaßen begegnet werden:

- Ein modularer Aufbau von Trainingseinheiten.
- Kurze Einheiten in Seminarform zu Grundtechniken von Profilbildung, Selbstmarketing, Situationsanalyse und Zielfindung, Bewerbungsaufbau und Bewerbungsstrategie.
- Längere Einheiten in Einzelberatungsform zu individuellem Bewerbungstraining, Profilbildung und Selbstmarketing sowie einer auf den Einzelnen abgestimmten und adäquaten Bewerbungsstrategie.

Im Zuge zunehmender Praxisorientierung von universitärer Ausbildung und im Hinblick auf die sich nicht verbessernde Arbeitsmarktsituation sind qualitative Angebote wie das vorliegende Projekt nicht nur zu Recht imagefördernd, sondern geradezu vorbildhafte Notwendigkeit.

Ein Erfahrungsbericht der Interkulturellen Kommunikation:

Interkulturelle Kompetenz kompakt – Zur Vermittlung berufsorientierter interkultureller Kompetenzen als Schlüsselqualifikation in interkulturell ausgerichteten kulturwissenschaftlichen Studiengängen

Christoph Vatter

Die zunehmende grenzüberschreitende Verflechtung von Unternehmen durch Prozesse wie die Globalisierung und die europäische Integration trägt dazu bei, dass interkulturelle Qualifikationen in den verschiedensten Anforderungsprofilen für Akademiker zunehmend gefordert werden. Somit nimmt innerhalb der Schlüsselqualifikationen interkulturelle Kompetenz neben fachlichen Kompetenzen und praktischen Erfahrungen einen herausragenden Platz ein.[1]

Im Folgenden sollen am Beispiel des seit 2004 stattfinden Projektes „Interkultureller Praxistag" Möglichkeiten der Ausbildung berufsorientierter interkultureller Kompetenzen im universitären Studium sowie deren Rolle als Bindeglied zwischen Hochschule und Arbeitswelt erörtert werden.[2] Nach einer Einführung in die Problematik der Berufs- und Arbeitsweltorientierung aus Sicht international ausgerichteter kulturwissenschaftlicher Studiengänge werden der Begriff der interkulturellen Kompetenz und ihr Stellenwert in einschlägigen Studienangeboten sowie die damit verbundenen Probleme diskutiert, auf die mit dem Projekt „Interkultureller Praxistag" reagiert werden sollte. Am Beispiel des inhaltlichen Konzepts und der Durchführung dieses Projekts werden mit dem Begriff „interkulturelle Kompetenz" umrissene Praxisfelder, insbesondere der Bereich interkultureller Trainingsmaßnahmen, vorgestellt

---

1 Vgl. dazu auch die 2005 durchgeführte internationale Studie „Aware! Inter_Cultural_Competence" zu für die Workability von Studierenden notwendigen Kompetenzen (durchgeführt von Skylight in Kooperation mit Die Zeit, Karriereführer und Checkpoint eLearning, http://www.aware.skylight.de).

und Perspektiven für die praxisnahe Umsetzung aufgezeigt. Abschließend werden vorläufige Evaluationsergebnisse aus dem zum Zeitpunkt dieser Publikation noch nicht abgeschlossenen Projekt und Wege zur Weiterführung des Konzepts auch über die Laufzeit hinaus präsentiert.

1. Berufs- und Arbeitsweltkompetenz im kulturwissenschaftlichen interkulturellen Studium

Für Studierende international ausgerichteter kulturwissenschaftlicher Fächer mit einem offen gestaltbaren Berufsbild – wie der „Französischen Kulturwissenschaft und Interkulturellen Kommunikation" an der Universität des Saarlandes – sind interkulturelle Sensibilisierung sowie oftmals umfassende Auslandserfahrungen zentrale Bestandteile der Ausbildung. Allerdings stellt der Berufseinstieg gerade für diese Gruppe eine große – und aufgrund unzureichender Vorbereitung bisweilen eine sehr plötzliche – Herausforderung dar. Universitäten bieten zwar eine große Zahl von Veranstaltungen an, die neben dem Fachstudium den Berufseinstieg erleichtern sollen – dazu gehören neben der Zusammenarbeit mit den Hochschulteams der Arbeitsagenturen auch Bewerbungstrainings,[3] Absolventenmessen in Kooperation mit anderen Institutionen und Unternehmen wie das jährlich stattfindende Deutsch-französische Forum für AbsolventInnen deutsch-französischer Studiengänge, Praktikumsbörsen und insbesondere bei neueren Studiengängen, die im Rahmen des Bologna-Prozesses eingeführt wurden, auch spezifisch zur Berufsvorbereitung eingerichtete Module.[4] Dennoch fühlen sich zahlreiche AbsolventInnen – gerade angesichts einer eher schwierigen Arbeitsmarktsituation – verunsichert und orientierungslos. Denn das mit solchen Studiengängen verbundene, eher unscharfe Berufsbild umfasst eher allgemeine

---

2 Das Projekt „Interkultureller Praxistag" ist auf zunächst drei Jahre angelegt und wird gefördert durch die Kooperationsstelle Wissenschaft und Arbeitswelt der Universität des Saarlandes. Durchgeführt und geleitet wird das Projekt von Prof. Dr. Hans-Jürgen Lüsebrink und Christoph Vatter, M.A., am Lehrstuhl für Romanische Kulturwissenschaft und Interkulturelle Kommunikation (Fachrichtung Romanistik), der auch für die Koordination der Studiengänge „Französische Kulturwissenschaft und Interkulturelle Kommunikation" und „Deutsch-französische grenzüberschreitende Studien" verantwortlich ist.
3 So bietet beispielsweise das Frankreichzentrum der Universität des Saarlandes regelmäßig Bewerbungstrainings und andere Veranstaltungen für den Berufseinstieg im französischen Arbeitsmarkt an und verbindet so berufsorientierte und interkulturelle Qualifikationen.
4 Die Anwendungs- und Berufsorientierung wird in den meisten Fällen in Form von verschiedenen Veranstaltungen zur Vermittlung von Schlüsselqualifikationen in das Studium integriert, wozu neben Präsentations- und Kommunikationsfertigkeiten auch Fremdsprachen und interkulturelle Qualifizierungsangebote zählen können. Andere Maßnahmen sind Gespräche mit den Studierenden in verschiedenen Phasen des Studiums.

Tätigkeitsbereiche und Praxisfelder[5] und wird in erster Linie durch spezifische Schwerpunktsetzungen, Fächerkombinationen sowie Stärken und Interessen des einzelnen Studierenden bestimmt. Dabei sind oft parallel zum Studium, v.a. in Praktika, erworbene Erfahrungen ausschlaggebend für den Einstieg in den Beruf, wie auch Befragungen von AbsolventInnen einschlägiger Studiengänge bestätigen. Neben dieser gewissen Orientierungslosigkeit bezüglich möglicher beruflicher Perspektiven berichten AbsolventInnen auch immer wieder über Schwierigkeiten der angemessenen Darstellung ihrer im Studium erworbenen Kompetenzen vor potenziellen Arbeitgebern,[6] zu denen gerade in einschlägig interkulturellen Studiengängen auch interkulturelle Kompetenz und deren Vermittlung gehören.

An dieser Stelle setzt das Projekt „Interkultureller Praxistag" an; denn es zeigt Wege zur praktischen Umsetzung interkultureller Studieninhalte auf und vermittelt gleichzeitig Einblicke in einschlägige Tätigkeitsfelder, in denen interkulturelle Kompetenzen und deren Vermittlung zentrale Bestandteile darstellen.

2. Interkulturelle Kompetenz und universitäre Lehre

Der Begriff der interkulturellen Kompetenz impliziert im Allgemeinen sowohl eine kognitive als auch eine affektive und verhaltensbezogene Dimension. Zu den kognitiven Aspekten interkultureller Kompetenz zählen Wissen über die eigenen und fremden Kulturen, Kommunikationsregeln, Einstellungen und Erwartungen bezüglich Diskurs- und Verhaltensnormen, Kenntnisse über das Phänomen „Kultur" sowie über die Besonderheiten interkultureller Kommunikationsprozesse etc. Die affektiven Komponenten nehmen eher Bezug auf die eigenen Einstellungen und Emotionen in interkulturellen Überschneidungssituationen, z.B. bezüglich der positiven Motivation, sich in einer interkulturellen Situation einzubringen. Weiterhin gehören dazu allgemeine Offenheit und Toleranz gegenüber anderen Kulturen, Empathie, Rollendistanz,

---

5 Als zum weiten Feld der möglichen Bereiche zugehörig werden, wie ein Blick auf die Selbstbeschreibungen einschlägiger Studiengänge zeigt, beispielsweise genannt: Kulturmanagement, Tätigkeiten in Bildungseinrichtungen, Institutionen wie Kammern und Verbände, der Bereich der Presse- und Öffentlichkeitsarbeit bzw. der Unternehmenskommunikation allgemein und auch Wirtschaftsunternehmen (Personalwesen, Distribution, Marketing) sowie Medien.

6 Als in geistes- und kulturwissenschaftlichen Studiengängen vermittelte Kompetenzen werden in der Regel Methodenkompetenz, eine Reihe von Schlüsselqualifikationen wie kommunikativen und sozialen Kompetenzen sowie die Fähigkeit, sich schnell in neue Sachverhalte einzuarbeiten und komplexe Themen zu erfassen, genannt. In diesem Beitrag liegt der Schwerpunkt allerdings auf interkulturellen Kompetenzen, die von AbsolventInnen einschlägiger Studiengänge wie der „Französischen Kulturwissenschaft und Interkulturellen Kommunikation" an der Universität des Saarlandes explizit erwartet werden.

Ambiguitätstoleranz (d.h. die Fähigkeit mit mehrdeutigen Situationen umzugehen), Stressbewältigung... Ziel der Ausbildung interkultureller Kompetenz ist das adäquate und zum Erfolg führende Verhalten in einer interkulturellen Interaktionssituation.[7]

In international ausgerichteten Curricula wird interkulturelle Kompetenz oft als zentrales Lernziel genannt. Im universitären Kontext steht jedoch in der Regel die Vermittlung von theoretischen Ansätzen und Modellen im Vordergrund. Eine zentrale Rolle nehmen dabei die weit verbreiteten Ansätze der Kulturdimensionen ein. So nennt beispielsweise Geert Hofstede, der führende Vertreter dieser Forschungsrichtung, fünf zentrale Dimensionen kultureller Differenz: den Umgang mit Machtverhältnissen und Hierarchien (Machtdistanz); den Umgang mit Unsicherheit und Risiko (Unsicherheitsvermeidung); den Stellenwert individueller bzw. kollektiver Werte (Individualismus – Kollektivismus); die Bedeutung maskulin bzw. feminin konnotierter Werte (Maskulinität – Feminität); die lang- oder kurzfristige zeitliche Orientierung einer Gesellschaft.[8] Auf Grundlage umfassender empirischer Forschung lassen sich verschiedenen Kulturen, die bei Hofstede mit Ländern gleichgesetzt werden, unterschiedliche Ausprägungen dieser Dimensionen zuordnen, so dass diese in Beziehung gesetzt und davon potenzielle Unterschiede in der Zusammenarbeit abgeleitet werden können.

Allerdings werden diese eher kulturvergleichenden Ansätze, die auf Kulturdimensionen[9] und der Vorstellung homogener Nationalkulturen beruhen, der kulturellen Vielfalt innerhalb von Gesellschaften, u.a. aufgrund von Migrationsprozessen, nur unzureichend gerecht und bergen – bei zu strikter Anwendung – das Risiko vorschneller psychologischer Attributionen und damit der Stereotypisierung.[10] Weiterhin verstellt diese Perspektive den

---

7 Vgl. Wiseman, Richard L.: "Intercultural Communication Competence." In: Gudykunst, William B. / Mody, Bella (Hg.): Handbook of International and Intercultural Communication. Second Edition. Thousand Oaks/London/New Dehli: Sage, 2002, S. 207-224. hier S. 211f. Zur affektiven, kognitiven und verhaltensbezogenen Dimension interkultureller Kompetenz vgl. auch Bolten, 2000, S. 68.
8 Vgl. Hofstede, Geert: Lokales Denken, globales Handeln. Kulturen, Zusammenarbeit und Management. München, 1997.
9 Am häufigsten werden neben dem Ansatz Geert Hofstedes die Untersuchungen von Edward T. Hall oder Fons Trompenaars eingesetzt. (Vgl. Hall, Edward T. / Hall, Miltred R.: Understanding cultural differences. Germans, French and Americans. Yarmouth: Intercultural Press, 1990; Hampden-Turner, Charles M. / Trompenaars, Fons: Building Cross Cultural Competence. How to Create Wealth from Conflicting Values. New Haven / London: Yale University Press, 2000.)
10 Vgl. hierzu Müller-Jacquier, Bernd: „'Cross-cultural' versus Interkulturelle Kommunikation. Methodische Probleme der Beschreibung von Inter-Aktion". In: Lüsebrink, Hans-Jürgen (Hg.): Konzepte der Interkulturellen Kommunikation. Theorieansätze und Praxisbezüge in interdisziplinärer Perspektive. St. Ingbert, 2004, S. 69-114, hier S. 77f.

Blick auf die historische Dimension und die Dynamik in der interkulturellen Interaktion selbst, die beispielsweise auch davon beeinflusst ist, dass sich die beteiligten Personen der Interkulturalität der Situation selbst bewusst sind und sich daher keineswegs auf die gleiche Art und Weise wie in monokulturellen Kontexten verhalten werden; deutlich wird dies beispielsweise durch den eventuellen Gebrauch einer Fremdsprache oder die Hinzuziehung von DolmetscherInnen.[11]

Neuere Forschungsansätze versuchen, diese Probleme zu überwinden, und stellen die Dynamik interkultureller Kommunikation und konkrete Interaktionsprozesse zwischen Angehörigen verschiedener Kulturen ins Zentrum ihres Interesses. Interkulturelle Missverständnisse erklären sich nach diesem Verständnis interkultureller Kommunikation nicht mehr durch das konfrontative Aufeinandertreffen zweier divergenter (national-)kultureller Schemata, die auf Kulturdimensionen oder –standards[12] beruhen, sondern durch die spezifische Dynamik interkultureller Interaktionsprozesse. Interkulturelle Kommunikation konstituiert nach diesem Verständnis einen Raum des permanenten Verhandelns und Aushandelns, in dem sich die Reaktionen der Akteure nicht durch die Spezifika der innerhalb ihrer jeweiligen Kultur geltenden Kommunikationsregeln erklären lassen. Dieser interkulturelle Kommunikations- und Interaktionsraum stellt eine sog. „Interkultur" (J. Bolten) dar. Interkulturen bestehen nur während der Interaktion zwischen Individuen aus zwei verschiedenen Kulturen A und B. „[S]ie werden permanent neu erzeugt, und zwar im Sinne eines „Dritten", einer Zwischen-Welt C, die weder der Lebenswelt A noch der Lebenswelt B vollkommen entspricht. Weil es sich um ein Handlungsfeld, einen Prozess handelt, ist eine Interkultur also gerade nicht statisch als Synthese von A und B [...] zu denken. Vielmehr kann in dieser Begegnung im Sinne eines klassischen Lerneffekts eine vollständig neue Qualität, eine Synergie, entstehen, die für sich weder A noch B erzielt hätten."[13] Interkulturelle Missverständnisse werden hier also nicht auf die strikte Anwendung von Regeln und Gewohnheiten der jeweiligen Ausgangskulturen zurückgeführt, sondern vielmehr durch den Verlauf der Interaktion selbst sowie den Einfluss von Faktoren wie Auto-, Hetero- und Meta-Stereotypen, Erwartungen und Motivation etc. erklärt. Eine gelungene interkulturelle Kommunikation ist nicht mehr allein von Kenntnissen über

---

11 Zur historischen Dimension interkultureller Kommunikation vgl. Demorgon, Jacques: L'histoire interculturelle des sociétés. Paris: Anthropos, 22002. Zur Dynamik interkultureller Interaktionssituationen s.u.
12 Zum Begriff der Kulturstandards vgl. Thomas, Alexander: „Kultur als Orientierungssystem und Kulturstandards als Bauteile." In: IMIS-Beiträge, 10, 1999, S. 91-130.
13 Bolten, Jürgen: Interkulturelle Kompetenz. Erfurt: Landeszentrale für politische Bildung, 2001, S. 18.

die Regeln einer anderen Kultur abhängig, sondern von der Fähigkeit, einen gemeinsamen kommunikativen Raum zu schaffen und zu gestalten, der von beiden Seiten akzeptiert wird.

Von diesem dynamischen Verständnis interkultureller Kommunikation leitet sich auch das Profil einer interkulturellen Kompetenz als Übertragung von kommunikativen und sozialen Kompetenzen auf eine interkulturelle Kontaktsituation ab: „Vor diesem Hintergrund erscheint es sinnvoll, interkulturelle Kompetenz nicht als eigenständigen Kompetenzbereich zu verstehen, sondern vielmehr als Fähigkeit, individuelle, soziale, fachliche und strategische Teilkompetenzen in ihrer bestmöglichen Verknüpfung auf interkulturelle Handlungskontexte beziehen zu können."[14] Zentrales Element dieses Ansatzes ist also nicht mehr der Erwerb von spezifischen Fertigkeiten und Teilkompetenzen, die in der Regel auch in monokulturellen Kontexten zu wertvollen Schlüsselqualifikationen zählen, sondern deren erfolgreiche Übertragung und Umsetzung in interkulturellen Interaktionssituationen. Als eigenständige Bereiche bleiben jedoch weiterhin Sprachkenntnisse und Wissen über die jeweilige Fremdkultur zu nennen. Aus diesem handlungsorientierten Ansatz zur interkulturellen Kompetenz ergibt sich für deren Vermittlung, dass erfahrungs- und verhaltensbezogene Elemente einen größeren Stellenwert gegenüber kognitiven Aspekten einnehmen sollten.

Aufgrund der strukturellen und institutionellen Bedingungen der Hochschullehre (zeitliche Dauer von Lehrveranstaltungen, große Lerngruppen, räumliche Gegebenheiten) dominiert in der wissenschaftlichen Ausbildung, die interkulturelle Kurse und Studiengänge anbietet, jedoch meist die Vermittlung von Wissen und Kenntnissen *über* interkulturelle Kommunikation, d.h. die kognitive Dimension interkultureller Kompetenz. Derartige Veranstaltungen sind – je nach Studiengang – entweder kulturspezifisch oder kulturübergreifend ausgerichtet. Sie behandeln im Allgemeinen interkulturelle Unterschiede zwischen – oft mit Nationalstaaten gleichgesetzten – Kulturen und Prozesse der Fremdwahrnehmung. Das eher theoretische Vorgehen kann durch Fallstudien aus dem Wirtschaftsbereich und Übungen aus interkulturellen Trainingsprogrammen ergänzt werden.

Trotz der zunehmenden Ausrichtung entsprechender Studienangebote auf erfahrungs- und praxisorientierte Aspekte[15] bleibt festzuhalten, dass der

14 Ebd., S. 87.
15 Vgl. Röseberg, Dorothee: „Theorie und Praxis interkultureller Forschungen". In: Fischer, Carolin / Harth, Helene / Viallon, Philippe & Virginie (Hg.): Identität und Diversität: Eine interdisziplinäre Bilanz der Interkulturalitätsforschung in Deutschland und Frankreich. Identité et diversité: Etat des lieux interdisciplinaire de la recherche sur l'interculturalité en France et en Allemagne. Berlin, 2005, S. 47-66.

Schwerpunkt der universitären Lehre – nicht zuletzt aus institutionellen Gründen – auf der kognitiven Seite der Vermittlung interkultureller Kompetenzen liegt. Affektive Aspekte werden in diesem Zusammenhang oft der Eigenverantwortung der Studierenden überlassen, zumeist durch einen Auslandsaufenthalt in Form eines Studiums an einer Partneruniversität oder eines Praktikums. Studien zu interkulturellen Begegnungen haben jedoch auf das Problem hingewiesen, dass eine Begegnung als solche keineswegs zu einer interkulturellen Sensibilisierung führen muss und im Extremfall sogar existierende Vorurteile und Stereotypen verstärken kann.[16] Interkulturelle Kompetenz wird vielmehr erworben in der Kombination von interkultureller Begegnung und der Vermittlung theoretischer Kenntnisse über interkulturelle Kommunikation. Um einem Scheitern der Begegnung entgegenzuwirken, wird die aktive Förderung und Strukturierung der interkulturellen Kommunikation durch pädagogische Maßnahmen vorgeschlagen, zu denen auch interkulturelle Trainingsprogramme gehören, wie sie beispielsweise in den internationalen Wirtschaftsbeziehungen angewandt werden.[17]

Diese gehören auch zu einem potenziellen Tätigkeitsbereich von AbsolventInnen einschlägiger Studiengänge. Da auch Arbeitgeber Kenntnisse in der Vermittlung interkultureller Kompetenzen bei dieser Gruppe oftmals voraussetzen, sollte auch eine entsprechende Methodenkenntnis entwickelt werden.

3. Projekt „Interkultureller Praxistag" – zur Vermittlung interkultureller Qualifikationen zwischen Theorie und Praxis

Das Projekt „Interkultureller Praxistag" möchte Hilfestellung leisten und zu einer engeren Verzahnung von Arbeitswelt und Universität und damit auch zu einer frühzeitigen beruflichen Perspektivenbildung und arbeitsweltlichen Orientierung der Studierenden beitragen. Im Zentrum stehen neben Einblicken in potenzielle Tätigkeitsbereiche für AbsolventInnen interkultureller Studiengänge Aspekte der praktischen Vermittlung interkultureller Kompetenz mit modernen Methoden, die – vor allem, wenn es sich um erfahrungsorientierte

---

16 Vgl. Grosch, Harald / Leenen, Rainer: „Bausteine zur Grundlegung interkulturellen Lernens." In: Bundeszentrale für politische Bildung (Hg.): Interkulturelles Lernen. Arbeitshilfen für die politische Bildung, Bonn, 1998, S. 29-48, hier S. 30; Thomas, Alexander: „Können interkulturelle Begegnungen Vorurteile verstärken?" In: Ders. (Hg.): Psychologie und multikulturelle Gesellschaft. Göttingen/Stuttgart, 1994, S. 227-238. Im Bereich der Wirtschaft wird dieser Aspekt betont von Stahl, Günter: Internationaler Einsatz von Führungskräften. München, 1998.
17 Vgl. Grosch/Leenen, 1998, S. 41; Alix, Christian / Kodron, Christoph: „Les échanges : oui, bien sûr à condition que…! Définition et exemples d'une conception dialogique de la pédagogie de l'échange et de la rencontre." In: französisch heute, 2/2002, S. 210-229.

Ansätze wie Rollenspiele und Simulationen handelt – in der klassischen universitären Lehre aus den oben genannten Gründen nur begrenzt eingesetzt werden können.

Der „Interkulturelle Praxistag" findet einmal jährlich als ganztägige Blockveranstaltung statt und verfolgt eine doppelte Zielsetzung: In konzentrierter Form erhalten Studierende Einblick in das Arbeitsleben von PraktikerInnen und lernen in Workshops durch die Arbeit an praxisnahen Fallstudien mit modernen Methoden mögliche Anwendungsgebiete interkultureller Kommunikation kennen. Inhaltlicher Schwerpunkt sind Berufsfelder mit dezidiert interkultureller Orientierung, wie z.b. in Personalwesen, Beratung und grenzüberschreitenden Institutionen, in denen die Vermittlung interkultureller Kompetenz eine zentrale Rolle einnimmt. Allen Workshops ist dabei gemein, dass das eigene Erleben der TeilnehmerInnen konsequent mit der didaktisch-methodischen Reflexion über den Einsatz der Übungsformen und -methoden verbunden wird.

4. Zur Struktur des „Interkulturellen Praxistages"

Die Veranstaltung ist in zwei Blöcke gegliedert. Am Vormittag findet ein Plenarvortrag ausgewiesener ExpertInnen der interkulturellen Kommunikationsforschung statt; am Nachmittag erhalten die teilnehmenden Studierenden in vier Parallelworkshops berufsnahe Einblicke in die Tätigkeitsfelder der ReferentInnen, die Wege aufzeigen, um das im Studium erworbene Wissen über interkulturelle Kommunikation auf die Arbeitswelt zu übertragen.

Der Plenarvortrag bietet WissenschaftlerInnen, die an der Schnittstelle zwischen Hochschule und Arbeitswelt tätig sind, ein Forum, das Perspektiven für einen konstruktiven Dialog zwischen Theorie und Praxis eröffnen soll. Die eingeladenen ReferentInnen, die gleichzeitig – v.a. über Beratungsprojekte – mit praktischen Anwendungsmöglichkeiten der wissenschaftlichen Erkenntnisse in Unternehmen und Institutionen vertraut sind, sollen den aktuellen Stand der Forschung in Hinsicht auf mögliche Praxisfelder diskutieren. Der Plenarvortrag soll auch eine breitere Öffentlichkeit ansprechen und steht interessierten Berufstätigen offen.[18] Als Beispiel für die in diesem Rahmen behandelten Themen sei hier der Einfluss interkultureller Faktoren auf Verkaufsgespräche und Geschäftsverhandlungen genannt.[19]

---

18 Um auch diese erweiterte Öffentlichkeit außerhalb der Universität anzusprechen, wird das Projekt „Interkultureller Praxistag" durch entsprechende Öffentlichkeitsarbeit flankiert.
19 Vgl. Schugk, Michael: Interkulturelle Kommunikation. Kulturbedingte Unterschiede in Verkauf und Werbung. München, 2004.

Die am Nachmittag parallel stattfindenden Workshops sollen Studierenden in Kleingruppen (ca. 15 Personen pro Workshop) einen praxisnahen Einblick in die Tätigkeitsfelder der ReferentInnen vermitteln und Wege und Methoden aufzeigen, wie die im Studium erlernten eher theoretischen Kenntnisse über interkulturelle Kommunikation im beruflichen Alltag umgesetzt werden können. Als ReferentInnen beteiligen sich zum einen ausgewiesene interkulturelle PraktikerInnen, zum anderen Alumni des Studiengangs „Französische Kulturwissenschaft und Interkulturelle Kommunikation", die in entsprechenden Bereichen der interkulturellen Aus- und Weiterbildung tätig sind. So können die TeilnehmerInnen bereits im Verlauf ihres Studiums Kontakt zu Unternehmen und Organisationen aus potenziellen Tätigkeitsfeldern aufnehmen und von den Erfahrungen der Ehemaligen profitieren. Der thematische Rahmen umfasst das weite Feld interkultureller Trainings und Beratung. Damit wird den Wünschen der Studierenden entsprochen, die gerade über diese Berufsfelder mehr erfahren und diesen Themenbereich aus dem wissenschaftlichen Studium praxisbezogen vertiefen wollen. Durch die Begrenzung der in den einzelnen Workshops zur Verfügung stehenden Plätze werden auch erfahrungsbezogene Vermittlungsformen ermöglicht, die in universitären Lehrveranstaltungen nur begrenzt eingesetzt werden können. Die Themen der bis zu fünf parallel angebotenen Workshops sind: Konzeption und Durchführung interkultureller Trainings, multikulturelles Teambuilding, interkulturelles Coaching und Mediation sowie „Train-the-trainer"-Maßnahmen für TeilnehmerInnen mit ersten praktischen Erfahrungen auf diesem Gebiet. Im Folgenden soll der Tätigkeitsbereich interkulturellen Trainings und Beratung knapp inhaltlich umrissen und die einzelnen Workshopthemen vorgestellt werden.

5. Interkulturelle Trainingsformen

Als interkulturelles Training werden im Allgemeinen Maßnahmen bezeichnet, die auf interkulturelle Situationen vorbereiten und erfolgreiches Handeln in diesen fördern. In der internationalen Wirtschaft finden derartige Trainings beispielsweise zur Vorbereitung von Führungskräften auf Auslandsentsendungen bzw. zur Begleitung während eines internationalen Einsatzes, zur Förderung der Zusammenarbeit in multikulturell besetzten Projektteams oder auch im Vorfeld internationaler Verhandlungen und bei grenzüberschreitenden Unternehmenszusammenschlüssen Anwendung. Aber auch in anderen Bereichen wie der Jugendarbeit, Integrations- und Antirassismusprojekten oder der Weiterbildung von LehrerInnen und MultiplikatorInnen werden interkulturelle Trainingsmethoden oder einzelne Elemente und Übungsformen daraus vermehrt eingesetzt.[20]

Als Hauptkomponenten interkultureller Trainingsprogramme nennen Brislin und Yoshida folgende vier Bereiche: „Awareness", „Knowledge", „Emotions" und „Skills".[21] „Awareness", Bewusstmachung, bezieht sich auf die Schulung eines Bewusstseins für die Notwendigkeit interkultureller Weiterbildung, die Entwicklung eines Bewusstseins für die Prägung des eigenen Handelns durch die eigene Kultur („culture self-awareness") sowie deren möglichen Auswirkungen auf Andere in interkulturellen Handlungskontexten und schließlich auf zu entwickelnde Ambiguitätstoleranz, d.h. den Umgang mit nicht immer eindeutig erklärbaren Situationen. Der Bereich „Knowledge", der kognitiven Wissensvermittlung, umfasst neben Kenntnissen über den Begriff „Kultur" und allgemeine Besonderheiten interkultureller Kommunikationsprozesse auch Wissen über die jeweilige Zielkultur sowie praktische Informationen und Hinweise, die auf unmittelbare Bedürfnisse der Teilnehmer eingehen. Im affektiven Bereich „Emotions" sind der Umgang mit Unsicherheit und Ängsten vor und in interkulturellen Situationen, Stress und Wege zur Stressreduktion sowie die Vorbereitung auf einen möglichen Kulturschock und dessen Auswirkungen zusammengefasst. Unter „Skills" sind schließlich Maßnahmen und Übungen zur Verhaltensänderung und -anpassung in interkulturellen Situationen zu verstehen. Diese vier Bereiche sollten Teil jedes interkulturellen Trainingsprogramms sein, je nach Zielgruppe und Vorkenntnissen der TeilnehmerInnen sind sie jedoch mehr oder weniger stark ausgeprägt.

Interkulturelle Trainingsprogramme lassen sich nach ihrer thematischen Orientierung sowie nach den vorwiegend angewandten Vermittlungsmethoden klassifizieren: Je nachdem, ob Trainings kulturspezifisch – d.h. auf eine bestimmte Zielkultur ausgerichtet – oder kulturübergreifend zur allgemeinen interkulturellen Sensibilisierung angelegt sind und inwiefern eher informations- oder interaktionsorientierte Methoden angewandt werden.[22] Unter informationsorientierten Methoden sind Trainingsformen zu verstehen, in denen landeskundliche Themen sowie allgemeine Informationen über Kultur und interkulturelle Kommunikation mit Vorträgen und Präsentationen oder auch über Medien wie Bücher, Filme und computergestützte Schulungsprogramme

---

20 Vgl. Bundeszentrale für politische Bildung (Hg.): Interkulturelles Lernen. Arbeitshilfen für die politische Bildung, Bonn, 1998.
21 Vgl. Brislin, Richard / Yoshida, Tomoko: Intercultural Communication Training. An Introduction. Thousand Oaks/London/New Dehli: Sage, 1994.
22 Vgl. Thomas, Alexander / Hagemann, Katja / Stumpf, Siegfried: „Training interkultureller Kommunikation." In: Bergemann, Niels / Sourisseaux, Andreas L. J. (Hg.): Interkulturelles Management. Berlin/Heidelberg/New York: Springer, 32003, S. 237-272.

vermittelt werden. Interaktionsorientierte Trainingsprogramme erfordern dagegen die aktive Beteiligung der TeilnehmerInnen, z.b. in Form von Rollenspielen und Kultursimulationen oder auch Selbsteinschätzungsübungen zu kulturellen Werten. Allerdings muss betont werden, dass die meisten der angebotenen interkulturellen Trainingsmaßnahmen auf einem Methodenmix beruhen, in dem informationsorientierte Phasen mit eher interaktiven Übungen abwechseln. Weiterhin kann unterschieden werden zwischen Trainingsmaßnahmen „off-the-job", die meist in Form von Seminaren außerhalb des beruflichen Umfelds der TeilnehmerInnen stattfinden, und Trainingsmaßnahmen „on-the-job", bei denen der Trainer bzw. die Trainerin vor Ort beratend als Coach oder MediatorIn tätig wird.[23]

6. Umsetzung im "Interkulturellen Praxistag"

Für die Gestaltung der Workshops des "Interkulturellen Praxistages" wurden Schwerpunktthemen aus den vielfältigen Anwendungsfeldern interkultureller Trainings ausgewählt. Dazu gehören nicht nur der in der wissenschaftlichen Diskussion vornehmlich untersuchte Bereich der Wirtschaftsunternehmen und interkulturellen Personalentwicklungsmaßnahmen für Führungskräfte; vielmehr sollte auch die interkulturelle Dimension von Jugend- und Sozialarbeit berücksichtigt werden. Dieses Gebiet interkultureller Kommunikation gewinnt zunehmend an Bedeutung und macht den „Interkulturellen Praxistag" auch für Studierende anderer Fächer wie Erziehungswissenschaft, Deutsch als Fremdsprache oder der verschiedenen Lehramtsstudiengänge relevant. Die für das Projekt „Interkultureller Praxistag" gewählten Schwerpunkte sind:

- Interkulturelles Training
- Multikulturelles Teambuilding
- Interkulturelle Mediation und Coaching
- Train-the-Trainer-Workshops.

Interkulturelles Training: Da die genannten interkulturellen Trainingstypen und –methoden den meisten der teilnehmenden Studierenden bereits aus dem Studium bekannt sind, liegt der Schwerpunkt dieser Workshops auf der Konzeption von Trainingsprogrammen sowie der Erprobung verschiedener, v.a. erfahrungsbezogener Vermittlungsmethoden wie Rollenspiele und Kultursimulationen, die aufgrund der kleineren Gruppengröße in den Workshops

---

23 Zur Unterscheidung von interkulturellen „off-the-job"- und „on-off-the-job"-Qualifizierungsmaßnahmen vgl. Bolten, 2001, S. 88ff.

effizienter eingesetzt werden können als in herkömmlichen Lehrveranstaltungen. Die ReferentInnen verbinden außerdem den praktischen Einsatz von Übungsformen und deren Erprobung mit didaktischen und methodischen Überlegungen, in welchen Trainingsszenarien und mit welchen Zielgruppen diese am besten angewandt werden können.[24] Außerdem wird mit zahlreichen konkreten Fallstudien aus der Arbeitserfahrung der TrainerInnen in und mit Unternehmen bzw. in sozialen Institutionen und mit MultiplikatorInnen gearbeitet, um den Studierenden einen möglichst praxisnahen Einblick in die jeweiligen Tätigkeitsfelder zu ermöglichen. Die meisten der zu den bisher veranstalteten Praxistagen eingeladenen ReferentInnen konnten auf umfangreiche Erfahrungen mit Trainingsmaßnahmen in Wirtschaftsunternehmen zurückgreifen. Allerdings fand auch der Bildungs- und Sozialsektor mit Workshops zur MultiplikatorInnen- und LehrerInnenfortbildung sowie zur Integrationsarbeit mit MigrantInnen Berücksichtigung, so dass auch Lehramtsstudierende in diesen Workshops Anregungen zu auf diese Zielgruppen zugeschnittenen Methoden und Übungsformen bekommen konnten.

Multikulturelles Teambuilding: Teambuildingmaßnahmen im internationalen Kontext stehen für eine spezifische Form interkultureller Trainings. Zwar gehören die Vorbereitung auf interkulturelle Kommunikationssituationen und Informationen zum Einfluss von Kultur auf Arbeits- und Kommunikationsstile ebenfalls zu den zentralen Bestandteilen dieses Trainingstyps; dazu kommen jedoch spezifische Übungsformen, die ein Zusammengehörigkeitsgefühl zwischen den TeilnehmerInnen fördern sollen.[25] In der Regel wird multikulturelles Teambuilding zum Zeitpunkt der Konstituierung einer neu zusammengestellten Arbeitsgruppe eingesetzt, es kann aber auch in bereits bestehenden multikulturellen Teams Anwendung finden, in denen es zu Irritationen oder gar Konflikten in der Kooperation kam. Gruppendynamischen Prozessen muss daher besondere Aufmerksamkeit gewidmet werden. Als Beispiel kann das unterschiedliche Verständnis von Projektarbeit bei Deutschen und Franzosen genannt werden: Während im deutschen Kontext besonderer Wert auf einen genau ausgearbeiteten Arbeitsplan mit Teilzielen und Meilensteinen, die schrittweise abgearbeitet werden können, gelegt wird, erfolgt nach der französischen Vorgehensweise unmittelbar auf eine relativ kurze Entschei-

---

24 Deutlich wird dies am Beispiel von Rollenspielen: Faktoren wie beispielsweise das Alter und die berufliche Position der TeilnehmerInnen können – ebenso wie der Grad der Bekanntheit innerhalb der Trainingsgruppe – die Bereitschaft zur Beteiligung an derartigen interaktiven Übungsformen erheblich beeinflussen.
25 Vgl. beispielsweise Jagenlauf, Michael: „Interkulturelles Lernen durch Outdoor-Training." In: Götz, Klaus (Hg.): Interkulturelles Lernen / Interkulturelles Training. München/Mering: Rainer Hampp, 32000, S. 139-156.

dungs- und Planungsphase die Umsetzung, die durch eine ständige kreative Anpassung der einzelnen Arbeitsschritte und Projektziele gekennzeichnet ist.[26] Eine neuere Tendenz stellen Trainingsmaßnahmen für multikulturelle Teams dar, die unter Zuhilfenahme neuer Kommunikationsmedien über webbasierte Anwendungen und Video- oder Telefonkonferenzen zusammenarbeiten („virtuelle Teams"). Zu den Herausforderungen für die TrainerInnen zählt hierbei, die Ausbildung eines gewissen Zusammengehörigkeitsgefühls als Team zu fördern – trotz der räumlichen Distanz und der medial bedingten Einschränkungen dieser, vor allem schriftbasierten Kommunikation.[27]

Interkulturelle Mediation und Coaching: Interkulturelle Mediation und interkulturelles Coaching gehören zu den on-the-job-Maßnahmen. MediatorInnen und Coaches unterstützen interkulturelle Kommunikationsprozesse und versuchen, in Zusammenarbeit mit den Beteiligten Lösungen für bereits aufgetretene Konflikte zu entwickeln bzw. mit dem/der Coachee an der individuellen Weiterentwicklung interkultureller Qualifikationen zu arbeiten. Beide Verfahren stellen hohe Anforderungen an die BeraterInnen und TrainerInnen und werden mit zunehmend wachsender Tendenz als Instrumente im Bereich des interkulturellen Trainings bzw. der interkulturellen Beratung eingesetzt, da Entscheidungen in international agierenden Unternehmen immer schneller und flexibler getroffen werden müssen. Interkulturelle Mediation wendet Verfahren aus den klassischen Einsatzbereichen der Mediation im juristischen und sozialen Bereich, d.h. der außergerichtlichen Vermittlung zwischen zwei streitenden Parteien, auf interkulturelle Konflikte an.[28] MediatorInnen nehmen als neutrale Dritte eine Mittlerrolle zwischen den am Konflikt Beteiligten ein und bemühen sich darum, basierend auf dem gemeinsamen Interesse an einer Lösung des Konfliktes eventuell verfahrene Situationen aufzulösen und eine Schlichtung zu vereinbaren. Aufbauend auf den zunehmenden Erfahrungen mit Mediationsverfahren zur außergerichtlichen Einigung in der Zivilgesellschaft hat durch die verstärkte Bewusstwerdung der multikulturellen Gesellschaft, in der das Zusammenleben bisweilen auch eine konfliktuelle Dimension

---

26 Vgl. Barmeyer, Christoph I.: „Interkulturelle Zusammenarbeit: Deutsch-französisches Projektmanagement." In: Personal, 6/2002, S. 38-42.
27 Zu interkulturellen virtuellen Teams vgl. Vatter, Christoph: „Interkulturelle Kommunikation im E-Learning: Perspektiven und Chancen des interkulturellen kooperativen Lernens mit den Neuen Medien." In: Bolten, Jürgen (Hg.): Interkulturelles Handeln in der Wirtschaft. Positionen – Modelle – Perspektiven – Projekte. Sternenfels: Wissenschaft & Praxis, 2004, S. 196-207.
28 Zur interkulturellen Mediation vgl. Busch, Dominic: „Formen interkultureller Mediation und ihrer Vermittlung durch Trainings". In: Bolten, Jürgen (Hg.): Interkulturelles Handeln in der Wirtschaft. Positionen – Modelle – Perspektiven – Projekte. Sternenfels: Wissenschaft & Praxis, 2004, S. 247-263; Haumersen, Petra / Liebe, Frank: Wenn Multikulti schief läuft? Trainingshandbuch Mediation in der der interkulturellen Arbeit. Mülheim: Verlag an der Ruhr, 2005.

aufweisen kann, auch die Anwendung dieses Verfahrens in interkulturellen Kontexten an Bedeutung gewonnen. Zu den zentralen Einsatzfeldern interkultureller Mediation gehört die Arbeit mit MigrantInnen, wenn aufgetretene Konflikte auch eine interkulturelle Dimension aufweisen. Es ist offensichtlich, dass im Rahmen der angebotenen Workshops lediglich eine Einführung in Methoden und Verfahren interkultureller Mediation geleistet werden kann, die keineswegs eine zusätzliche MediatorInnen-Ausbildung ersetzen kann. Coaching steht dagegen für einen individuelleren Beratungsansatz, in der ein Coach als AnsprechpartnerIn und als FördererIn zur persönlichen Weiterentwicklung des Klienten bzw. der Klientin fungiert. Er kann flexibel auf individuelle interkulturelle Anforderungen eingehen, spezifische Strategien zum Umgang mit interkulturellen Differenzen entwickeln und zur weiteren Ausbildung interkultureller Kompetenz beitragen.

Train-the-Trainer-Workshops: Alle Workshops in den genannten Bereichen verfolgen konsequent eine doppelte Perspektive: Methoden und Übungsformen werden einerseits mit den Teilnehmern durchgeführt und andererseits in Hinblick auf ihre didaktischen Einsatzmöglichkeiten diskutiert – in diesem Sinne sind sie alle auch als TrainerInnenfortbildungen zu verstehen. Allerdings wurde im Rahmen des Feedbacks nach dem ersten „Interkulturellen Praxistag" deutlich, dass eine Reihe von Studierenden durch Praktika und außeruniversitäre Aktivitäten, z.B. in der interkulturellen Jugendarbeit, bereits über einschlägige Erfahrungen verfügen und sich Möglichkeiten zur weiteren Vertiefung einzelner Aspekte von interkultureller Kompetenzentwicklung und interkulturellen Trainings wünschen. Daher wurde ab der zweiten Durchführung der Veranstaltung ein Workshop gezielt zu diesem Themenbereich organisiert. Im Zentrum stehen beispielsweise ausgewählte methodische und didaktische Einzelaspekte, wie z.B. Präsentations- und Moderationstechniken für interkulturelle und mehrsprachige Zielgruppen, oder die Reflexion über den Einfluss der eigenen kulturellen Identität des Trainers bzw. der Trainerin auf die Gestaltung interkultureller Trainingsmaßnahmen.

7. Evaluationsergebnisse und Perspektiven

Da zum Zeitpunkt dieser Publikation der „Interkulturelle Praxistag" erst zweimal durchgeführt wurde, können die im Folgenden dargestellten Evaluationsergebnisse nur vorläufige Tendenzen wiedergeben. Die Evaluation wurde durch Fragebögen, die allen TeilnehmerInnen der beiden ersten, 2004 und 2005 durchgeführten Praxistage zugegangen sind, sowie durch Feedback-Gespräche mit einzelnen TeilnehmerInnen sowie den beteiligten ReferentInnen durchgeführt. Allen befragten TeilnehmerInnen hat die Veranstaltung gut bis sehr gut gefallen; ausnahmslos wurde der Wunsch geäußert, dass der „Interkulturelle Praxistag" häufiger als einmal jährlich stattfinden sollte. Dies ist u.a. damit zu erklären, dass es von den TeilnehmerInnen als durchweg positiv beurteilt wurde, dass arbeitsweltliche Aspekte aufgegriffen und somit Orientierungshilfen für eine spätere berufliche Tätigkeit aufgezeigt wurden. Bestätigt wird dies durch die Tendenz, dass einzelne Workshops umso positiver bewertet wurden, je mehr die ReferentInnen ihre eigenen praktischen Erfahrungen einbrachten und neben dem inhaltlichen Workshop-Programm auch Raum ließen, um aus ihrem Berufsalltag zu berichten. Dementsprechend wurde auch die Einbeziehung von Alumni des Studiengangs positiv hervorgehoben, da diese einerseits aufgrund der eigenen Kenntnis des Studiengangs in besonders gelungener Weise auf die Bedürfnisse der Studierenden eingehen können und andererseits durch ihren beruflichen Erfolg einen nicht unerheblichen Beitrag zur Motivation für das weitere Studium der teilnehmenden Studierenden leisten können.

Bezüglich der inhaltlichen Gestaltung der Veranstaltung wurde die praxisnahe Herangehensweise in den Workshops besonders gelobt. Auf die negative Kritik, dass teilweise „zu einfache" oder schon bekannte Themen behandelt würden, konnte mit der Einführung der Train-the-Trainer-Workshops erfolgreich reagiert werden. Weiterhin bemerken zahlreiche TeilnehmerInnen, dass es bedauerlich sei, dass die Struktur des Praxistages nicht den Besuch mehrerer verschiedener Workshops erlaubt – ein Problem, das jedoch aus finanziellen und organisatorischen Gründen leider kaum gelöst werden kann.

Die Angaben zu weiteren gewünschten Workshop-Themen zeigen deutlich, dass arbeitsweltliche und berufsorientierte Veranstaltungen von den Studierenden als wichtige Desiderate im Studium angesehen werden. Konkret wurden Workshops zu Kulturmanagement und damit verbundenen Berufsfeldern genannt, außerdem Workshops zu Bewerbungsstrategien und zur Praktikumssuche. Wenn diese thematische Ausweitung auch weit über die Zielsetzung des „Interkulturellen Praxistages" hinausreicht, dessen primäres Anliegen die Vermittlung praktischer Perspektiven zum Thema interkulturelle Kompetenz und deren Vermittlung darstellt, so verweisen die geäußerten Wünsche auf die Notwendigkeit, gerade in Studiengängen mit offenem Berufsbild den Übergang von der Hochschule in die Arbeitswelt frühzeitig ins Bewusstsein zu rufen und zu verankern. In dieser Hinsicht scheint auch ein gewisses Informations- und Kommunikationsdefizit bezüglich zahlreicher bereits existierender Angebote an den Hochschulen zu bestehen. Die Vernetzung der verschiedenen in diesem Band vorgestellten Projekte leistet bereits einen wegweisenden Schritt zu einem verbesserten Informationsfluss zwischen den verschiedenen Akteuren auf diesem Gebiet – und damit auch zu den Studierenden.

Anlässlich des auf zunächst nur drei Jahre angelegten Projekts ist die Frage nach Möglichkeiten zur Weiterführung des „interkulturellen Praxistages" von zentraler Bedeutung. Da zentrale Impulse zur inhaltlichen Gestaltung und Konzeption des Praxistages von Studierenden im Saarbrücker Studiengang „Französische Kulturwissenschaft und Interkulturelle Kommunikation" ausgingen, lag es nahe, auch bei der Projektplanung und -durchführung Studierende sukzessive mit einzubeziehen. Der entstandene Kontakt mit den als ReferentInnen mitwirkenden Alumni, der von den Studierenden als sehr motivierend angesehen wird, kann dabei als Ausgangspunkt für die künftige Durchführung des „interkulturellen Praxistags" und weiterer Veranstaltungen zur Berufsorientierung dienen. Ziel ist es, bestehende Kontaktdaten zu Alumni des Studiengangs zum Aufbau eines Alumni-Netzwerkes zu nutzen, um das Projekt auf dieser Ebene fortzusetzen. Die Beteiligung Studierender an der Konzeption und Organisation kann auch selbst als Element einer berufspraktischen Orientierung im Studium gesehen werden, da Projektplanung, -koordination und -durchführung an einem konkreten Beispiel erlernt werden können.

Ein Erfahrungsbericht der Ingenieurwissenschaften:

Berufs- und Arbeitsweltkompetenz im Studium der Ingenieurwissenschaften

Andreas Schütze, Christian Weber
im Interview mit der Mitherausgeberin

1. Für welche Studiengänge sind Sie gegenwärtig verantwortlich bzw. welche Studiengänge werden zukünftig von Ihnen geplant?

Andreas Schütze: Also die Studiengänge, die wir hier in den Mittelpunkt stellen, sind die ingenieurwissenschaftlichen Studiengänge, bei denen wir auch mit einem gemeinsamen Grundstudium starten.

Das sind im Moment die Diplomstudiengänge Mechatronik und Werkstoffwissenschaft, wobei es über diese beiden Kernstudiengänge hinaus – zum Teil gemeinsam mit anderen Fachrichtungen – auch noch weitere Studienangebote gibt, wie z.b. den Studiengang Mikro- und Nanostrukturen gemeinsam mit der Physik, den Studiengang Computer- und Kommunikationstechnik gemeinsam mit der Informatik und im Bereich der Werkstoffwissenschaften die internationalen Studiengänge École Européene d´Ingénieurs en Génie des Matériaux (EEIGM) sowie den europäischen Masterstudiengang Advanced Material Science and Engineering (AMASE). Als Lehramts-Studiengänge für berufsbildende Schulen werden derzeit Metalltechnik und Elektrotechnik angeboten.

Christian Weber: Zum Stand der Umstellung auf Bachelor und Master Studiengänge kann gesagt werden: Computer- und Kommunikationstechnik und AMASE – das ist so eine Art Aufbaustudiengang für externe Bachelor-Absolventen – sind bereits umgewandelt. Alle anderen sollen bis Wintersemester 07/08 umgestellt werden. Ausnahme sind die Lehramts-Studiengänge, für die gerade beschlossen wurde, dass sie nicht umgestellt werden. Das ist im Moment die bunte Situation. Bei den Lehrämtern kommt zusätzlich noch dazu, dass dort eine Kooperation mit der Hochschule für Technik und Wirtschaft erwogen wird. Der fachliche Anteil, der bislang von uns angeboten wird, könnte ganz oder teilweise dorthin verlagert werden, weil dort das anwendungsorientierte, etwas schneller auf die Praxis zielende Ausbildungsprofil gerade für die Berufsschullehrer durchaus sinnvoll ist.

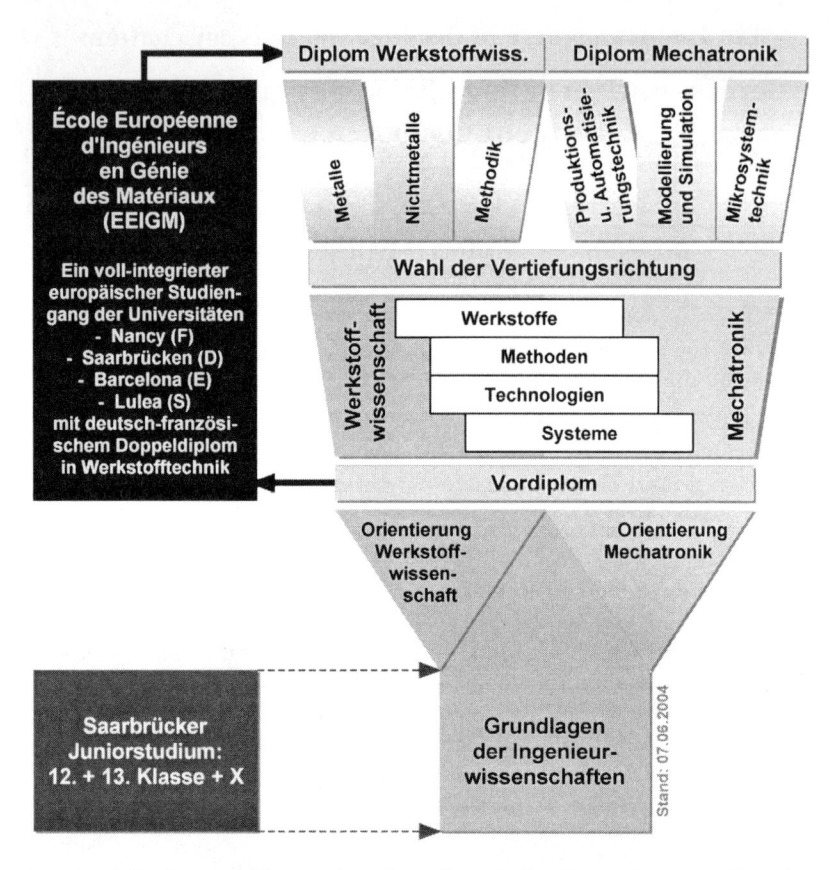

2. Wie sieht der Beruf bzw. wie sehen die Arbeitsplätze der zukünftigen Absolvent/innen Ihrer Studiengänge aus?

Christian Weber: Ich schätze, dass in der Größenordnung von 80% aller Absolventen von ingenieurwissenschaftlichen Disziplinen in die Industrie gehen, nachdem sie studiert haben, um dort ein relativ breites Feld an Ingenieurtätigkeiten auszufüllen. Das beginnt beim Entwurf über die Berechnung, Simulation, das Experimentieren bis hin zu Fragen der Montage und Fertigung im weitesten Sinne, nicht zu vergessen Aufgaben in der Qualitätssicherung. Die anderen Absolventen verbleiben dann zumeist temporär an der Universität, um sich im Rahmen einer Promotion weiterzuqualifizieren. In der letzten Zeit war der Prozentsatz der Doktoranden etwas höher, weil wir mit der relativ geringen Gesamtzahl an Absolventen erst einmal den eigenen Bedarf für die Universität und deren An-Institute zu decken versuchten.

Andreas Schütze: Es gibt natürlich viele, die zwar in die Industrie wechseln, aber dort auch weiter in den Forschungsabteilungen arbeiten, insbesondere bei großen Unternehmen, meist nicht hier in der Region, sondern häufig im Stuttgarter oder Münchener Raum. Das Spektrum der Arbeitsfelder kann sich innerhalb von wenigen Jahren nach dem Abschluss extrem weit auffächern. Da gibt es einerseits die Leute, die eine ganz klassische Managementkarriere machen und sich von der fachlichen Seite relativ weit entfernen, auf der anderen Seite diejenigen, die auf der klassischen Arbeitsebene bleiben, bis hin zu solchen, die sich in den Vertrieb bzw. zum Marketing orientieren. Es gibt halt einige, die sehr schnell den Schritt in Richtung Management machen, andere werden es nie schaffen, weil sie einfach von der Persönlichkeit nicht dafür geeignet sind oder ihnen das Interesse dafür fehlt. Das ist auch ein Aspekt, der meiner Meinung nach nie im Rahmen einer Ausbildung vermittelt werden kann, sondern der sich im Berufsleben aus einer Mischung von Veranlagung, Interesse und Gelegenheit ergibt. Das Spektrum für Ingenieure ist mittlerweile aber riesig groß. Inzwischen sind auch bemerkenswerterweise immer mehr Ingenieure bei den Beratungsunternehmen tätig, was früher klassisch eine Domäne von BWLern und Naturwissenschaftlern war. Die Welt steht den Ingenieuren in vielfältigster Weise offen. Wir stehen in direkter Konkurrenz mit der Industrie, was die Rekrutierung unserer Doktoranden angeht, und das bedingt es z.B. auch, dass in unserem Bereich eben andere – höhere – Doktorandengehälter üblich sind.

3. Die Studierenden, die heute anfangen, können mit ihrem Studium frühestens in 3-5 Jahren fertig sein. Auf was für eine Arbeitswelt bereiten Sie sie vor? Was wird sich in den nächsten 5 bis 10 Jahren aus Ihrer Sicht ändern?

Andreas Schütze: Ich denke, bei den Ingenieurwissenschaften ist es wirklich ganz klar so, dass der technische Wandel sich so stark beschleunigt, dass man einfach gezwungen ist, sich als Ingenieur in der Industrie ständig weiterzubilden. Das ist sicherlich der wichtigste Umbruch, der kommen wird, zum Teil schon begonnen hat. Vor 10 bis 15 Jahren konnte man noch sagen: Mit einer soliden Hochschulausbildung kann man eigentlich gut im Beruf bestehen. Heute passieren Paradigmenwechsel in der Industrie in immer schnellerer

Folge. So alle 5 bis 10 Jahre werden komplette Technologien abgelöst, neue kommen auf. Darauf muss natürlich auch die Ausbildung der Ingenieure reagieren, und das heißt für uns beispielsweise auch, dass wir in den reformierten Studiengängen genau aus diesem Grund wieder mehr Gewicht auf die Grundlagenausbildung gelegt haben: Mit einer breiten und soliden Grundlagenausbildung in allen möglichen Fächern schafft man es, sich während des Berufslebens in neue Themengebiete einzuarbeiten. Das Zweite, was ein Studium vermitteln muss, ist beispielhaft aufzuzeigen, wie man Grundlagen gezielt in die Praxis umsetzt. Wenn das die Studierenden aus dem Studium mitnehmen, dann schaffen sie es später auch im Rahmen ihrer Berufstätigkeit, immer wieder neue innovative Lösungen zu finden – die Naturgesetze und die Mathematik zu ihrer Beschreibung ändern sich nicht.

Christian Weber: Vielleicht noch ein zweites Stichwort, über das man ja wöchentlich in der Zeitung lesen kann: Das ist die zunehmende Kooperation im weitesten Sinne: Zusammenarbeit unterschiedlichster Unternehmen, die bei ein und demselben Produkt an dessen Entstehung beteiligt sind, bis hin zu der Frage einer Kooperation zwischen Ländern und sogar Kontinenten. Darauf müssen sich die Leute einstellen. Das ist heute absolut tägliches Brot in der Praxis.

Gehen Ihre Absolvent/innen während oder nach dem Studium ins Ausland und in welcher Hinsicht profitieren sie davon?

Christian Weber: Vielleicht fange ich mal an mit den internationalen Studiengängen, die ja parallel zur Werkstoffwissenschaft zum Teil schon über 10 Jahre alt sind. Leider ist es immer noch so, dass man in den Ingenieurdisziplinen nur relativ schwer Leute findet, die dazu bereit sind, längere Perioden im Ausland zu verbringen. Besonders wenn es ein nicht englischsprachiges Ausland ist – und dazu zählt schon das wenige Kilometer entfernte Frankreich. Wenn man den Sprung aber einmal geschafft hat, denke ich, sind die Ergebnisse sowohl in persönlicher als auch in beruflicher Hinsicht sehr überzeugend. Aber das ist ja nur eine Möglichkeit, während des Studiums ins Ausland zu gehen. In der Hauptsache geht es mir darum, dass ich als Absolvent kooperationsfähig sein muss mit dem Ausland, mit anderen Unternehmen, mit anderen Kulturen und mit anderen Disziplinen. Soweit ich industrielle Tätigkeiten überblicke, muss man nicht nur mit Ingenieuren reden können, sondern auch mit Designern, mit Psychologen, mit Farbgestaltern usw.

Andreas Schütze: Ich glaube, wenn man zu stark auf die formalen Auslandserfahrungen schaut, verkennt man manchmal, dass es letztendlich gar nicht so einen großen Unterschied macht, ob man im Ausland arbeitet oder bei einem

Unternehmen im Inland. Jeder Ingenieur wird sicherlich regelmäßig Kontakte mit dem Ausland haben und auch regelmäßig ins Ausland gehen. So etwas wie ein rein national operierendes Unternehmen gibt es praktisch gar nicht mehr. Auch die kleineren Unternehmen müssen sich inzwischen zunehmend international orientieren, in der Regel im europäischen Raum, vielfach aber auch weltweit. Von daher gehört eine Internationalisierung immer dazu, auch wenn man nicht bei einem ausländischen Arbeitgeber tätig ist.

Internationalität, Kooperationsfähigkeit und technischer Wandel, das sind die großen Stichworte, die den Wandel der Arbeitswelt aus Ihrer Perspektive ausmachen?

Andreas Schütze: Ein weiteres Stichwort, das auch unsere Ingenieure betrifft, wenn auch vielleicht nicht so hart wie manche anderen, ist die Globalisierung. Es werden eben Arbeitsplätze verlagert, wobei das in der Regel nicht die Arbeitsplätze der Ingenieure sind, sondern stärker die in der Produktion. Aber letztlich weist auch dies in die gleiche Richtung – man arbeitet nicht mehr lokal beschränkt, sondern orientiert sich international: Wo kann was effizient gefertigt werden? Daraus resultierend ergibt sich eben häufig die Situation, dass die Entwicklung noch hierzulande angesiedelt ist, aber die Produktion ins Ausland verlagert worden ist. Dieser Aspekte spielt ja wieder bei der Bildungsdiskussion eine Rolle, dass es letztendlich darum geht, die hochwertigen Arbeitsplätze hierzulande zu erhalten, weil nur damit hohe Einkommen erwirtschaftet werden können, was inzwischen mit der Produktion doch sehr schwierig geworden ist.

Christian Weber: Vielleicht könnte man zu dem Stichwort Globalisierung noch etwas zugespitzter sagen: Dahinter steckt ein extremer Konkurrenzdruck, der dann auch von den Absolventen in irgendeiner Weise bewältigt werden muss, wenn sie ins Berufsleben treten. Wenn ich das etwas breiter sehe, dann ist eigentlich das Einzige, was für die Zukunft des Arbeitsmarktes für Ingenieurabsolventen kritisch sein könnte, die Frage, wie viel von der Produktentwicklung, -erfindung usw. hier in Europa gehalten werden kann. Denn es gibt durchaus auch Anzeichen, dass man das zumindest in Osteuropa mit ähnlich guten Ergebnissen und zu wesentlich geringeren Kosten machen kann. Also noch fahren wir, genau wie Sie gesagt haben, auf der Linie: Forschung, Vorausentwicklung, Entwicklung und Planung usw. muss bleiben. Die Produktion haben wir praktisch schon verloren.

4. Die Ingenieure werden also nach Ihrer Einschätzung auch weiterhin einen guten Arbeitsmarkt in Deutschland haben. Wie viele Absolvent/innen durchlaufen Ihre Studiengänge? Sollten es aus Ihrer Sicht deutlich mehr werden?

Christian Weber: Soweit ich weiß, gehen alle Prognosen davon aus, dass wir in Deutschland insgesamt noch mehr Absolventen brauchen, als wir zur Zeit haben. Allerdings schreibt das Entwicklungslinien ohne Brüche fort. Ich glaube, im Moment deckt die Summe der Absolventen, die wir derzeit in den Fächern Mechatronik, Elektrotechnik, Maschinenbau, Werkstoffe haben, noch nicht mal die Abgänge durch Pensionierung.

Wohin orientieren sich Ihre Absolvent/innen regional?

Christian Weber: Sie orientieren sich nicht nur im Saarland, sondern gehen auch zu Bosch nach Stuttgart oder zu ZF nach Friedrichshafen oder zu Siemens nach München, einige auch direkt ins Ausland. Meine Schätzung ist: Von denen, die als Absolventen der Universität des Saarlandes in die Industrie gehen, bleiben 50 % hier im Saarland, die anderen 50 % gehen in andere Regionen.

Wie viele schreiben sich heute in das 1. Semester ein und wie viele würden sie sich wünschen?

Andreas Schütze: Also ganz aktuell haben im letzten Wintersemester knapp 100 Mechatroniker und ca. 25-30 Werkstoffwissenschaftler angefangen, in den weiteren Studiengängen noch mal so etwa 50. Unsere Zielgrößenordnung – ich kann es nur für die Mechatroniker sagen – war ca. 120 – 150.

Christian Weber: Für die Werkstoffwissenschaftler wäre die Wunschgröße 50-60 Anfänger.

Eine kleine Nebenfrage: Wie viele dieser Absolvent/innen sind Frauen?

Andreas Schütze: In der Mechatronik leider sehr wenig, deutlich unter 10 %, in der Werkstoffwissenschaft etwas mehr. Die klassischen Ingenieurdisziplinen Maschinenbau, Elektrotechnik und Mechatronik sind immer mit den Prozentzahlen deutlich unter 10 %, was ein typisch deutsches Problem ist. In fast allen anderen Ländern in Europa ist das nicht so. Selbst in Südeuropa, in Italien, in Spanien gibt es deutlich höhere Frauenanteile bei den Ingenieuren.

5. Welche Berufs- und Arbeitsweltkompetenzen werden vor diesem komplexen Hintergrund immer bedeutsamer in den Ingenieurwissenschaften?

Andreas Schütze: An erster Stelle steht – unbestritten von jeder Firma, die Ingenieure einstellt – die fachliche Ausbildung. Sie ist gut in Deutschland. Sie sollte auf alle Fälle nicht schlechter werden. Die fachlichen Kenntnisse werden bei den einschlägigen Absolventen einfach stillschweigend vorausgesetzt. Gerade vor dem Hintergrund der oben diskutierten zunehmenden Bedeutung von Kooperation und Kooperationsfähigkeit spielen aber natürlich Kommunikation, Verhandlungs- und Teamfähigkeit eine immer größere Rolle.

Christian Weber: Ein Einzelkämpfer kann heute in dem Job nichts mehr werden. Jemand, der versucht, sich alleine zu bewähren, der wird scheitern. Ich kann ohne den Kollegen nichts anfangen und a priori ist der Kollege erst mal genauso gut wie ich selber, und zusammen können wir mehr erreichen und neue Sachen machen.

Andreas Schütze: Dazu gehört sicherlich auch, dass man mit wirtschaftlichen Grundbegriffen vertraut ist, dass man einfach erkennt, dass eine Firma nicht nur technische Geräte entwickelt, um technisches Gerät zu bauen, sondern dass sie damit letztendlich Geld verdienen will und dass man das bei der Entwicklung berücksichtigen muss. Das sind alles Aspekte, die rausgehen aus dem Normalen. Sprachen: Es wird stillschweigend vorausgesetzt, dass Universitätsabsolventen Englisch können – erst eine weitere Sprache ist ein Bonus. Qualitätssicherung, eine Qualifikation mit halbfachlichen Aspekten, die auch häufig von Firmen angemahnt werden. Das sind Kompetenzen, die immer wieder in den Vordergrund gehoben werden. Wenn wir das alles in eigenen Veranstaltungen vermitteln wollten, stellt sich die zentrale Frage bei unserem vollgepackten fachlichen Studium: Was lassen wir stattdessen raus? Denn das ist allen klar: Man kann es nicht einfach noch obendrauf packen. Somit ist die zentrale Frage, wie man diese Arbeitsweltkompetenzen vermitteln kann.

Pragmatisch, umsetzungs- und lösungsorientiert denken und handeln: Das scheint ihren Absolvent/innen nebenbei in die Wiege gelegt zu werden, während in anderen Fächern diese Kompetenzen erst erarbeitet werden müssen. Liegt diese Kompetenz den Ingenieurwissenschaften inne?

Andreas Schütze: Das ist einfach schon die Basis für die Entscheidung für den Ingenieurberuf. Wir haben viele Studienanfänger, die kommen zu uns mit einem Leistungskurs in Mathematik und Physik und stehen dann klassisch vor der Entscheidung: Studiere ich Physik oder studiere ich etwas Ingenieurwissenschaftliches? Und das ingenieurwissenschaftliche Profil zeichnet sich dadurch aus, dass man tatsächlich an Lösungen arbeiten will, während die Physik mehr das Erkenntnis orientierte Wissen anstrebt. Genau da gehen diese beiden Persönlichkeitsstrukturen auseinander. Der Ingenieur will bewusst eine Lösung erarbeiten, die wirklich nutzbar und hilfreich ist.

Christian Weber: Man muss vorsichtig sein, das am Fach festzumachen. Es gibt eine riesige Grauzone. Viele Physiker erfinden genau so neue Lösungen, wie es Ingenieure gibt, die im analytischen Detail stecken. Das ist eher eine Frage der Denkrichtung. Ich würde das gar nicht auf technische Aufgabenstellungen allein beschränkt sehen: Ich kann als Politikwissenschaftler Politik auch eher kontemplativ betreiben oder eben als Umsetzer. Das ist eigentlich nicht an das Fach gebunden.

Es strahlt nach außen, dass Ingenieure ein hohes Ansehen genießen und eine gewachsene »corporate identity« verankert haben. Ich habe in Erinnerung, dass auch aus Ihren Kreisen die Debatte sehr stark forciert wurde: Gefährdet der Bachelor und der Master das Image des Ingenieurs? Wie sehen Sie das?

Christian Weber: Diese ganze Debatte spielt sich auf unterschiedlichen Ebenen ab. Ich fange mal mit der halbwegs neutralen fachlichen Ebene an: In einer Welt, wo die Produkte komplexer und die Innovationszyklen kürzer werden, wo zusätzliche Kompetenzen gefragt werden, über die wir ja schon gesprochen haben, ist es schon schwierig zu verstehen, dass wir Inhalte aus dem Studium herausnehmen müssen. Im Extremfall kann ich das soweit verdichten: Wir sollen statt in 5 Jahren jetzt in 3 Jahren einen irgendwie grundlagen- und berufsfähigen Bachelor erzeugen, den wir der Industrie anbieten können. Aus fachlicher Sicht muss man hier klar sagen, dass wir mit dem Instrument der Verkürzung nichts verbessern, aber vieles verschlechtern werden. Man kann aber auch einen positiven Ansatz wählen: Wenn es uns an den Universitäten gelingt, einen konsekutiven Bachelor und Master aufzubauen, der dem Diplom-Ingenieur an der Universität gleichwertig ist, dann ist eigentlich das Studienmodell nicht von entscheidender Bedeutung. Es gibt aber durchaus noch andere Diskussionsebenen, die beispielsweise von Herrn Schuh von der RWTH Aachen in Milliarden Euros gemessen werden: Der Abschluss „Diplom-Ingenieur" sowohl an Universitäten als auch an Fachhochschulen ist ein Markenzeichen in der Welt. Er sagt: Das Markenzeichen „Coca-Cola" wird geschätzt auf 12 Milliarden Dollar – und das ist das Markenzeichen „Diplom-Ingenieur" allemal wert. Warum geben wir das klaglos auf? Aber das ist eine ganz andere Debatte, die sich nicht an Inhalten orientiert, sondern an volks- und betriebswirtschaftlichen Kriterien und an politischen.

Könnte man vor diesem Hintergrund Ihre Sicht so zusammenfassen, dass mit der Überführung des Diplom-Ingenieurs in Bachelor und Master Absolvent/innen ein Aspekt von Berufs- und Arbeitsweltkompetenz verloren geht, der sich erfolgreich entwickelt hat?

Andreas Schütze: Das droht zu geschehen, aber wir wissen es noch nicht genau. Hier in Saarbrücken sind wir ja auch noch nicht so weit. Das Ganze ist ein sehr vielschichtiges Problem. Befürchtungen, die Qualität der Ingenieurausbildung könnte sich verschlechtern, sind genau der Grund, warum wir sehr zögerlich die Umstellung vorantreiben. Man kann andererseits sagen, im Prinzip gäbe es kein Problem, wenn man das Diplom einfach in Master umbenennt und ansonsten darunter die ganze Vorbereitung dorthin in ähnlicher Form weiterführt. Dann ist irgendwo zwischendrin statt dem bisherigen Vordiplom der Bachelor-Abschluss verankert, der einen Zwischenausstieg möglich macht, aber nicht wirklich gern gesehen wird. Für die Universitäten ist dies das ganz klare Ziel: Wir wollen weiterhin bis zum Master ausbilden. Manche Universitäten sagen relativ deutlich, dass sie das gleiche machen wie bisher und an den Inhalten nicht großartig etwas ändern, aber wenn die Politik es unbedingt will, dann wird am Ende eben „Master" oben auf das Zeugnis geschrieben. Eigentlich wäre aus unserer Sicht noch nicht einmal das notwendig, da wir schon in den heutigen Studiengängen die europäischen Standards wie die ECTS Modularisierung verankert haben. Unser Problem ist, dass im Zuge der Umstellung vor allem im Vordiplom erheblich abgespeckt werden müsste. Summa summarum können wir glatt sagen, dass stofflich der Inhalt eines vollen Semesters aus unserem Studium hinausgeworfen werden muss. Das betrifft das reine Studium. Für die Berufsqualifikation und die Arbeitsweltkompetenz genauso wichtig ist das Industriepraktikum, das wir bisher immer schon als Bestandteil des Studiums hatten. Die ECTS-Regularien sagen nun plötzlich, wenn wir das als Pflicht verlangen, dann müssen wir dafür auch Punkte vergeben. Dieser Ansatz hat entweder die Konsequenz, dass noch mehr Inhalte aus dem Studium gestrichen werden müssen oder dass das Industriepraktikum wegfällt. Und letzteres ist sicherlich eine Sache, die zukünftigen Ingenieuren das Arbeitsleben hinterher schwerer macht: das Industriepraktikum ist zumindest zum Teil auch dafür gedacht, dass Studierende einmal „von unten" die Perspektive eines Arbeitnehmers in der Industrie kennen lernen; so können sie sich hinterher, d.h. wenn sie als Ingenieur für Arbeitskräfte zuständig sind, besser darauf einstellen, wie man auf der „Werkstattebene" denkt und welche Perspektive die dort Tätigen haben.

Und das droht verloren zu gehen.

Christian Weber: Auch wenn's ein bisschen wie Eigenlob klingt, das ist eigentlich eine Kultur in allen Ingenieursdisziplinen, die auch an allen Hochschulstandorten weit verbreitet ist – wahrscheinlich wegen der Kundschaft, die man hat: Man denkt ständig darüber nach, ob das noch stimmt, was in der Ausbildung gemacht wird. Was müsste man an Inhalten und Organisation verändern und optimieren? Wir sind ja jenseits der Masterdebatte auch schon wieder dabei zu überlegen, ob die Gliederung und die Verteilung von Lehrveranstaltungen auf die Semester so stimmt oder noch verbessert werden kann. Das Bemühen um ständige Aktualisierung und Verbesserung ist eigentlich grundsätzlich nichts Neues, nur wird es zur Zeit stark überlagert durchs Formale: Wir schauen alle auf die Bachelor- und Masterabschlüsse und zählen nur noch irgendwelche Creditpoints, die in der Summe irgendwas ergeben müssen, und das finde ich eher schade.

Andreas Schütze: Im Bezug auf den Master könnten wir eigentlich unser Diplom umbenennen. Fünf Jahre insgesamt machen wir ja auch. Der Bachelor dazwischen ist das Problematische und zwar vor allen Dingen wegen der Forderung der Berufsfähigkeit. Ein rein theoretisch ausgebildeter Ingenieur ist aus unserer Sicht nicht berufsqualifiziert. Das heißt, man muss praktische Studienanteile nach vorne ziehen. Dann hat man aber das Problem, dass man praktische Studienanteile auf einen geringeren Grundstock an Theorie aufsetzen muss und damit natürlich nicht wirklich in die Tiefe gehen kann. Auf dem Master-Level soll dann zwar die Theorie noch einmal aufgegriffen und weitergeführt werden, aber de facto müssen ja auch die praktischen Erweiterungen dann noch einmal angeboten werden – eben auf einem höheren Niveau. Dadurch würde es eher zu einer Studienzeitverlängerung als zu einer -verkürzung kommen.

Das haben inzwischen auch amerikanische Hochschulen bemerkt, die gesagt haben, dieses Bachelor-Master-System hindert uns daran, in möglichst kurzer Zeit hoch qualifizierte, optimal ausgebildete Absolventen hervorzubringen. Diese gehen jetzt auf einzügige Masterprogramme ohne Bachelor-Zwischenabschluss, weil sie sagen: Wir wollen gleich zum Master ausbilden. Und das ist genau der Punkt: Keiner, weder hier noch in den USA, will die Studienzeit verlängern, weil man natürlich weiß, die kreative Phase der Absolventen ist eben nicht mit Mitte 40, sondern deutlich früher. Die will man in den Firmen natürlich nutzen und dafür möchte man eine schnelle Ausbildung haben. Wenn ich das in fünf Jahren schaffen will, dann muss ich von vornherein diese fünf Jahre durchstrukturieren und planen. Der Zwischenausgang Bachelor wäre der zertifizierte Abbrecher. Das ist kontraproduktiv.

6. Wie integrieren Sie gegenwärtig und zukünftig das Thema Berufs- und Arbeitsweltkompetenz in das Studium?

Christian Weber: Zunächst einmal zur *Fachkompetenz*. Unser Schwerpunkt liegt im ersten Teil des Studiums auf den Grundlagen. Man muss natürlich den Eindruck vermeiden, als sei Theorie an sich ein Wert. Es geht um die Frage: Rolle ich eine Sache von den Grundlagen her oder von den Anwendungen her auf. Wir sind überzeugt, dass für ein ganzes Berufsleben eines Absolventen die Grundlagen der wertvollere Teil sind. Denn das ist der Teil, der sich nicht mit der Zeit verändert, während das anwendungsnahe Wissen durch Technologiewechsel immer schnelleren Veränderungen unterliegt.

Wenn das Thema Fachkompetenz damit gut resümiert ist, schlage ich vor auf die anderen Kompetenzaspekte, die sie benannt haben, einzugehen: soziale Kompetenz, Wirtschaftskompetenz, methodische Kompetenz und Fremdsprachenkompetenz. Das waren doch die Elemente, die darüber hinaus wichtig sind? Wie integrieren Sie diese Arbeitsweltkompetenzen in das Studium?

Christian Weber: Die betriebswirtschaftliche Kompetenz hat es auch schon immer gegeben. Es gab immer Betriebswirtschaftslehre für Ingenieure in einem ingenieurwissenschaftlichen Studium. Sprachen- oder Sozialkompetenz, die sind wichtiger geworden. In den ingenieurwissenschaftlichen Studiengängen dieser Universität ist es uns beim Übergang zum integrierten Grundstudium Ingenieurwissenschaften gelungen, hier zwei besondere Veranstaltungen verpflichtend für alle zu verankern. Die Wirtschaftkompetenz wird durch die Veranstaltung eines Kollegen aus den Ingenieurwissenschaften mit dem Titel „Unternehmen zwischen Markt und Gesellschaft" verankert. Sie versucht eine Brücke zwischen der betriebswirtschaftlichen und der eher volkswirtschaftlichen Sicht zu vermitteln. Und zweitens ist es uns gelungen, einen Lehrauftrag aus der Psychologie für das Fach „Kommunikation und soziale Kompetenz" zu erhalten. Die Veranstaltung, durchgeführt von Herrn Dr. Johann Schneider, kommt sehr gut an. Wenn ich das prozentual umrechne, sind das zwei Veranstaltungen, in der Summe 4 % des Grundstudiums. Wenn ich auf dieser numerischen Ebene argumentiere, läuft das immer wieder auf die gleiche die Frage hinaus: Sollen wir das opfern, wenn wir im Zuge der vor uns liegenden Umstellungen kürzen müssen, oder was sonst opfern wir dafür? Sollen die Leute weniger über Mathematik hören oder weniger über die Technische Mechanik oder weniger über Elektrotechnik?

Andreas Schütze: Aber es gibt ja auch andere Möglichkeiten, den Erwerb solcher Qualifikationen im Studium zu verankern. Wir befinden uns inmitten einer Entwicklung, wo soziale Kompetenzen, Teamfähigkeit, Durchsetzungsvermögen, Präsentation durch immer größere Anteile von Projektaktivitäten in den Kernfächern eingebaut werden. So gibt's z.b. im Mechatronikstudium auch als separate Veranstaltung das „mechatronische Projekt", das in Dreier- bis Viererteams durchgeführt wird. Hier kann das Fachwissen im Mittelpunkt stehen, aber by the way bekommt man in der Art und Weise der gemeinsamen Erarbeitung des Wissens praktische Erfahrungen in sozialer Kompetenz. So entsteht Teamwork, indem sich die Gruppen selber organisieren: Der Einzelne kümmert sich verantwortlich um bestimmte Themen und bringt die Ergebnisse in das Gesamtergebnis des Teams ein – genau wie es später in der Berufswelt dann auch üblich ist. Auch Zeitplanung und Zeitmanagement werden sozusagen implizit mit bearbeitet.

Christian Weber: Wir verlangen nicht mehr, dass jedes Teammitglied alles macht. Anders geht es nicht, wir müssen es den Studierenden anvertrauen, wie sie ihre Arbeit verteilen, und müssen dann auch in Kauf nehmen, dass nicht jeder einzelne Student die komplette Breite gelernt hat. Aber was er zusätzlich dazu gelernt hat, ist der Wert seines Beitrages für das Gesamtergebnis und auch die Verpflichtung und die Verantwortung, die er da übernimmt, da er in Teilbereichen eigenverantwortlich ist.

Andreas Schütze: Das ist wie ein roter Faden, der sich durchs Studium durchzieht: Man kann eben Kenntnisse nicht nur dadurch vermitteln, dass man zusätzliche Lehrveranstaltungen formal in den Studienplan einbaut. Das gilt für alle arbeitsweltrelevanten Aspekte: Wirtschaftliche Betrachtungen kommen z.B. in jeder technologischen Vorlesung vor, weil man irgendwann sagt: So könnte man es machen, aber es rechnet sich nicht, das ist viel zu teuer. Oder ich habe verschiedene Möglichkeiten, ein Problem zu lösen. Die sind technisch irgendwie äquivalent, aber weil es am Ende kostengünstiger ist, entscheidet man sich für diese Variante. Für das Berufsleben ist außerdem das Präsentieren von Ergebnissen ein ganz wesentlicher Aspekt. Wir schließen die Studien- und Diplomarbeiten jeweils mit einem Vortrag ab. Kleine Aufgabenstellungen werden im Rahmen von Übungen bearbeitet und die Ergebnisse werden präsentiert – erste Schritte, um soziale und methodische Kompetenzen zu üben. Gerade so was wie Präsentation lebt davon, dass man es macht und nicht, dass man hört, wie man es macht. Das Feedback des Professors und der anderen Studierenden beinhaltet dann nicht nur fachliche Aspekte, sondern auch Aspekte der sozialen und methodischen Kompetenz.

Christian Weber: Ich sehe eine Entwicklungslinie, die sicherlich noch nicht am Ende ist. Wir haben in den letzten 10 Jahren schon viel in diese Richtung gearbeitet und das wird weiter gehen. Man experimentiert. Mein Eindruck ist, dass die Projektorientierung, also Teamarbeit, Ideenreichtum und auch Durchsetzung, schon stark im Studium zugenommen hat. Wo wir genau mal landen werden, das lässt sich noch nicht so richtig absehen.

Andreas Schütze: Man muss auch ganz klar sagen, dass man an dieser Stelle die Mitarbeiter entsprechend fordert. Es ist ja nicht unbedingt so, dass ein Doktorand hauptsächlich wegen seiner kommunikativen Fähigkeiten eingestellt wird, aber für die Übungen und Projektbetreuung ist dies ganz wesentlich – auch wegen der Vorbildfunktion für die Studierenden. Und der Wechsel ist deutlich im Gange. Bei meinem eigenen Studium, da waren es hauptsächlich noch Frontalübungen, die von „oben runter" geturnt wurden. Inzwischen gibt es viel mehr Kleingruppenarbeit, wo versucht wird, zum aktiven Mitmachen anzuregen. Man verlangt natürlich auch von seinen Mitarbeitern, dass sie an der Stelle als Vorbild dienen können. Sie lernen es derzeit über „Learning by Doing". Wobei man sich überlegen könnte, ob es nicht sogar der effektivere Weg wäre, dass man nicht nur so eine Veranstaltung für die Studierenden anbietet, sondern auch für die Mitarbeiter. Da muss sicherlich noch mehr getan werden. Es ist einfach das alte Spiel – kontinuierliche Erneuerung.

Wie erwerben die Studierenden die Fremdsprachenkompetenz, die Sie für wichtig erachten?

Christian Weber: Das ist nur in den Masterstudiengang AMASE fest integriert. Da geht es aber auch nicht anders: Wir haben hier ein breites internationales Spektrum an Bachelor-Absolventen als Anfänger, die innerhalb von nur zwei Jahren einmal die Universität im europäischen Umfeld wechseln. Das muss man mit formalisierter Sprachausbildung flankieren. Im älteren Diplomstudiengang internationaler Art (EEIGM) gibt es eine nicht fest reglementierte Vorbereitungsphase, aber in der Zeit, wo die Leute in Nancy sind, erfolgt auch noch mal eine Sprachausbildung. In den nationalen Studiengängen haben wir das nicht drin. Es ist wieder die alte Frage: Was geht dafür aus dem Studium raus?

Andreas Schütze: Wir transportieren letztlich die Notwendigkeit von Fremdsprachen, indem die Studierenden während des Studiums knallhart englische Literatur vorgesetzt bekommen. Damit tun sich einige natürlich schon schwer. Es ist immer wieder flankiert mit dem Hinweis: Leute, stellt Euch darauf ein, später wird Englisch als völlig selbstverständlich vorausgesetzt. Irgendwo überlassen wir es den Studierenden dann selber, wie sie das erfüllen. Sicher gibt es unterschiedliche Ansätze, die als Minimum erforderliche Kompetenz in der englischen Sprache zu erwerben. Deswegen würde ich es als unnötig einengend ansehen, wenn man das verpflichtend und formalisiert im Studium verankert. Es gibt Leute, die diese Sprachkompetenz entweder von vornherein mitbringen. Ich selber habe ein Austauschjahr während der Schulzeit in den USA gemacht. Ich hätte mich darüber geärgert, wenn ich dann hätte formal einen Englischkurs besuchen müssen. Jetzt können es die Studierenden entweder auch so machen oder sie absolvieren in der vorlesungsfreien Zeit einen längeren Auslandsaufenthalt oder sie machen ein Auslandssemester und holen sich darüber ihre Sprachkompetenz. Meiner Meinung nach muss man einen gewissen Teil freilassen und einfach sagen: Es ist ein universitäres Studium, es zählt die Eigenverantwortung. Die Studierenden sollen nicht verlernen, sich darüber Gedanken zu machen, was sie noch tun müssen. Das wäre ein Negativpunkt.

Christian Weber: Was am besten funktioniert, ist wirklich, wenn die Leute für ein Praktikums- oder Studiensemester im Ausland sind und wenn man das ein bisschen unterstützt. Wir haben schon bisher die Studierenden immer ermuntert, ins Ausland zu gehen. Ca. die Hälfte aller Absolventen haben ein halbes Jahr im Ausland absolviert – USA, Australien, Schweden, Frankreich, Brasilien. Auch wenn manche Fachkollegen aus den Disziplinen das nicht so gerne hören, aber wenn man den Schritt tut, ist die Sprache eigentlich nicht das Hauptproblem, selbst bei „Exoten" wie portugiesischen Firmen.

Wenn Sie von einer anderen Fachrichtung gefragt würden, wie sie am besten Berufs- und Arbeitsweltkompetenz in das Studium implementieren kann, was wären die wesentlichen Empfehlungen aus Ihrer Perspektive? Auf was müssten sie sich konzentrieren?

Christian Weber: Meine persönliche Hauptempfehlung wäre, man sollte ein Berufsbild haben. Das ist leider noch nicht in allen Disziplinen vorhanden. Die Lehrenden sollten wissen, wer ihre „Kunden" sind, wohin die Absolventen gehen, wenn sie die Universität verlassen, und welche Kompetenzen sie dafür benötigen.

Andreas Schütze: Was heute überall wichtig ist: die Teamfähigkeit. Weil gerade diese Teams quer über die Disziplinen rübergehen. Aber ich tu mich mit der Frage auch schwer.

Nehmen wir an, eine andere ingenieurwissenschaftlich orientierte Hochschule wendet sich an Sie und fragt: „Wir wollen den Aspekt »Arbeitsweltkompetenz« angemessen berücksichtigen. Was würden Sie uns raten?"

Andreas Schütze: Arbeitsweltkompetenz muss bewusst im Studiensystem verankert werden, auch und gerade wenn das nicht explizit als eigene Veranstaltung realisiert wird. Man sollte an jeder Stelle überlegen: wo kann ich diese Kenntnisse, die wir wollen und von den Absolventen verlangen, im Rahmen der üblichen Ausbildung verstärken; nicht in einer künstlichen Situation, sondern in einer natürlichen Situation.

Ich danke Ihnen herzlich für dieses Interview, Herr Professor Schütze und Herr Professor Weber.

3. Abschnitt

Handlungsempfehlungen: Umsetzung und Implementierung von Berufs- und Arbeitsweltkompetenz in das Studium

Handlungsempfehlungen des Studienzentrums in Zusammenarbeit mit dem Hochschulteam der Agentur für Arbeit Saarbrücken:

Fit für die Arbeitswelt im Studium: Fiktion oder Machbarkeit?

Barbara Jordan, Susanne Steinmann

1. Erkenntnisse aus dem Projekt „Fit für die Arbeitswelt"[1]

Mit dem umfangreichen Projekt „Fit für die Arbeitswelt" sollte die Berufs- und Arbeitsweltorientierung von Studierenden an Hochschulen beleuchtet und eine Verbesserung erprobt werden. Die Idee der Initiatoren dieses Projektes war, die Studierenden durch den Erwerb von fachübergreifenden berufsrelevanten Fähigkeiten (Schlüsselkompetenzen) kompetent und damit „fit für die Arbeitswelt" zu machen, über die Anforderungen in der Berufs- und Arbeitswelt zu informieren, was nicht die Hinführung zu bestimmten einzelnen Berufen beinhalten sollte, sondern das Erlernen von Methoden, sich die für den eigenen Werdegang relevanten Berufsfelder selbst erschließen zu können, und die eigene Persönlichkeit so zu stärken, so dass sich die Entscheidungs- und Handlungsfähigkeit in berufsrelevanten Situationen merklich verbessert. Mit dem praxisorientierten Trainingsprogramm sollten diese Ziele erreicht werden.

Die Erwartungen der Studierenden, die sich für dieses Projekt interessiert hatten, waren von Beginn an besonders hoch in Bezug auf die individuelle Beratung und das Training zur Stärkung der eigenen Persönlichkeit.

Grundsätzlich sollte davon ausgegangen werden, dass Personen in der Lage sind, eigene Lösungen für die Probleme und Herausforderungen ihres Lebens

---

[1] Die folgenden Ausführungen basieren auf dem Erfahrungsbericht des Projektes im 2. Abschnitt dieses Bandes. Anzumerken ist, dass aufgrund der kleinen Stichprobe keine allgemeingültigen Aussagen getroffen werden können, die Auswertung stärker qualitativen Charakter hat. Nichtsdestotrotz lassen sich daraus einige Handlungsimpulse gewinnen.

zu finden und diese angemessen umzusetzen. Besonders in Zeiten großer Umbrüche auf der Mikroebene im individuellen Lebensverlauf (Übergänge Schule - Beruf oder Hochschule – Arbeit) wie auch auf der Makroebene der Gesellschaft (Studien- oder Arbeitsmarktreformen) fühlen sich viele Personen jedoch verunsichert und suchen professionelle Hilfe. Dabei schwanken sie häufig zwischen dem Wunsch, einerseits Entscheidungen – aus ganz unterschiedlichen Gründen – abgenommen zu bekommen, und andererseits dem Bedürfnis, ihr Leben selbst zu gestalten und damit auch die volle Verantwortung für ihr Handeln zu übernehmen.

Diese Ambivalenz war auch im Laufe des Projektes bei den Studierenden deutlich zu erkennen. Auf der einen Seite zeichneten sich einige Teilnehmer durch einen sehr selbstbewussten, in Ansätzen sogar selbst überschätzenden Auftritt aus, auf der anderen Seite traten Unsicherheiten deutlich zu Tage und wurden - mit zunehmendem Vertrauen in die Gruppe - auch von ihnen selbst artikuliert. Das große Bedürfnis nach persönlichem Feedback war ein deutliches Zeichen dafür. So war bei vielen auch am Ende des Projektes immer noch der Wunsch vorhanden, möglichst konkrete, auf die Person zugeschnittene Berufstätigkeiten, Firmen und Stellenangebote genannt zu bekommen sowie konkrete Übungen z. B. von Vorstellungsgesprächen oder Assessment Centern, möglichst mit Personalverantwortlichen im Echtbetrieb, durchzuführen. Und zugleich brachte die Konfrontation mit Aussagen von Unternehmensvertretern über deren Einstellungsmodalitäten oder mit angemahnten Forderungen der Projektorganisatoren, sich an verbindliche Absprachen zu halten - ein absolutes Muss in der Arbeitswelt – eine gewisse Empörung bei einigen Teilnehmern hervor.

Das zentrale Ziel des Projektes - die **Stärkung der Persönlichkeit** - kann dennoch als erreicht betrachtet werden, auch wenn einige wenige Teilnehmer noch nicht an dem Punkt angelangt sind, mit den erkannten Stärken und Schwächen selbstsicher umgehen zu können, sich mit Freude und Mut den Herausforderungen der Arbeitswelt zu stellen und die Berechtigung von deren Erfordernissen anzuerkennen. Die Bedeutung solcher Trainingsmöglichkeiten während des Studiums wurde von den Projektinitiatoren erkannt und von den Betroffenen selbst bestätigt.

Der Erwerb von so genannten Schlüsselkompetenzen, den die Projektteilnehmer als zweitwichtigsten Baustein werteten, wird von Arbeitgebern sehr hoch eingeschätzt. In fast jeder Stellenausschreibung von höher qualifizierten Tätigkeiten werden neben den fachlichen Voraussetzungen (hard skills) das Vorhandensein von weiteren Fähigkeiten (soft skills) gefordert wie die Fähigkeit, in einer flachen Hierarchie teamorientiert zu arbeiten, mit Konflikten adäquat umzugehen, eigeninitiativ aber auch kooperativ zu arbeiten, belastbar zu sein und viele andere mehr. Darüber hinaus sollten Schlüsselqualifikationen vorhanden sein wie grundlegende EDV-Kenntnisse, Fremdsprachenkenntnisse, fachübergreifendes Allgemeinwissen, Präsentations- und Moderationstechniken usw. Die im Rahmen des Projektes hierzu angebotenen Workshops wurden von den Teilnehmern positiv beurteilt. Auch zu diesem Baustein kann von einer Zielerreichung ausgegangen werden, nämlich der Förderung von Teamfähigkeit und besserem Umgang mit Konflikten, verbesserter Rhetorik und Zeitplanung. Dennoch deutet das Ergebnis darauf hin, dass es erstrebenswert sein sollte, solche Angebote nicht nur additiv anzubieten sondern in die Studiengänge zu integrieren.

Die als dritter Baustein im Trainingsprogramm enthaltenen **Informationsveranstaltungen** sollten auf der Makroebene relevante Aspekte beleuchten und durch Betriebsbesuche bzw. Unternehmenspräsentationen den direkten Zugang zur Arbeitswelt schaffen. Zu erfolgreichen Bewerbungsstrategien gehört auf der einen Seite die genaue Kenntnis der eigenen Person und auf der andere Seite das fundierte Wissen über Berufsfelder, berufliche Tätigkeiten, Suchstrategien und Anforderungen auf dem Arbeitsmarkt. Die Teilnahme an den Informationsveranstaltungen war den Teilnehmern frei gestellt und auch offen für andere Interessenten. Leider zeigten sich nur wenige Projektteilnehmer an diesen Veranstaltungen interessiert. Besonders bedauerlich war, dass die Möglichkeit, einen Betrieb zu besuchen und mit Personalverantwortlichen sprechen zu können, nicht wahrgenommen wurde und auch durch vorangehende Werbung nicht vermittelt werden konnte. Die Motive für die Nichtteilnahme lagen nur in den wenigsten Fällen an der mangelnden Zeit, sondern an Desinteresse. Evaluation und persönliches Nachfragen ergaben, dass man sich nicht hatte vorstellen können, was es für einen Nutzen haben könnte, einen Betrieb zu besuchen, an dem man als Arbeitnehmer nicht interessiert ist bzw. von dem man vermutete, „dass er niemals Stellen anbieten würde, die für einen selbst in Frage kämen". Aspekte wie das Kennen lernen von Unternehmensphilosophien, der Aufbau eines Wissensnetzwerkes über Firmensparten, die Kontaktaufnahme zu potentiellen Ansprechpartnern und Ratgebern u.ä. traten demgegenüber bei den Teilnehmern leider in den Hintergrund.

Das Projekt wurde in fast allen Teilen wie geplant durchgeführt. Kleine Abweichungen ergaben sich innerhalb des Bausteins Training/Coaching auf Grund individueller Absprachen mit den Teilnehmern. Da die Trainerin Andrea de Riz //Competence Design, sehr flexibel auf die Terminwünsche einging, ergaben sich kaum Schwierigkeiten. Probleme hatten einige Teilnehmer mit den festgesetzten Terminen für die Workshops. Obwohl vorher bekannt war, dass keine Mitbestimmung bei der Terminplanung möglich sein würde und trotz Zusicherung der verbindlichen Teilnahme waren bei keinem der Workshops alle Teilnehmer anwesend. Eine mutmaßliche Begründung dafür kann der Studienbetrieb an deutschen Hochschulen sein, der traditionell große Freiheit und damit ein hohes Maß an Unverbindlichkeit institutionalisiert hat.

Die Teilnehmer werden in einem Jahr nochmals die Möglichkeit erhalten, ihre Meinung im Rückblick zu äußern und dieses Projekt zu bewerten.

2. Handlungsimpulse zur Umsetzung und Implementierung von Berufs- und Arbeitsweltkompetenz im Studium

Auf Grund der aus diesem Projekt gewonnenen Erkenntnisse können wichtige Impulse für zukünftige Projekte zu dieser Thematik gegeben werden. Eine – wenn auch nicht neue – Erkenntnis ist die, dass sich Studierende, Hochschulen und die Arbeitswelt besonders in der heutigen Zeit in einem Spannungsfeld befinden, das nicht einfach auszugleichen ist. Es gleicht der Quadratur des Kreises, Wünsche, Anforderungen und Erwartungen aller am Arbeits- und Bildungsmarkt Beteiligten zu erfüllen und in Übereinstimmung bringen zu wollen – quantitativ, qualitativ und mit der entsprechenden Passgenauigkeit in Angebot und Nachfrage. Umso dringlicher ist es, die nötige Transparenz herzustellen und die Bedürfnisse der Beteiligten näher zu beleuchten.

Herausforderungen für Hochschulabsolventen

Was brauchen Hochschulabsolventen zusätzlich zu ihrer fundierten Ausbildung in ihrem Fachgebiet, um sich für die zukünftige Arbeitswelt fit zu machen? Welche Fähigkeiten sollten sie mitbringen, um den Einstieg in den Arbeitsmarkt zu bewältigen, ihre Beschäftigungschancen dauerhaft zu erhalten und eine gelungene Karrieregestaltung zu betreiben? Genannt werden häufig Faktoren wie eine breite Allgemeinbildung, und die schon mehrfach erwähnten Schlüsselqualifikationen und -kompetenzen (wörtlich genommen die „Türöffner" ins Berufsleben) (siehe dazu auch Stark/de Riz in diesem Band). Nach wie vor wird kontrovers diskutiert, welche Eigenschaften, Fähigkeiten und Fertigkeiten wichtig sind, um Beschäftigungsfähigkeit zu erlangen und zu erhalten. Im Zuge des Wandels von Arbeitsmärkten und Organisationen wandeln sich die Anforderungen an Beschäftigte, um nur eines der Probleme zu nennen, die zur Begriffsbestimmung beleuchtet werden müssen.

Vier Hauptkriterien sollten erfüllt sein, um von „berufsrelevanten Kompetenzen" sprechen zu können:

1. Sie sollten an Arbeitsmarkt und Erwerbstätigkeit orientiert sein. Vor allem muss begründbar sein, warum sie für Beschäftigungsfähigkeit und beruflichen Erfolg relevant sind. Dieses ist oft bei personalen Fähigkeiten nicht ausreichend geklärt, die gelegentlich in Kompetenzkonzepten auftauchen.

2. Sie sollten berufs- und statusübergreifende Relevanz besitzen, damit Anforderungen allgemein formuliert werden können. Dabei kann nicht erwartet werden, dass solche Schlüsselkompetenzen für alle Branchen, Berufe, Funktionen und Positionen die gleiche Bedeutung besitzen.

3. Sie sollten erlernbar sein und folglich einen Bezug zum Erwerb von Humankapital und zu Lernprozessen haben. Für Motivationen, Einstellungen und psychosoziale Merkmale trifft dies nicht oder nur eingeschränkt zu.

4. Sie sollten zukunftsträchtig sein. Sie sollten nicht nur für gegenwärtige berufliche Anforderungen qualifizieren wie bei hoch spezialisiertem Fachwissen oder bei physischen Fähigkeiten, sondern auch zum erfolgreichen Umgang mit künftigen Veränderungen befähigen. (vgl. IAB-Forum, Dr. Kleinert)

Darüber hinaus brauchen Studierende Kenntnisse über die vielfältigen beruflichen Möglichkeiten, die sich ihnen in der Regel mit ihrem Hochschulabschluss bieten und die damit verbundene Berufserfahrung. In der schnelllebigen Zeit von heute mit kurzen Verfallsdaten ist es für sie allerdings schwierig, sich zu Beginn eines Studiums genau darüber klar zu sein, welche beruflichen Tätigkeiten ihnen in der Zeit nach dem Studienabschluss zur Wahl stehen werden. Sie fragen sich, welches Arbeitsfeld, welche Tätigkeit, welcher Beruf denn am besten zu ihnen passen, zu ihren Kenntnissen, ihrer Person, ihrer Leistungsfähigkeit und ihren Zielvorstellungen. „Werde ich gebraucht, wird meine Arbeitskraft angemessen honoriert werden, wie finde ich meinen Arbeitgeber und wie findet er mich? Schlage ich eine wissenschaftliche Laufbahn ein oder gehe ich in die Praxis? Was ist wichtig bei der Planung meiner Karriere? Welche Risiken bin ich bereit einzugehen? Wer kann mir sagen, was in 5, 10 oder 20 Jahren sein wird?"

Die Wichtigkeit, Berufserfahrungen zu sammeln durch Jobs und Praktika während der Studienzeit, ist schon seit längerem hinlänglich bekannt und wird auch von den meisten Studierenden durchgeführt und genutzt, wenn es auch vielfach noch an guter Vorbereitung und reflektierender Begleitung dieser Aktivitäten mangelt.

In der Anfangsphase des Studiums ist der Student gut beraten, sich an seinen eigenen Fähigkeiten und Interessen zu orientieren, seinen Studienwunsch zu reflektieren und die Studienorganisation zu bewältigen. Da Arbeitgeber vornehmlich immer Bestenauslese betreiben werden, müssen sich Studierende darüber im Klaren sein, dass man nur zu den Besten gehören kann, wenn man an seinem Studienfach interessiert ist und darin seine Talente entfalten kann. Die Frage, was sie später mit ihrem Studium anfangen können und ob sie damit Zukunftschancen haben werden, beschäftigt zwar viele Studienanfänger und kann bei gegebener Antwort die Studienmotivation erheblich steigern, ist jedoch in dieser Phase häufig noch sekundär. Es ist eher die zweite Studienhälfte, in der Studierende beginnen, den Arbeitsmarkt im Blick zu haben und sich intensiv mit den Fragen zu beschäftigen, was sie denn nach dem Studium erwartet und wie sie den Übergang in das Berufsleben optimal gestalten können.

Prognosen über Berufschancen einzelner Berufe sind schlechte Ratgeber, weil sich der Arbeitsmarkt besonders in Teilgebieten oft sehr viel schneller verändert als prognostiziert, manchmal einfach schon dadurch, dass sich Studien- und Berufswähler nach den Aussagen richten und sie sich dadurch ins Gegenteil verkehren (man denke an die Entwicklung vom Lehrermangel in den 60iger Jahren hin zur Lehrermassenarbeitslosigkeit in den 80iger Jahren). Politische Entscheidungen und andere Entwicklungen leisten ebenfalls ihren Beitrag dazu, dass Vorausgesagtes nicht immer eintritt und Trends versickern.

Aussagen, wie bspw. die Wirtschaft möchte vor allem den höchst qualifizierten Mitarbeiter haben, führen leicht dazu, dass Studierende sich überfordern, verunsichert oder verängstigt werden. Sie wagen es nicht mehr, ihren eigenen Weg zu gehen und die Eigenschaften und Talente zu entwickeln, die sie mitbringen, kurz ihre eigene Persönlichkeit zu entwickeln. Eher möchten sich viele ‚verbiegen', um es potenziellen Arbeitgebern recht zu machen. Der ‚heiße Tipp' oder der ‚gute Rat', den sie sich erhoffen, wenn sie fragen, was Personaler denn gerne hätten, ist bekanntlich nicht mehr viel wert, wenn ihn alle befolgen.

Das Bedürfnis nach persönlicher Ansprache und individuellen Trainings zur Vorbereitung auf den Eintritt in die Berufswelt ist das wichtigste Ergebnis des durchgeführten Projektes. Die eigenen Motivationen, Einstellungen und psychosozialen Merkmale selbst zu erkennen, sichtbar und darstellbar zu machen, ist eine wichtige Aufgabe für die Studierenden. Die notwendige Anleitung dazu zu erhalten ist etwas, was sie im heutigen Hochschulbetrieb am meisten vermissen, die persönliche, individuelle, partnerschaftliche Begleitung von fachkundigen Beratern während des Studiums. Es ist verständlich, dass einige dabei gern buchstäblich „an die Hand genommen" werden würden und ihren zukünftigen Arbeitsplatz gern buchstäblich „serviert" bekämen. Die oftmals anstrengende Arbeit der Selbsterkundung und des Recherchierens würden sich viele gern ersparen. Die Verantwortung für persönliche Lebensentscheidungen kann jedoch nicht abgegeben werden.

Angebote der Hochschulen

Welche Angebote können Hochschulen für Studierende bereitstellen, um die Berufs- und Arbeitsmarktorientierung von Studierenden zu verbessern? Den Bedürfnissen der Studierenden zufolge wäre das die Erhöhung der Angebote an individueller Beratung. Welche Merkmale kennzeichnen die Dienstleistung ‚Beratung'?

Unter individueller Beratung versteht man die interaktive Handlung eines Rat Suchenden und eines professionellen Beraters, das Verhalten des Rat Suchenden in einer von diesem als problematisch wahrgenommenen Situation zielgerichtet und effizient so zu verändern, dass dem Rat Suchenden das Problem oder Anliegen behoben oder gemindert erscheint. In einer Beratungssituation (besonders einer beruflichen) muss man davon ausgehen, dass die Rahmenbedingungen (z.B. Arbeitsmarkt, rechtliche Vorgaben etc.) nicht veränderbar sind. Die Hauptzielrichtung ist folglich die Verhaltensänderung der Person. Der Berater unterstützt den Rat Suchenden partnerschaftlich bei dessen eigenverantwortlichen Entscheidungen. Der Rat Suchende wird mit seiner Situation und den möglichen Folgen seines Handelns konfrontiert, Lösungsmöglichkeiten werden gemeinsam erarbeitet. (vgl. Bahrenberg).

In dieser Definition liegt durchaus auch eine Erklärung dafür, dass viele „Rat" Suchende „zu spät" um Rat nachsuchen. Schüler oder Studierende sind häufig schwer anzusprechen und gar nicht zu „beraten", wenn sie ihr eventuelles Problem (z.B. fehlende oder falsche Informationen) noch nicht als Problem für sich selbst wahrgenommen bzw. erkannt haben. Durch Information kann Beratungsbedarf erzeugt aber nicht erzwungen werden.

In Deutschland sehen die Universitäten Berufs- und Karriereberatung für ihre Studierenden traditionell nicht als ihre Aufgabe an, wenngleich sich auch hier neue Tendenzen bemerkbar machen. Nicht selten haben Professoren von den Berufsmöglichkeiten ihrer Absolventen vergleichsweise wenig Kenntnis, wobei dies meist fächerspezifisch unterschiedlich variiert. Vertraut sind ihnen häufig nur die wissenschaftlichen Laufbahnen. Ein allmähliches Umdenken findet statt und ist von besonderer Bedeutung im Hinblick auf die Neuorganisation der Studiengänge von Diplom-, Magister- usw. hin zu Bachelor- und Masterabschlüssen.

An dieser Stelle ist es zweifelsohne angebracht, zunächst einen Blick darauf zu werfen, was denn von Seiten der Hochschulen, insbesondere der Universität des Saarlandes, bereits angeboten wird. Als erstes sind die Einrichtungen von zentralen Beratungsstellen zu nennen wie die Zentrale Studienberatung, die Psychologisch-Psychotherapeutische Beratungsstelle, das Akademische Auslandsamt und die Kooperations- und Kontaktstellen. Darüber hinaus hat die Universität des Saarlandes den Studierenden im vergangenen Jahr eine virtuelle Stellenvermittlungsplattform in Zusammenarbeit mit Wirtschaftsunternehmen zur Verfügung gestellt. Über die zentralen Anlaufstellen für Rat Suchende hinaus gibt es in vielen Fakultäten bereits zahlreiche Aktivitäten, die für die angehenden Absolventen Informations- und Erfahrungsangebote organisieren wie Infomessen (z.B. „future contact", „Studium und Praxis", Dolmetscher-Institut, Fit 2004/5/6 usw., Informatik), und Kooperationen mit Wirtschaftsunternehmen, um nur einige zu nennen.

Wünschenswert wäre für die Universität des Saarlandes erstens eine systematische Erfassung sämtlicher Initiativen sowie eine fachübergreifende Einrichtung im Sinne eines Career Service mit entsprechenden Angeboten.

Zum zweiten wäre es sinnvoll, wenn entsprechende Alumni-Netzwerke eingerichtet und gepflegt würden. Die Angebotspalette könte sich erstrecken von Informationsveranstaltungen über Absolventenmessen bis hin zu „Patenschaftsprogrammen" oder „Kontakter", die die Nahtstelle zur Berufswelt schließen könnten. Absolventen der Hochschulen fördern den Dialog zwischen Wirtschaft und Hochschule, geben selbst ein Beispiel oder Modell ab und fungieren als Mentoren für die Karriereplanung.

Ein dritter wichtiger Aspekt wäre der Ausbau der Angebote zum Erwerb der wichtigsten Schlüsselqualifikation, die es zunächst zu ermitteln gilt. Dabei ist zu unterscheiden zwischen dem additiven Ansatz von Wissensvermittlung und dem integrativen Ansatz. Ein kontinuierliches Angebot zusätzlicher Lehrveranstaltungen während des gesamten Studienverlaufes - möglichst in den Fachbereichen selbst - würde das Erlernen von Schlüsselqualifikationen erleichtern. Als Mindestangebot sollten jedoch fachübergreifende Qualifizierungsmöglichkeiten (mit Scheinerwerb oder Credit-Points), sowie Vermittlungshilfen für Praktika und gegebenenfalls Auslandsaufenthalte zur Verfügung stehen und in das Studium eingebunden werden. Allerdings würden solche Ansätze ihre Wirkung nur voll entfalten, wenn die gelernten Kompetenzen im Studium auch weitere Anwendung fänden.

Eine besonders effiziente Art des Lernens und Vermittelns von Wissen ist bekanntermaßen die Selbsterfahrung, d.h. das Erleben und Erproben des zu lernenden Lehrstoffes, und die Wirkung des ‚guten Beispiels'. Demnach wäre es ideal, wenn Schlüsselkompetenzen wie Rhetorik oder Teamfähigkeit im integrativen Ansatz erworben werden, wie z.B. dem tatsächlichen Redenhalten im Studium oder dem Lösen von Aufgaben und Erarbeiten von Wissen im Team. Die Studienreform im Rahmen von „Bologna" bietet eine gute Möglichkeit, derartige Veränderungen zu berücksichtigen.

Universitäten haben den Vorteil eine Vielfalt von Experten verschiedenster Wissensgebiete unter einem Dach zu haben. Dieses Potenzial gilt es unter dem Gesichtspunkts des integrativen Lehrens und Lernens noch stärker zu nutzen als dies bislang der Fall ist. Ebenso stellen der Ausbau und die Förderung weiterer Studenteninitiativen eine weitere Herausforderung dar - auch für die Universität des Saarlandes,.

Hochschulen stehen nicht nur aus finanziellen Gründen in Zukunft vor der Herausforderung sich zu profilieren. Dabei darf es bei der Attraktion von Studierenden nicht ausschließlich um die Erhöhung der Quantität gehen sondern auch um die Verbesserung der Qualität der Studienbewerber. Es gilt die geeignetsten und motiviertesten Kandidaten für die jeweiligen Studiengänge zu finden. Im Hinblick auf bevorstehende Gebühren für ein Hochschulstudium muss verantwortlicher als bisher dafür gesorgt werden, dass ein zügiger Studienerfolg gewährleistet und die Anzahl an Studienwechslern und Studienabbrechern so niedrig wie möglich gehalten wird. Die Attraktivität einer Hochschule wird mit Sicherheit zukünftig vermehrt auch an solchen Kriterien gemessen werden. Eine gute und straffe Organisation von Studiengängen führt zu schnelleren Abschlüssen und mindert somit die Kosten für die Studierenden. Mit einer guten Organisation allein ist dieses Ziel jedoch nicht zu erreichen. Die Bereitstellung von Studien begleitenden Ratgebern und Beratern wird eine große Rolle spielen, um den schnellen und Kosten sparenden Eintritt in die Erwerbstätigkeit zu ermöglichen. An einigen Hochschulen sind bereits gute Ansätze in diese Richtung zu erkennen. Die Hochschulen müssen dies nicht allein bewerkstelligen. Denn Studierende und Hochschulabsolventen bei ihrer Suche nach dem richtigen Start ins Berufsleben zu unterstützen, liegt nicht nur im Interesse der Hochschule, beispielsweise zur Steigerung ihrer Attraktivität, sondern der Gesellschaft insgesamt.

Mitwirkung Dritter

Im Zeitalter moderner Netzwerke (Wege ins Studium) stehen Anbieter aus verschiedenen Bereichen der Gesellschaft zur Verfügung, die bei dieser Aufgabe unterstützend mit eingebunden werden können und müssen. „Arbeiten im Team" ist eine Anforderung, die in der heutigen Zeit an sehr viele Berufstätige gestellt wird. Warum also nicht auch „Arbeiten im Beratungsteam" schon an der Hochschule?

Angefangen bei dem früher als Monopolist arbeitenden Anbieter und dadurch mit langjährigen Erfahrungen ausgestatteten Beratungsprofi Bundesagentur für Arbeit mit ihren Berufsberatern und Arbeitsvermittlern stehen heute in Deutschland eine Vielzahl von weiteren Anbietern zur Verfügung, die Studierende und Hochschulabsolventen kompetent beraten und bei ihrer Suche nach dem richtigen Start ins Berufsleben unterstützen können: freiberuflich tätige Karriere- und Laufbahnberater, Beratungsfirmen, die sich auf „Training und Consulting" spezialisiert haben sowie einige Verbände und andere Institutionen, die ‚quasi nebenberuflich' Beratung, Training oder Counselling auf ihrem Programm haben, um nur einige Beispiele zu benennen. Entscheidend ist die Bündelung und Koordinierung von Beratungs- und Informationsangeboten für Studierende seitens der Hochschule. Die Kontrolle durch eine zentrale Einrichtung hilft überflüssige Mehrfachangebote vermeiden und werbewirksame Maßnahmen Kosten sparend und Zielgruppen orientiert anzugehen.

Die Einrichtung eines zentralen Beratungszentrums müsste zu einer leicht zugänglichen Anlaufstelle in jeder Phase des Studiums für all diejenigen werden, die Informationen, Rat und Hilfe bei auftretenden Fragen zu Studium, Beruf und Arbeitswelt benötigen. Damit verschafft man auch denjenigen Studierenden leichten Zugang zu Beratung, die sich damit schwer tun, Hemmschwellen zu überschreiten.

Die koordinierende Funktion der Hochschule besteht ferner darin, die Qualität der angebotenen Einrichtungen und Veranstaltungen zu kontrollieren und zu sichern. Professionelle Beratung unterliegt u. a. folgenden Qualitätsmaßstäben:

- Berater verfügen über ein breites Inventar an Techniken und Methoden
- Berater sind fach- und sachkundig
- Beratungsziele werden abgesprochen
- Beraterische Methodik wird begründet

- Vorgehensweisen werden dem Rat Suchenden transparent gemacht
- Beratungen erfolgen ergebnisorientiert
- Beratungsangebote werden evaluiert

Ein Beratungsgespräch basiert auf einem Verhältnis von Vertrauen und Glaubwürdigkeit. Deshalb ist es wichtig, darauf zu achten, dass die Inanspruchnahme von Beratung von Seiten des Rat Suchenden freiwillig erfolgt, und von Seiten des Beraters nicht als Unterweisung, Belehrung oder gar ‚Verkaufsgespräch' missbraucht werden darf.

Der Inhalt des Beratungsgespräches dient ausschließlich dem Nutzen des Rat Suchenden und nicht eigennützigen Interessen des Beraters oder dessen Auftraggeber. Allenfalls werden die Rahmenbedingungen wie Ort, Zeit, Kosten oder ähnliches festgelegt und gesteuert.

Nicht zuletzt verbieten sich Verpflichtungsansprüche an den Rat Suchenden nach Beendigung einer Beratung (z.B. Abschluss eines Vertrages). Der Rat Suchende hat die freie Entscheidungsbefugnis, mit dem Beratungsergebnis anzufangen, was er will.

Erwartungen der Gesellschaft

In Deutschland wie in anderen entwickelten Industrienationen nimmt der Anteil an Akademikern im Beschäftigungssystem zu. Auf dem Weg in eine Wissens- und Informationsgesellschaft findet eine Expansion der sekundären Dienstleistungen statt etwa im Bereich von Forschung und Entwicklung oder Beratung und Lehre. Hochschulabsolventen werden nach wie vor die Spitzenpositionen mit großem Machtpotenzial einnehmen, auf jeden Fall aber Positionen mit hohen Verantwortlichkeiten. Sie erzielen die höheren Durchschnittseinkommen und werden nicht selten Unternehmer und damit selbst Arbeitgeber, folglich werden die meisten von ihnen die wirtschaftliche, technische, politische und geistige Entwicklung Deutschlands maßgeblich mitbestimmen und gestalten. Die Wissensgesellschaft braucht immer weniger ungelernte oder schlecht ausgebildete Arbeitskräfte. Der schnelle Wandel erfordert lebenslange Weiterbildungsbereitschaft und Mut zur Veränderung auch im Berufsleben. So braucht die Gesellschaft integre Manager, engagierte Lehrer, gute Ärzte, fähige Richter, Weg weisende Geisteswissenschaftler, innovative Ingenieure, einfühlsame Psychologen u. a. m. Diese Berufe setzen eine lange Ausbildung an Schulen und Hochschulen voraus. In Zeiten großer internationaler Konkurrenz und leerer Staatskassen wie heute muss die Gesellschaft ein großes Interesse daran haben, dass möglichst wenige ihrer zukünftigen „High Potentials" ihr Studium wechseln oder abbrechen, dass Zeiten eines Leerlaufes in Übergangsphasen wie Schule/Studium, Studium/Beruf oder Stellenwechsel möglichst kurz ausfallen und Phasen von Arbeitslosigkeit vermieden werden. Sie kann es sich nicht mehr leisten, ihr geistiges Potenzial zu vernachlässigen. Grundsteine dazu müssten allerdings schon in der Grundbildung (Kindergarten, Grundschule) gelegt werden.

Die deutsche Gesellschaft befindet sich gegenwärtig noch in einer Kultur, in der eine hohe Anspruchshaltung vorherrscht und in der der einzelne versucht, ein geregeltes Leben in stabilen institutionellen Strukturen zu führen. Die Zukunft entwickelt sich jedoch hin zu einer „Risiko" - Kultur, in der der Einzelne immer mehr Verantwortung für sein eigenes Leben übernehmen muss. Eine solche Gesellschaft benötigt daher gute Beratungsdienste, die den Menschen helfen, sich dieser Herausforderung zu stellen und nicht an ihr verzweifeln, die ihnen die nötige Sicherheit vermitteln können, die sie für ihre Lebensentscheidungen brauchen (vgl. OECD-Gutachten).

3. Fazit

Stellt man sich die Ausgangsfrage, ob Studierende durch ihr Studium fit für die Arbeitswelt gemacht werden (können), so kann dies sicherlich bejaht werden, wenngleich – je nach Fächerkultur unterschiedlich – noch einige Anstrengungen notwendig sind.

Grundsätzlich gilt jedoch, dass professionelle Beratung zu Beruf und Karriere bereits zu Studienbeginn von herausragender Bedeutung für die zukünftigen Hochschulabsolventen ist.

Last but not least wird die Einrichtung von Beratungsangeboten an Hochschulen oder auch bei anderen Institutionen eine Frage der Kosten und deren Finanzierung sein.

Als Fazit dieses Projektes steht fest, dass ein ständiges Angebot an Beratungs- und Informationseinrichtungen an Hochschulen für ihre Studierenden und Absolventen für die Vorbereitung auf den Übergang in die Berufswelt unerlässlich und im Interesse aller an diesem Prozess Beteiligter ist. Es ist daher nahe liegend, dass auch alle Beteiligten dazu beitragen sollten, eine angemessene Finanzierung solcher Angebote zu gewährleisten.

Vom Studierenden kann eine geringe Gebühr als Eigenbeteiligung an größeren Projekten wie Workshops, Bewerbungstrainings oder ein- bis mehrtägigen Seminaren gefordert werden. Die Hochschule selbst müsste ihren Beitrag zumindest in derselben Größenordnung wie bisher leisten und prüfen, wie und in welchem Umfang sie Dritte zur Bewältigung dieser Aufgabe mit einbezieht und welchen finanziellen Beitrag diese zu leisten bereit und imstande sind.

Die verschiedenen Akteure müssen eng miteinander kooperieren und gegenseitig in die Pflicht genommen werden. Nur durch gegenseitiges Vertrauen in die jeweilige Handlungsfähigkeit kann es gelingen, die gemeinsame Aufgabe, Studierende fit für die Arbeitswelt zu machen, zu bewältigen.

4. Literatur

Institut für Arbeitsmarkt und Berufsforschung, IAB Forum 2/2005, Aufsätze von Dr. Allmendinger, J., Schreyer, F. , Dr. Kleinert, C., Nürnberg

OECD-Gutachten zur Berufsberatung-Deutschland, Länderbericht, Juni 2002

RAT – Grundwerk individueller Beratung,. Bundesagentur für Arbeit, 2002, Bahrenberg, R

Sachverständigenrat für Zuwanderung und Integration, Jahresgutachten 2004, Berlin

Studien- und Berufswahl, Ausgabe 2005/06, Bund-Länder-Kommission und Bundesagentur für Arbeit, Nürnberg

Handlungsempfehlungen der systemischen
Organisationsberatung nicht nur für die
Rechtswissenschaften:

Die Beratungssituation als Thema des Hochschulunterrichts – Einige Handlungshilfen zur Vermittlung von Beratungskompetenz[1]

Eckard König, Stephan Weth

1. Grundlagen

Vermittlung von Beratungskompetenz wird zunehmend Thema des Hochschulunterrichts: Juristische Praxis, aber ebenso die Arbeit als Betriebswirt, Informatiker oder Ingenieur ist in hohem Maße Beratungspraxis: Jemand anderen bei der Lösung von Problemen auf der Basis von juristischem, betriebswirtschaftlichem oder sonstigem Expertenwissen zu beraten. Konsequenz davon ist, dass Prüfungs- und Studienordnungen zunehmend Vermittlung von Beratungskompetenz als Inhalt des Hochschulunterrichts aufnehmen.

Doch wie lässt sich Beratungskompetenz überhaupt vermitteln?

Versteht man Kompetenz allgemein als „Fähigkeit, Situationen erfolgreich zu bewältigen", dann bedeutet Beratungskompetenz, die Fähigkeit, Beratungssituationen erfolgreich zu bewältigen. Dann lassen sich verschiedene Dimensionen von Beratungskompetenz unterscheiden:

- Beratung erfordert zunächst **Fachkompetenz** zu dem jeweiligen Themenbereich. Beratung in der juristischen Praxis erfordert juristische Fachkompetenz, betriebswirtschaftliche Beratung erfordert betriebswirtschaftliche Kenntnisse.

---

[1] Vgl. auch die Ausführungen „Die Beratungssituation als Thema des Hochschulunterrichts – Ein Erfahrungsbericht" in diesem Band. Die folgenden Ausführungen sind dem Buch „Das Mandantengespräch – Effiziente Beratungsgespräche in der anwaltlichen Praxis", Saarbrücken 2004, S. 71-76, entnommen. Wir danken dem Verlag, der juris-GmbH, für die freundliche Genehmigung.

- Beratung erfordert darüber hinaus eine **eigene Beratungskompetenz**: z.B. zu wissen, was Beratung überhaupt bedeutet, was Schritte des Problemlösungsprozesses und damit auch des Beratungsprozesses sind.

- Beratungskompetenz erfordert in hohem Maße Methodenkompetenz, verstanden als die Fähigkeit, bestimmte Beratungsmethoden anwenden zu können: z.B. Kontakt zu einem Gesprächspartner herstellen zu können, das Ziel eines Beratungsprozesses eindeutig definieren zu können, die einzelnen Phasen unterscheiden oder verdeckte Informationen nachfragen zu können.

- Beratungskompetenz erfordert aber schließlich auch eine bestimmte Einstellung: Die Bereitschaft, die „Autonomie des Mandanten/des Gesprächspartners" zu achten, d.h. ihn dabei zu unterstützen, selbst eine Entscheidung zu treffen, ohne ihm die Entscheidung abzunehmen.

Diese unterschiedlichen Dimensionen von Beratungskompetenz machen die besonderen Schwierigkeiten bei der Vermittlung von Beratungskompetenz im Rahmen der Hochschule deutlich: Es reicht offenbar nicht aus, ein bestimmtes Fachwissen etwa im Rahmen einer Vorlesung zu vermitteln. Sondern es sind darüber hinaus bestimmte Methoden einzuüben, und es ist auch eine Grundeinstellung zu entwickeln. Daraus ergeben sich Konsequenzen für die Vermittlung von Beratungskompetenz:

- Fachwissen zum Thema Beratung lässt sich ohne Schwierigkeiten im Rahmen der Lehre vermitteln, sei es dass im Rahmen anderer Veranstaltungen diese Themen mit eingefügt werden, sei es als Input-Phasen im Rahmen eines eigenen Seminars „Beratungskompetenz"

- Die Vermittlung von Methodenkompetenz erfordert praktische Übungsphasen. Das können Übungsphasen im Rahmen eines eigenen Seminars sein oder Übungsphasen in anderen Veranstaltungen. So lässt sich die Vermittlung komplexer Sachverhalte durchaus bei Referaten von Studierenden zu anderen Themen üben oder in Rollenspielen zum Thema Beratung.

- Die Veränderung von Einstellungen ist nur in sehr geringem Umfang auf einer theoretischen Ebene und auch nicht allein durch ein Methodentraining möglich. Einstellungen prägen und verändern sich in realen Situationen. Das bedeutet, dass Vermittlung von Beratungskompetenz immer auch im wohlverstandenem Sinne „Selbsterfahrung" ist: sei es die Erfahrung des Vorbilds eines Dozenten, die Erfahrung als Klient, in einer realen Situation beraten zu werden, die Erfahrung, als Tutor andere Studierende zu beraten.

Vermittlung von Beratungskompetenz muss letztlich diese verschiedenen Ansätze verbinden.

2. Grundlagenseminar „Vermittlung von Beratungskompetenz"

Grundsätze

Sicher lassen sich Teile von Beratungskompetenz in anderen Veranstaltungen vermitteln. Erfahrungsgemäß reicht das allein jedoch nicht aus. Von daher ist ein Grundlagenseminar „Vermittlung von Beratungskompetenz" wichtig. Dieses Grundlagenseminar verfolgt vier Ziele:

➢ **Das Grundlagenseminar soll zentrales Wissen über Beratung vermitteln**

➢ **Das Grundlagenseminar soll Methodenkompetenz vermitteln**

➢ **Das Grundlagenseminar soll zugleich Unterstützung bei der Klärung und Veränderung von Einstellungen leisten.**

Aus diesen Zielsetzungen ergeben sich bestimmte Konsequenzen für das methodische Vorgehen:

➢ **Für die Vermittlung zentraler Inhalte (z.B. Aufbau des Beratungsgesprächs) eignen sich kurze Input-Phasen, ggf. ergänzt durch Checklisten**

➢ **Vermittlung von Methodenkompetenz erfordert üben: Üben von Beratungsgesprächen insgesamt bzw. üben einzelner Phasen, üben, die richtigen Fragen zu stellen oder in einem Beratungsgespräch mit mehreren Mandanten/Gesprächspartnern die Kommunikation zu steuern.**

➢ **Unterstützung bei der Klärung und Veränderung der eigenen Einstellung bedeutet, so weit als möglich an realen Themen zu arbeiten und reale Erfahrungen zu ermöglichen**

Konsequenz davon ist, so weit als möglich keine „Rollenspiele" zu verwenden, sondern reale Problemsituationen der Teilnehmerinnen und Teilnehmer zu bearbeiten. Wenn in einem Rollenspiel die Beratung geübt wird, hat das Ganze grundsätzlich einen künstlichen Charakter – abgesehen davon, dass der „Spieler" dann leicht in Gefahr ist, die Situation zu überziehen. Statt dessen versuchen wir grundsätzlich, in den Übungsphasen mit realen Problemsituationen der Teilnehmer zu arbeiten: Wenn ein Teilnehmer einen anderen zu einem realen Thema berät (sei es nun juristisch relevant oder ein sonstiges Alltagsproblem) erlebt er „real", welche Auswirkungen z.B. zu einseitige Expertenberatung auf den anderen hat, was zu Widerstand führen kann oder was als besonders hilfreich erlebt wird.

> **Schließlich hat es sich bewährt, zur Umsetzung des Gelernten im Alltag bestimmte Aufgaben zu geben**

So kann ein Teilnehmer z.b. gezieltes Nachfragen durchaus auch im Alltag üben. Kleine Beratungssequenzen lassen sich im Rahmen der Beratung anderer Studierender durchführen oder es ist in einer Gruppendiskussion die Kommunikation zwischen verschiedenen Teilnehmern zu steuern.

Verlaufsplan

Der im Folgenden dargestellte Verlaufsplan folgt in den Grundzügen dem an der Universität Saarbrücken durchgeführten Pilotseminar „Die Beratungssituation als Thema des Hochschulunterrichts". In ähnlicher Form wurde es auch für andere Zielgruppen (Betriebswirte, Techniker usw.) im Rahmen der Aus- und Fortbildung mehrmals erprobt. Für die Durchführung hat sich die Form einer Kompaktveranstaltung (Umfang 2 ½ bis 3 Tage) bewährt.

Für die Umsetzung ist zu beachten, dass die Anordnung der einzelnen Themenblöcke dieses Seminars sich je nach der besonderen Situation der Teilnehmer und der zur Verfügung stehenden Zeit verändern kann. Die Zeitangaben sind lediglich ungefähre Erfahrungswerte. Pausen wurden in dem folgenden Verlaufsplan nicht berücksichtigt.

Zeit	Inhalt, Vorgehen	Arbeitsformen, Materialien	Kommentare, Alternativen
60 Min	Einführung: - Begrüßung, Vorstellen der Teilnehmer - Vorstellen der Ziele und des groben Ablaufs des Seminars - Abklären von Ergänzungen, besonderen Schwerpunkten entsprechend den Erwartungen der Teilnehmer	Plenum	Alternativen: - Als Einstieg frei assoziieren lassen: „Was verbinden Sie mit Beratung"? - Ggf. erst die Erwartungen der Teilnehmer abklären
60 Min	Merkmale „guter" und „schlechter" Beratung: Erinnern Sie sich an eine Situation, in der Sie gute Beratung erfahren haben, und an eine, in der Sie schlecht beraten wurden. Was sind die Merkmale guter bzw. schlechter Beratung?	Gruppenarbeit Ergebnisse auf 1 Seite Flipchart Austausch im Plenum	
30 Min	Zusammenfassung und Vertiefung: Merkmale von Beratung	Plenum	
30 Min	Phasen des Beratungsgesprächs im Überblick	Input Plenum	

45 Min	Demonstration Beratungsgespräch,	Plenum	Demonstration kann hilfreich sein, um den Teilnehmern einen Eindruck von einem Beratungsgespräch zu vermitteln
30 Min	Orientierungsphase: Kontaktaufbau im Beratungsgesprächs: – Die Hälfte der Gruppe wird aus dem Raum geschickt – Mit den übrigen wird vereinbart, in der folgenden Gesprächssituation zunächst guten Kontakt herzustellen, dann (nach Hinweis des Leiters, dass noch 5 Minuten Zeit sind) schlechten Kontakt herzustellen – In Zweiergruppen unterhalten sich die Teilnehmer über beliebiges Thema, wobei das Gespräch erst durch guten, dann durch schlechten Kontakt geprägt ist – Austausch in der Zweiergruppe	Gruppen-übung	
30 Min	Merkmale und Auswirkungen guten und schlechten Kontakts	Plenum, Visualisierung auf FlipChart	

30 Min	Input: Orientierungsphase im Beratungsgespräch	Plenum	
75 Min (3x 25 Min)	Übungsphase 1: Die Orientierungsphase Berater führt die Orientierungsphase zu einem <u>realen</u> Thema eines anderen Teilnehmers durch. Zu beachten sind: – Orientierung auf der Beziehungsebene – Kurze Schilderung der Problemsituation durch den Klienten – Festlegung des Ziels, schriftliche Visualisierung Anschließend Austausch in der 3er Gruppe, wobei der Beobachter die Moderation übernimmt Nach jeder Übungsphase Austausch im Plenum, ggf. ergänzende Hinweise	3er Gruppen: Berater Klient Beobachter	Es hat sich bewährt, einzelne Phasen für sich zu üben. Die Alternative ist, das Beratungsgespräch sofort im Ganzen oder in größeren Abschnitten zu üben. Alternativen: Zur Ergänzung lassen sich ggf. zusätzlich kleinere Übungen einfügen, z.B. – Die richtige Sitzposition wählen – Sich in der Körperhaltung auf den anderen einstellen
30 Min	Input Klärungsphase		Ggf. lassen sich hier kleinere Übungen einfügen, z.B. Üben von geeigneten Fragen zu einzelnen Äußerungen

90 Min	Übungsphase 2: Klärungsphase	3er Gruppe, Klient arbeitet an seinem Thema weiter	
90 Min	Input und Übungsphase 3: Lösungs- und Abschlussphase		Diese beiden Phasen lassen sich gut kombinieren. Sinnvoll wäre, dass jeder Teilnehmer jede Rolle ausprobiert, d.h. einmal Berater, einmal Klient, einmal Beobachter ist. Wie weit das durchführbar ist, hängt von der zur Verfügung stehenden Zeit ab
2-4 Std.	Vermittlung komplexer Sachverhalte - Input - Individuelle Vorbereitung - Präsentation - Rückmeldung durch die anderen Teilnehmer: Was war gut, was habe ich an Anregungen?		Nur bei viel Zeit ist es möglich, dass alle Teilnehmer ihre Präsentation durchführen. Ansonsten einige Teilnehmer auswählen Alternative: Gruppe teilen
Ca. 90 Min	Transfer Wo und wie kann ich das Gelernte anwenden?	Vorbereitung in 2er Gruppen Präsentation im Plenum	Diese Phase lässt sich ggf. auch als zusätzliches kleineres Beratungsgespräch durchgeführt werden

60 Min	Vereinbarung konkreter weiterer Schritte Ggf. Vereinbarung von realen Anwendungs- möglichkeiten Abschluss		Die Vereinbarung konkreter Übungsmöglichkeiten, z.B. im Rahmen von Tutorien, stellt eine sinnvolle Ergänzung dar.

Zur Sicherung des Gelernten kann die Weiterführung in einem zweiten Block (Umfang 1 ½ bis 2 Tage) sinnvoll sein. Schwerpunkte dieses zweiten Seminarblocks könnten sein:

- Austausch von Erfahrungen: Was konnte ich anwenden, wo gab es Schwierigkeiten?

- Zusätzliche Übungsmöglichkeiten (ggf. je nach individuellen Bedürfnissen)

- Beratung mit mehreren Mandanten/Gesprächspartnern (Input, Übung in Rollenspielen)

- Übertragung auf andere Situationen (z.B. Studienberatung)

Handlungsempfehlungen der Betriebswirtschaftslehre:
Ansätze zur Erhöhung des Praxisbezugs i.w.S. im Rahmen der universitären Ausbildung

Heinz Kußmaul, Jörg Henkes,
Claudia Marie-Luise Schulz

1. Einleitung

Die folgenden Ausführungen basieren auf den im Kapitel „Erfahrungsberichte" ausführlich präsentierten Ergebnissen eines mehrseitigen Abschlussfragebogens, eines Abschlussgesprächs sowie auf den im Laufe der Projektdurchführung gewonnenen Erkenntnissen. Aufgrund der geringen Größe der Stichprobe und aufgrund der infolge der Projektkonzeption und des damit angesprochenen Teilnehmerkreises fehlenden Unterschiedlichkeit der Teilnehmer[1] (nur Studierende der Betriebswirtschaftslehre an der Universität des Saarlandes) kann kein Anspruch auf Allgemeingültigkeit der Analyseergebnisse erhoben werden. Im Übrigen ist zu beachten, dass das Gros der Projektteilnehmer bereits Praxiserfahrungen gesammelt hatte und insofern nicht zwingend repräsentativ für die Masse der Studierenden ist.

2. Unterstützung bei der Wahl des Studienschwerpunktes

Gerade im Bereich der Betriebswirtschaftslehre bestanden und bestehen für Studierende an der Universität des Saarlandes zahlreiche Wahlmöglichkeiten der Vertiefung in teilweise überaus unterschiedliche Fächer. Die Erfahrung hat gezeigt, dass es vielen Studierenden auch noch nach Abschluss des Vordiploms überaus schwer fällt, eine für sie sinnvolle Entscheidung bezüglich der Wahl des geeigneten Studienschwerpunkts zu treffen. Ursächlich hierfür ist allerdings nicht nur die Vielfalt an Vertiefungsmöglichkeiten, sondern auch das häufig fehlende Wissen der Studierenden über die Inhalte der jeweiligen

---

1   Es sei an dieser Stelle ausdrücklich darauf hingewiesen, dass mit dem vereinfachenden Gebrauch des Begriffs „Teilnehmer", „Studierender", „Student" sowohl die weiblichen als auch die männlichen Personen innerhalb des Projekts gemeint sind.

Vertiefungsfächer und über inhaltliche Bezüge verschiedener Vertiefungsfächer zueinander. Dies kann häufig zum Erwerb von „Schubladenwissen" führen, ohne einen Gesamtzusammenhang zu sehen – wozu nicht zuletzt auch das praktizierte Credit-Point-System beiträgt. Häufig werden die für den Individualfall offenbar optimalen Fächerkombinationen erst kurz vor Ende des Studiums erkannt. Kommt es dann allerdings noch zu einer Umorientierung innerhalb des bereits begonnen Hauptstudiums, geht dies in aller Regel mit einer Verlängerung der Studienzeiten einher; unterbleibt eine Umorientierung, kann dies zumindest mit Frustrationseffekten einhergehen.

Dieses Problem ließe sich nur mit einem intensiven und zielgerichteten, vor allem aber einem instrumentalisierten Informationsangebot lösen, von dessen Existenz die Studierenden auch Kenntnis erlangen müssten. Zu denken wäre hier mindestens an intensiv bekannt gemachte Gemeinschaftsveranstaltungen von Fachschaft und Lehrstühlen oder bspw. an terminlich für alle Lehrstühle fixierte und überschneidungsfreie Vertiefungsfachvorstellungen zu Beginn eines jeden Semesters.

3. Schaffung konkreter Berührungspunkte mit der Praxis

Wie an anderer Stelle ausführlich dargelegt, fungierten u.a. folgende Aspekte als Projektmotivation:

- Schwierigkeit des Erstkontakts zur Berufs- und Arbeitswelt in Ermangelung an Erfahrungen im Umgang mit dieser und in Ermangelung eines entsprechenden Netzwerkes sowie zielführender Kontakte.

- Fehlende Erfahrungen in der Berufs- und Arbeitswelt mangels pflichtmäßig vorgesehener Praktika, mangels persönlichen Engagements zur Erlangung eines Praktikumsplatzes oder auch mangels Praktikumszusagen, zum Beispiel wegen unzureichender oder mangelhafter Bewerbungsunterlagen.

- Aus eigenem Antrieb absolvierte Praktika führen aus Sicht des Studierenden nicht immer zu den gewünschten Erkenntnissen oder werden als wenig befriedigend angesehen. Dies ist nicht zuletzt zurückzuführen auf die mangelnde psychologische, soziale und fachliche Auswahl des Praktikumsplatzes, die fehlende Betreuung während des Praktikums und die nicht initiierte Reflexion des absolvierten Praktikums.

- Aber auch nach einer den persönlichen Interessen, Neigungen und Fähigkeiten entsprechenden Wahl des Studienschwerpunkts ist nicht nur ein zügiger Abschluss des Studiums erstrebenswert, sondern auch der Erwerb sozialer Kompetenz. Dies gilt insbesondere hinsichtlich eines späteren Einstiegs in die Berufs- und Arbeitswelt. Diesem Aspekt wird die derzeitige Studienordnung nicht hinreichend gerecht; somit war dies ebenfalls ein Anknüpfungspunkt für das Projekt.

Das Projekt hat nichtsdestotrotz gezeigt, dass den meisten Studierenden (zumindest den Projektteilnehmern) sehr wohl klar ist, auf welche Fähigkeiten es im beruflichen Kontext schwerpunktmäßig ankommt:

- Fachkenntnisse,
- Motivation, Engagement,
- Offenheit,
- Flexibilität,
- Eigenständigkeit,
- Leistungsbereitschaft.

Die praktischen Erfahrungen des Kreises der Projektteilnehmer, der rückblickend als vergleichsweise erfahren bezeichnet werden kann, waren breit gestreut, interessanterweise dabei aber überwiegend positiv. Eine Lernphase zu Beginn des Berufseinstiegs wird dabei als durchaus üblich einkalkuliert und als normal eingestuft. Freundlichkeit, Kollegialität und gegenseitige Unterstützung am Arbeitsplatz, gutes Betriebsklima, Zuverlässigkeit und keinerlei Konflikte sind die genannten Begriffe auf der einen Seite. Notwendige Arrangements mit den Bedingungen, von Arbeitgebern geschürte Konkurrenzen, Dummheit, Arroganz, cholerische Chefs und berechnende Arbeitskollegen stehen auf der anderen Seite. Zutreffend beschrieben wird auch der Prozess des Hineinwachsens in ein Unternehmen: Sich arrangieren, andere akzeptieren lernen, mit anderen auskommen und ohne feste Vorstellungen in einer Gruppe arbeiten werden als durchaus zutreffende Merkmale des sich Einfügens in die Arbeitsgemeinschaft benannt.

Der Trend der Antworten auf die Frage nach der Vermittlung berufsrelevanter Kompetenzen in der universitären Ausbildung ist eindeutig: Kompetenzen, die später im Beruf bedeutsam sind, werden von der Universität allenfalls im Sinne fachlicher Kenntnisse vermittelt; lediglich gewisse Lernerfahrungen hielte das Studium bereit. Genannt werden hier:

- Umgang mit Zeitdruck im Sinne von Lernen, Arbeitspensen frühzeitig einzuteilen und mit der Lernaktivität rechtzeitig zu beginnen sowie das Lernen neu lernen zu müssen,
- auf sich alleine gestellt sein, Einzelkämpferdasein,

- sich vor Prüfungen realistisch einzuschätzen,
- Prüfungsangst und Lernstress und der Umgang damit, Kennenlernen der eigenen Stresstoleranz,
- Sachverhalte und Themen als gegeben hinnehmen müssen,
- unliebsame Fächer,
- Unübersichtlichkeiten in der Organisation,
- Notwendigkeit von Zweck-Arbeitsgemeinschaften und die Erfahrung von „Mitläufern" bei Gemeinschaftsarbeiten,
- Teamarbeit erfahren und lernen,
- Konkurrenzkampf unter den Kommilitonen und mangelnde Kollegialität,
- Lehrpersonal realistisch einzuschätzen.

Sozialkompetenz wird nach Meinung der Befragten entweder überhaupt nicht vermittelt oder ist nur durch die Eigenaktivität des Studierenden erlernbar. Letzteres gilt ungefähr für die Hälfte der Befragten. Hier scheinen auch fachspezifische Merkmale der Lehrpläne von Bedeutung zu sein. Zudem spielt die Eigenmotivation eine große Rolle, da der Studierende Lernbereiche selbst aufsuchen oder sogar kreieren muss, um sozialkompetentes Verhalten einüben zu können. Die Eigenverantwortlichkeit des Studierenden für das, was er lernt, wird mehrfach deutlich. Eine eher anonyme Behandlung der Studierenden wird mehrfach konstatiert, allerdings nicht im Sinne einer Schuldzuweisung, sondern als Beschreibung der Gegebenheiten. Die grundsätzliche Möglichkeit, Lernbereiche völlig zu umgehen, in denen beispielsweise Teamarbeit erfahrbar wäre, wird ebenfalls benannt. In der Summe der Äußerungen ergibt sich ein ausgesprochen rundes und in seiner Aussage klares Bild.

Die Begründungen, warum berufspraktische Kenntnisse eine vergleichsweise geringe Rolle in der universitären Ausbildung spielen, reichen vom niedrigen Betreuungsschlüssel des Fachpersonals, finanziellen Gründen, der fehlenden Verpflichtung zu Praktika, fehlendem Interesse der Universität im Sinne fehlender Nähe zum Studierenden, bis zu Lehrplanzielen, die diese Aufgabe einfach nicht beinhalten. Mehrfach hervorgehoben werden Präsentationen von externen Unternehmen, die gewisse Einblicke in Berufswelten erlauben.

Aber nicht nur theoretisches Wissen, sondern auch Soft Skills sind erlern- und trainierbar. Dazu müssen reelle Situationen der Auseinandersetzung vorhanden sowie aufsuchbar sein und dann auch tatsächlich erlebt und reflektiert werden. Allerdings gibt es auch hier die pessimistische Haltung, dass freiwillige diesbezügliche Angebote von Seiten der Studenten wohl nicht genutzt würden und nur Pflichtveranstaltungen zum Ziel führen würden (ähnlich Stark/de Riz und Jordan/Steinmann in diesem Band). Letztlich bliebe die Nutzung der Angebote in der Verantwortlichkeit des Einzelnen und Pflichtveranstaltungen würden ihr Ziel verfehlen.

Was als Resumée bleibt, ist die Notwendigkeit, Studenten für das, was sie nach dem Studium in der arbeitsweltlichen Realität erwartet, zu sensibilisieren. Die Studenten schlagen konkret vor:

- Arbeit in Kleingruppen, Teamarbeit,
- praxisnahe Trainings (ein Vergleich wird hier mit privaten Hochschulen angestellt),
- Lehr- und Lernmodule mit Vertretern aus der Praxis,
- Arbeitsformen „mit Bewegung",
- praxisorientierte Übungsaufgaben,
- Auslandssemester,
- Umgang mit Menschen,
- Planspiele,
- Arbeiten in der beruflichen Praxis: Praktika, Tätigkeit als wissenschaftlicher Mitarbeiter,
- Vereinstätigkeiten.

Diese Beispiele stellen tatsächlich gute Möglichkeiten dar, Soft Skills zu trainieren:

- Arbeiten in Projekten kann der Einübung situationsadäquaten Denkens und Handelns dienen,
- Planspiele und Fallstudien unterstützen lösungsorientiertes Handeln in Kooperation mit Partnern,
- Auslandsaufenthalte schulen Flexibilität und fördern eigenverantwortliches Handeln,
- Diskussionen und jede konstruktive Form der persönlichen Auseinandersetzung stärken kommunikative Fähigkeiten und Fertigkeiten des Ausgleichs.

Insofern haben die Teilnehmer ein sehr gutes Gespür dafür, welche Arbeitsumgebung sie als notwendiges Lernfeld benötigen.

Es wurde bereits an anderer Stelle u.a. auf den festgestellten Zusammenhang zwischen persönlicher Gewandtheit im Auftreten, also die Selbstpräsentationsfähigkeit, und die Menge und Qualität gemachter praktischer Erfahrungen hingewiesen. Sehr deutlich war dies bei Teilnehmern mit Berufsausbildung feststellbar. Fortschritte wurden sogar innerhalb des Projektzeitraums deutlich, wenn zwischen Beratung und Abschluss nicht nur ein großer Zeitraum, sondern auch praktische berufliche Tätigkeiten oder Auslandserfahrungen stattgefunden hatten. Es scheint ohnehin so, dass es die aktiveren Studenten sind, die ein – zusätzliches – Angebot annehmen und bei denen die neuen Erfahrungen auf bereits vorhandenes Vorwissen treffen. Es gilt nun aber die Masse der anderen Studenten besser als bisher zu erreichen.

Auch wurde bereits an anderer Stelle deutlich, dass gerade diejenigen Projektteilnehmer mit der meisten praktischen Erfahrung (z.B. infolge einer Berufsausbildung), ein durchaus realistisches Bild der Arbeitswelt erworben haben, ein objektives Einschätzungsvermögen ihren Kommilitonen ohne entsprechende Erfahrungswerte allerdings absprechen. Nach Ansicht der berufserfahrenen Projektteilnehmer bestehe bei vielen Kommilitonen eine große Überschätzung der eigenen Fähigkeiten und Kenntnisse in Bezug auf die Erfordernisse des Berufslebens, wobei diese Überschätzung im Bereich Fachkompetenz noch am geringsten sei und maßgeblich bei den übrigen Kompetenzbereichen steige. Auf die detaillierte Darstellung im Kapitel „Erfahrungsberichte" sei an dieser Stelle lediglich verwiesen.

Nach Ansicht der Projektverantwortlichen könnten, um arbeitsweltliche Erfahrungen nicht ausschließlich der Eigenmotivation der Studierenden zu überlassen, diese arbeitsweltlichen Erfahrungen auf eine noch zu definierende Weise mit Gratifikationsinstrumenten (bspw. durch die Anrechnung von Praktika auf die Höchststudiendauer) verknüpft werden. Im Übrigen könnten beispielsweise zwischen Universität und verschiedenen Unternehmen dauerhafte Kontingente an Praktikumsplätzen vereinbart werden (vgl. mit ähnlichen Überlegungen Jordan/Steinmann in diesem Band). Mit Nachdruck sind solche Ideen auf ihre Umsetzbarkeit zu überprüfen, wenn erst einmal Bachelor-Studiengänge an der Tagesordnung sind. Das dann teilweise fehlende oder stark ausgedünnte theoretische Fundament könnte partiell durch einen erweiterten Praxisbezug kompensiert werden. Teilweise wird bereits jetzt die Ansicht vertreten, dass es (spätestens nach Einführung allgemeiner Studiengebühren; vgl. dazu auch Stark/de Riz in diesem Band) zu den Pflichtaufgaben einer Universität gehöre, die Studierenden, beispielsweise im Rahmen solcher Projekte, auf die Berufswelt vorzubereiten.

4. Bewerbungstrainings anbieten

Auffällig war insbesondere die Anzahl der Teilnehmer mit dem Interesse an einer Unterstützung bei der Bewerbungserstellung. Die Erfahrungen der Projektverantwortlichen im Rahmen des Projektes, aber auch außerhalb des Projektes, bestätigen den Bedarf an Hilfestellungen gerade in diesem Bereich. Die Mehrheit der Teilnehmer hatte bereits vor dem Projekt Bewerbungserfahrungen gesammelt; auffällig sind aber auch die hierbei zu Rate gezogenen Hilfsmittel. Die Ergebnisse zeigen ganz deutlich, dass am häufigsten die Hilfe von Freunden, Bekannten oder von den Eltern in Anspruch genommen wird, wobei hinsichtlich der Professionalität, Qualität und Aktualität derartiger Hilfeleistungen sicherlich eine sehr große Bandbreite besteht. Professionelle Bewerbungsunterstützungen kann nur die Minderheit der Teilnehmer aufweisen (obwohl derartige Angebote durchaus bestehen; vgl. darüber hinausgehend auch Jordan/Steinmann in diesem Band). Dies kann einerseits an mangelnder persönlicher Motivation liegen, andererseits aber auch am zu geringen Bekanntheitsgrad bestehender Angebote, wobei an dieser Stelle abermals auf die geringe Stichprobengröße hingewiesen sei, welche keine allgemeingültigen Schlussfolgerungen zulässt. Als nicht hinnehmbar müsste – sofern die Aussagen ein repräsentatives Bild zeichnen – in Anbetracht der aktuellen Arbeitsmarktsituation das stiefkindliche Dasein des Themas einer professionellen Bewerbungsgestaltung auf schulischer (zumindest wohl bezüglich der meisten Gymnasien) Ebene bezeichnet werden.

Eine wichtige Erfahrung aus der beraterischen Praxis mit den Studierenden bestand in der Erkenntnis, wie schwierig beziehungsweise völlig neu für die Teilnehmer das Thema „Perspektivenwechsel" in der Umsetzung ist. Ein Schwerpunkt der Beratung bestand dementsprechend darin, dem Bewerber die Perspektive des Arbeitgebers, seine Sicht der Anforderungen an den Bewerber und seine mögliche Beurteilungsweise zu veranschaulichen, bewusst und dadurch für den Bewerbungsprozess verwertbar zu machen. Besonders deutlich wurde dies im Zusammenhang mit der adäquaten Analyse von Stellenausschreibungen und der darauf folgenden professionellen Gestaltung des Anschreibens. Da der Fähigkeit, die Perspektive des potenziellen Arbeitgebers wahrzunehmen, eine besondere Bedeutung beizumessen ist, spielte die Thematisierung während der Beratung eine größere Rolle.

Von der Hochschule in den Beruf - Berufs- und Arbeitsweltkompetenz im Studium

Angesichts der bestehenden Defizite bereits im Bereich der technischen Umsetzung der Bewerbung muss von Seiten der Projektverantwortlichen konstatiert werden, dass hier erheblicher Nachholbedarf besteht; eine Lösung könnte beispielsweise in Gruppenberatungen bestehen. Hinsichtlich der dort erforderlichen Beratungsinhalte und deren Beurteilung aus Sicht der Projektteilnehmer sei auf die Ausführungen im Teil Erfahrungsberichte hingewiesen.

5. Schlüsselkompetenzen fördern

Ausgangspunkt der Betrachtung sollen hier der Einfachheit halber die vom Institut der Deutschen Wirtschaft 1999 benannten zehn wichtigsten Schlüsselqualifikationen für Akademiker sein, und zwar in der Reihenfolge ihrer prozentualen Einstufung als „sehr wichtig" im Rahmen einer Befragung:

- Kundenorientierung,
- Leistungsbereitschaft/Engagement,
- Teamfähigkeit/Kooperationsfähigkeit,
- Lernfähigkeit/-potenzial,
- Kommunikationsfähigkeit,
- Vernetztes Denken/Denken in Zusammenhängen,
- Problemlösungskompetenz,
- EDV-Anwenderkenntnisse,
- Belastbarkeit,
- Selbständigkeit.

Diese Aufzählung beinhaltet einen Großteil der von Arbeitgeberseite implizit und explizit immer wieder genannten Arbeitnehmeranforderungen und von Arbeitnehmerseite sind dies größtenteils die Fähigkeiten, die den Berufstätigen dazu befähigen, auf sich verändernde Anforderungen im Berufsleben flexibel und adäquat reagieren zu können. Zu ergänzen sind hier noch:

- Durchsetzungsfähigkeit,
- Entscheidungsstärke,
- Führungsfähigkeit,
- Kooperationsbereitschaft,
- Verantwortungsbereitschaft.

Ergänzen lassen sich die genannten Schlüsselqualifikationen zusätzlich noch um Fähigkeiten und Fertigkeiten aus den Bereichen Fachkompetenz, Methodenkompetenz, Sozial- und Persönlichkeitskompetenz (vgl. dazu detailliert de Riz/Stark in diesem Band). Die individuellen Ausprägungen dieser Kompetenzbereiche bestimmen letztlich die Handlungskompetenz eines Menschen.

Bemerkenswert ist die Tatsache, dass vielen Projektteilnehmern der Begriff der Schlüsselqualifikation nicht geläufig ist und nach Erläuterung beziehungsweise Nennung der oben genannten Kompetenzbereiche nur Einzelnennungen zutreffender Schlüsselkompetenzen stattfinden. Am häufigsten sind dabei Nennungen von Sozialkompetenzen oder „Social Skills", da diese Begrifflichkeit im Bewerbungstraining eine wichtige Rolle spielte. Nach Meinung der Beraterin ist eine erfolgreiche Bewerbung und Bewerbungsstrategie nur mit einem fundierten Wissen um die Notwendigkeit ausreichender Sozialkompetenzen möglich. Hier besteht Nachholbedarf.

6. Schlussbetrachtung – Projektnutzen als Bestätigung und Wiederauflagemotiv

Die Beantwortung der Frage nach dem Nutzen des durchgeführten Projektes führte zu einer Vielfalt von Nutzenfacetten, die in ihrer Summe als Bestätigung der Notwendigkeit des durchgeführten Projektes und gleichzeitig als Motivation zur Wiederauflage zumindest vergleichbarer Projekte verstanden werden kann. Der Zusammenschluss einer universitären Einrichtung (der Lehrstuhl für Betriebswirtschaftslehre) mit einer nicht universitären Beratungseinrichtung (in Person der Beraterin) wurde durch die Teilnehmer durchaus positiv gewertet (ähnlich de Riz/Stark in diesem Band); er habe die Erfahrung unterschiedlicher Sichtweisen ermöglicht.

Dem Wunsch der Teilnehmer und der fachlichen Einschätzung der Beraterin nach einem größeren Beratungsumfang für jeden Teilnehmer, aber auch einer Nutzbarmachung für einen insgesamt größeren Teilnehmerkreis könnte in einem Folgeprojekt durch eine etwaige Kombination von Gruppenberatungen und Einzelberatungen entsprochen werden, bspw. folgendermaßen:

- Modularer Aufbau von Trainingseinheiten.
- Kurze Einheiten in Seminarform zu Grundtechniken von Profilbildung, Selbstmarketing, Situationsanalyse und Zielfindung, Bewerbungsaufbau und Bewerbungsstrategie.

- Längere Einheiten in Einzelberatungsform zu individuellem Bewerbungstraining, Profilbildung und Selbstmarketing sowie einer auf den Einzelnen abgestimmten und adäquaten Bewerbungsstrategie.

Weitere Inhalte eines solchen Projektes sollten nach Ansicht der Projektteilnehmer bspw. Gehaltsverhandlungen und arbeitsrechtliche Fragestellungen sein.

Hingewiesen sei an dieser Stelle auf die durchaus vorhandene Bereitschaft auf Seiten vieler Studierenden, auch eigene finanzielle Mittel zu investieren, so dass eine Finanzierung nur teilweise durch die Universität erfolgen müsste (ähnlich Jordan/Steinmann in diesem Band). Beispielsweise könnte die Finanzierung der hier aufgeführten Einzelberatungseinheiten dem Interessenten selbst überlassen werden.

Handlungsempfehlungen der Sprach-, Literatur- und Kulturwissenschaften insbesondere der Interkulturellen Kommunikation:
Der „Interkulturelle Praxistag" als praxisorientiertes Handlungskonzept: Tragweite und Transfermöglichkeiten

Hans-Jürgen Lüsebrink, Christoph Vatter

1. Praxisbezüge in der Wissenschaft – Herausforderungen und Neuorientierungen am Beispiel der Fremdsprachenphilologien

Die Problematik des Praxisbezugs von Wissenschaft stellt sich im Kontext der Geisteswissenschaften – und hier wiederum in den Sprach-, Literatur- und Kulturwissenschaften – in besonders ausgeprägter Weise, gelten sie doch tendenziell, zusammen mit Fächern wie Philosophie und Geschichtswissenschaft, häufig geradezu als Verkörperung des so genannten wissenschaftlichen ‚Elfenbeinturms', d.h. der Abgehobenheit wissenschaftlicher Lehre und Forschung von unmittelbaren Anwendungskontexten. Die Herstellung unmittelbarer Praxisbezüge, wie sie der Konzeption und Durchführung des interkulturellen Praxistags zugrunde liegt, entspricht einer generellen Tendenz der Öffnung auch der Sprach-, Literatur- und Kulturwissenschaften zu neuen Gegenstandsbereichen, die seit knapp zwei Jahrzehnten auch in Deutschland zu beobachten ist.[1] Dies gilt sowohl für die Lehramtsstudiengänge als auch für die auf andere Berufsfelder, wie Wirtschaftsunternehmen, Medien und internationale Organisationen, zielenden Studiengänge, zu denen beispielsweise die von der

---

1 Vgl. hierzu u.a. : Hans Lauge Hansen (Hg.) : Changing Philologies. Contributions to the Redefinition of Foreign language Studies in the Age of Globalization. Copenhagen, Museum Tusculanum Press/University of Copenhagen, 2002 ; Hans-Jürgen Lüsebrink/ Dorothee Röseberg: Landeskunde und Kulturwissenschaft in der Romanistik. Theorieansätze. Unterrichtsmodelle, Forschungsperspektiven. Tübingen, Gunter Narr Verlag, 1995.

Universität des Saarlandes angebotenen Studiengänge[2] „Historisch Orientierte Kulturwissenschaft", „Grenzüberschreitende deutsch-französische Studien" und „Französische Kulturwissenschaft und Interkulturelle Kommunikation" oder der 1989/90 eröffnet, auch bundesweit sehr erfolgreiche Diplomstudiengang „Sprachen, Wirtschafts- und Kulturraumstudien" an der Universität Passau gehören. Diese Studiengänge zeichnen sich durch drei Charakteristika aus, die in erweiterter und zugleich kondensierter Form auch die Konzeption und Durchführung des interkulturellen Praxistags bestimmten:

- erstens eine *interdisziplinäre Ausrichtung*, bei der neben dem traditionellen fachlichen Kernbereich der Sprach- und Literaturwissenschaften die Verknüpfung mit anderen Disziplinen – und damit auch Praxisbereichen – wie vor allem Soziologie, Psychologie und Wirtschaftswissenschaften eine zentrale Rolle spielt;

- zweitens die Einbeziehung *kulturwissenschaftlicher* Fragestellungen, Methoden und Praxisbereiche, die sich großenteils erst in den letzten 20-25 Jahren entwickelt haben und das Profil vor allem der traditionellen Fremdsprachenphilologien seitdem geprägt und verändert haben;

- drittens die Weiterentwicklung der *Kernkompetenzen* kulturwissenschaftlicher Disziplinen, die in den Bereichen Text- und Medienanalyse, Text- und Medienproduktion sowie – in den Fremdsprachenphilologien – in differenzierter Sprachhandlungskompetenz bestehen, d.h. der Fähigkeit, in der Fremdsprache in unterschiedlichsten Kommunikationssituationen kompetent zu handeln.

Diese drei Grundcharakteristika kulturwissenschaftlicher Studiengänge im definierten Sinn stellen an den Theorie-Praxis-Bezug besondere Herausforderungen, die anders gelagert sind als beispielsweise in der Medizin, in den Wirtschaftswissenschaften oder den Naturwissenschaften. Sie setzen voraus, dass im Studium differenziertes methodisches und theoretisches Wissen vermittelt wird, dessen direkter Anwendungsbezug sich häufig nicht unmittelbar erschließt, sondern die Fähigkeit zum flexiblen Transfer methodischer Ansätze und Theoriemodelle impliziert. So kann beispielsweise die Analyse von Erzählstrukturen durchaus auch an auf den ersten Blick sehr ‚praxisfernen' Untersuchungsgegenständen vermittelt und erprobt werden, wie etwa Erzähltexten des Mittelalters oder des 18. Jahrhunderts. Das erlernte methodische und theoretische Wissen lässt sich aber durchaus, bei entsprechender didaktischer Vermittlung, nicht nur auf die Analyse, sondern auch auf die Produktion

---

2 Die Studiengänge werden derzeit noch als Magisterstudiengang (Interkulturelle Kommunikation) bzw. Diplomstudiengänge, aber voraussichtlich ab WS 2006/07 bzw. 2007/08 als BA/MA-Studiengänge angeboten.

praxisnaher Texte und Medienformate – wie zum Beispiel Fernsehsendungen oder Hörspielen im Radio – übertragen. Der praktisch nutzbare Stellenwert von Wissen, das auf den ersten Blick theoretisch und praxisfern anmutet, wie zum Beispiel die Methoden literaturwissenschaftlicher Textanalyse oder Analyseverfahren der linguistischen Pragmatik, wird häufig in der derzeitigen Diskussion um Praxisbezüge in der Wissenschaft völlig unterschätzt. Das hiermit verknüpfte Theorie-Praxis-Verhältnis trifft jedoch den Nerv des Selbstverständnisses und der Legitimation von universitärer Wissenschaft, auch in den Geisteswissenschaften, die anders als Betriebspraktika oder Trainee-Programme von Unternehmen oder Consulting-Firmen ihren Praxisbezug auf einer differenzierten methodischen und theoretischen Grundlagenforschung gründet. Dieser muss auch – den Fachtraditionen folgend – eine historische Dimension aufweisen, ohne die Gegenwartsbezüge – und damit auch gegenwärtige Praxiserfahrungen – nicht hinreichend verstanden werden können. Dies zeigte sich beispielsweise beim Praxistag-Workshop zu interkulturellen Trainings in Wirtschaftsunternehmen, den Christine Wirtz von der Firma *Culture Waves* in Frankfurt/Main, eine ehemalige Absolventin des erwähnten Passauer Diplomstudiengangs „Sprachen, Wirtschafts- und Kulturraumstudien", im Rahmen des „Interkulturellen Praxistages" 2005 leitete. Bei den Brain-Stormings zu den Gründen kulturspezifischen Verhaltens und interkultureller Konflikte, die von den Teilnehmern/innen gemeinsam mit der Leiterin des Workshops anhand von Videofilmen interkultureller Begegnungssituationen im unternehmerischen Bereich analysiert wurden, spielten historische Erklärungsmuster verschiedenster Art (Mentalitäten, Unterschiede des historischen Gedächtnisses, Rolle von Religion und Kirche in verschiedenen Gesellschaften etc.) eine wichtige Rolle. Diese bildeten u.a. ein wichtiges Gegengewicht zu den häufig allzu vorschnell vorgebrachten psychologischen und kulturalistischen Erklärungsmustern[3], die den Teilnehmer/innen des Workshops spontan einfielen (Unterschiede der Kulturstandards, unterschiedliche ‚Mentalitäten' etc.) und trugen entscheidend dazu bei, die beobachteten Konflikte aus der Distanz heraus und in ihrer ganzen Komplexität zu betrachten und hieraus angemessene Handlungskonsequenzen zu ziehen.

Der Praxisbezug in den Sprach-, Literatur- und Kulturwissenschaften ist somit anders zu denken als in anderen Wissenschaften. Er stellt sich – notwendigerweise – vermittelter dar, ist häufig weniger rasch herzustellen und erfordert stärkere und gezieltere Transferleistungen. Sprach-, Literatur- und Kulturwis-

---

3 Vgl. hierzu Bernd Müller-Jacquier: „'Cross-cultural' versus Interkulturelle Kommunikation. Methodische Probleme bei der Beschreibung von Inter-Aktion'" In: Hans-Jürgen Lüsebrink: Konzepte der Interkultureller Kommunikation. Theorieansätze und Praxisbezüge in interdisziplinärer Perspektive. St. Ingbert, Röhrig, 2004, S. 69-114.

senschaften sind hermeneutische, *verstehensorientierte* Wissenschaften, deren Methoden und deren Erkenntnisse vergleichsweise unverhältnismäßig viel *Zeit* in Anspruch nehmen und deren unmittelbarer Anwendungsbezug, im Vergleich zu anderen Wissenschaften, häufiger viel langsamer sichtbar wird. Es wäre zweifelsohne ökonomischer, an die Stelle der Lektüre eines umfangreichen literarischen Werkes – wie Emile Zolas sozialkritischem Roman *Germinal* (1885) – dessen Verfilmung zu sehen und zu analysieren, was etwa zehnmal weniger Zeit beansprucht und auch bei zahlreichen Studierenden auf deutliche Gegenliebe stoßen würde. Und selbst Schnellleser brauchen für den 230-Seiten-Roman *Le thé au Harem d'Archi Ahmed* (1983) des algerischen Schriftstellers Mehdi Charef zumindest doppelt, meistens jedoch dreimal soviel Zeit wie für die Filmfassung, wenn sie die Thematik des Buches und die dargestellte Wirklichkeit algerischer Immigranten im zeitgenössischen Frankreich auch nur halbwegs angemessen verstehen und nachvollziehen wollen. Das Lesen von Literatur, zumal in Fremdsprachen, steht bei genauerem Hinsehen, vor allem deswegen quer zu (post)modernen kulturellen und gesellschaftlichen Strömungen, weil es zum einen Zeit braucht, unvergleichlich mehr Zeit als jedes neue kulturelle (Massen-)Medium; und weil es zum anderen das Individuum tendenziell isoliert, sich nicht oder in nur sehr eingeschränkter Weise in der Gruppe, in der Familie, im Kollektiv, vollziehen lässt.

Einem verkürzt ökonomischen Verständnis von Kultur, das das Lesen benachteiligt und audio-visuelle Kulturpraktiken, vom Fernsehen bis zum Internet, über Gebühr aufwertet, ist ein Verständnis von Kultur entgegenzusetzen, das man – einem Vorschlag des Romanisten sowie Literatur- und Sprachwissenschaftlers Harald Weinrich folgend – *ökologisch* nennen könnte. Weinrich hat in einem Aufsatz zum Thema „Von der schönen fremden Freiheit der Sprachen die sachliche Würde der Langsamkeit – ökonomisch-ökologische Betrachtungen zur Lage der Romanistik" den Zeitaufwand, die die Aneignung fremder Sprachen, Kulturen und Lebenswelten in Anspruch nimmt, mit dem Zeitaufwand verglichen, den jede intensivere zwischenmenschliche Kommunikation erfordere. Die Zuwendung zum Anderen und das interpersonale und interkulturelle Verstehen des Anderen seien, so Weinrich, zeitaufwändig und aus wirtschaftlicher Hinsicht, zumindest auf den ersten Blick und mit kurz- oder mittelfristigem Kalkül, unökonomisch. Es vollziehe sich in wichtigen, aber verhältnismäßig langsamen Kulturtechniken und Kulturformen wie Höflichkeit, Aufmerksamkeit, Zuhören, Lesen, Verstehen und intensiv Betrachten:

„So fällt zu einem Großteil auch die Literatur unter diese Begriffe, da sie, verglichen mit nichtliterarischen Formen des Redens und Schreibens, eine prinzipiell indirekte und insofern ‚sanfte' Kommunikationsweise darstellt, durch die man probeweise lernen kann, schonend miteinander umzugehen, vor allem dadurch, dass man sich für die Sprache ‚schön' Zeit nimmt. Wieviel Zeit genau? In dieser knappen Frage steckt wieder das Ökonomieproblem, das wir bereits von der Sprache her kennen und nun auch für die Literatur behandeln müssen, da das Lesen von Büchern, soviel Gewinn es auch abwirft, zweifellos ein höchst Zeit verzehrendes Geschäft darstellt und insofern die knappe Ressource Lebenszeit erheblich belastet. Wenn das schon für die Literatur in der eigenen Sprache zutrifft, dann gilt es noch verstärkt für seine Lektüre in der Fremdsprache, bei der das Lesetempo ohnehin verlangsamt ist. Die Literatur scheint in ihrer Gesamtheit eine ziemlich unökonomische Angelegenheit zu sein, so dass es nicht weiter verwunderlich ist, dass sich nicht wenige unserer Zeitgenossen von dieser zeitraubenden Beschäftigung abwenden und nur die anspruchslosesten Bücher an sich heranlassen."[4]

Das Verstehen des Anderen, vor allem anderer Sprachen und Kulturen, braucht Zeit und ist nicht in Schnell- und Kompaktseminaren zu bewältigen. Vor diesem Hintergrund ist das Theorie-Praxis-Verhältnis in den Sprach-, Literatur- und Kulturwissenschaften kritisch zu überdenken, angesichts der Notwendigkeit stärkerer Praxisbezüge, aber auch vor dem Hintergrund einer gelegentlich zu beobachtenden, vorschnellen ‚Fetischisierung der Praxis', die in den BA/MA-Studiengängen zum Teil zu beobachten ist. Es ist eine völlige Illusion zu glauben, Sprachen (und die hiermit untrennbar verknüpften Kulturen) könnten in zwei- bis vierwöchigen Schnellkursen ‚erlernt' werden, ebenso wie die Konzeption – und die Zeitökonomie – vieler Kulturseminare für Manager – etwa zur Vorbereitung auf einen längeren Auslandsaufenthalt, zum Beispiel eine Auslandsentsendung – häufig sehr problematisch ist. Die interkulturellen Konfliktpotentiale der Gegenwart haben sich nicht nur im Zuge der Globalisierung und der hierdurch hervorgerufenen kulturellen, sozialen und politischen Widerstände, beispielsweise im arabischen Raum, in den letzten beiden Jahrzehnten verstärkt[5]; sondern auch, weil zunehmend Medien und Kulturpraktiken zum Verständnis anderer Kulturen eingesetzt werden, die zum Teil extrem zeitökonomisch, aber zum Verstehen anderer Kulturen

---

4 Harald Weinrich: „Von der schönen fremden Freiheit der Sprachen. Die sachliche Würde der Langsamkeit – Ökonomisch-ökologische Betrachtungen zur Lage der Romanistik." In: Süddeutsche Zeitung/SZ am Wochenende, 4.-5. Oktober 1997.
5 Vgl. hierzu: Samuel P. Huntington: The Clash of Civilizations, and the Remaking of World Order. New York, 1996; deutsch: Kampf der Kulturen. Die Neugestaltung der Weltpolitik im 21. Jahrhundert. München, 1996; zur kritischen Einschätzung Huntingtons vgl. Hans-Jürgen Lüsebrink: Interkulturelle Kommunikation. Interaktion – Kulturtransfer – Fremdwahrnehmung. Stuttgart/Weimar, Metzler-Verlag, 2005 (Metzler Studienbücher).

wenig oder gar völlig ungeeignet sind. Die immense Mehrheit der Bevölkerung der Vereinigten Staaten, aber auch Westeuropas, nimmt die kulturellen Lebenswelten beispielsweise des subsaharischen Afrikas oder des Vorderen Orients durch audio-visuelle Bilder dar, deren Sichtweise, aber auch deren Rhythmus ein europäischer ist: in Form etwa von 10-Minuten-Reportagen des „Weltspiegels" oder des ZDF-„Auslandsjournals", die in den letzten Jahren, um den Durchschnittszuschauer nicht zu überfordern oder gar zu langweilen, einen dramatischeren Stil angenommen haben; oder im noch ökonomischeren Nachrichtenrhythmus des amerikanischen Fernsehsenders CNN. Arabische und schwarzafrikanische Filme haben sich, aufgrund ihrer schlechteren Vertriebsnetze, aber auch aufgrund ihrer fremden, ungewohnten Ästhetik, ihres langsameren Zeitrhythmus und der fehlenden (inter)kulturellen Kompetenzen der meisten Zuschauer, in westlichen Medien nicht durchsetzen können.[6] Im Bereich beispielsweise der Literatur, dem sicherlich komplexesten Medium zum Verstehen fremder Lebenswirklichkeiten, der für unsere Wahrnehmung und Aneignung anderer Kulturen jedoch aus Gründen der Zeitökonomie eine zunehmend geringere Rolle spielt, besteht eine immense Diskrepanz zwischen dem Diskurs westlicher Journalisten und Literaten *über* fremde Kulturen und unserer Bereitschaft, das zu lesen, zu hören und zu sehen – wenn immer möglich in der Originalsprache -, was beispielsweise arabische oder afrikanische Journalisten, Filmemacher und Journalisten über ihre *eigenen* Kulturen und Lebenswelten gesagt, geschrieben und filmisch dargestellt haben.

Ein Beispiel hierfür: Ein Bestseller wie Peter Scholl-Latours Buch *Mord am großen Fluß. Ein Vierteljahrhundert afrikanische Unabhängigkeit* (1986) über das zeitgenössische subsaharische Afrika weist eine etwa 40-mal höhere Auflage auf als die erfolgreichsten Romane und Essays schwarzafrikanischer Schriftsteller und Journalisten in Deutschland seit dem Zweiten Weltkrieg und vermittelt ein Bild Afrikas, das von Stereotypen und einer häufig sehr oberflächlichen Sicht des Kontinents geprägt ist. Einem einzigen Buch eines bekannten europäischen Journalisten wie Scholl-Latour, der zweifellos seine Meriten aufweist, vor allem im deutsch-französischen Kontext, aber nie längere Zeit in Afrika gelebt hat, auch keine afrikanische Sprache spricht und ein, wie zahlreiche kritische Rezensionen belegen, ein sehr problematisches und weitgehend von Stereotypen geprägtes Bild Afrikas entwickelt, widmet somit die deutsche (Medien)Öffentlichkeit ebensoviel Zeit und Aufmerksamkeit

---

6 Zum praktischen Einsatz afrikanischer Spielfilme zum interkulturellen Lernen s.a. Ute Fendler / Christoph Vatter: „Cinéma et enseignement interculturel." In: Béatrice Fleury-Vilatte / Jacques Walter (Hg.): Enseignement du cinéma et de l'audiovisuel. Etat des lieux et perspectives. Metz/Nancy, 2004, S. 215-228 (= Questions de communication, série actes 2/2004).

wie den 40 erfolgreichsten Büchern afrikanischer Autoren und Journalisten der Gegenwart zusammen genommen. Unter interkulturellem Blickwinkel betrachtet stellt dies einen äußerst problematischen Befund und ein frappierendes Armutszeugnis für die interkulturelle Sensibilität und Kompetenz der breiten deutschen Öffentlichkeit dar.

Was ist aus den umrissenen Überlegungen für den Theorie-Praxis-Bezug der Geisteswissenschaften, insbesondere der Sprach-, Literatur- und Kulturwissenschaften, abzuleiten? Vor dem Hintergrund der Überlegungen Weinrichs erscheint erstens wichtig, die Kernkompetenzen der auf fremde Sprachen und Kulturen ausgerichteten Disziplinen – wie Romanistik oder Anglistik – zugleich zu tradieren und auf neue Gegenstandsbereiche zu übertragen. Zu diesen Kernkompetenzen, deren Aneignung allesamt – im Sinne von Harald Weinrich – notwendigerweise viel Zeit erfordert und erfordern muss, gehören in erster Linie:

- *Sprachkompetenz*, d.h. die aktive und passive Beherrschung von Fremdsprachen;

- *interkulturelle Kompetenz*, d.h. das Verstehen fremder Kulturen und Kommunikationsformen;

- *hermeneutische Kompetenz*, d.h. das Verstehen und die Interpretation von Texten und Medien unter sprach-, literatur- und kulturwissenschaftlichen Gesichtspunkten;

- *Text- und Sprachhandlungskompetenz*, d.h. die Fähigkeit, Kommunikationsformen sowie Texte und Medien, die im Umgang mit fremden Kulturen eine Rolle spielen, zu produzieren, von Übersetzungen über wissenschaftliche Textsorten (Referate, Rezensionen etc.) bis zu Videofilmen, Interviews und Reportagen.

In den traditionellen Fremdsprachenphilologien, die sich in den letzten beiden Jahrzehnten in unterschiedlicher Weise weiterentwickelt und neuen Herausforderungen der Praxis gegenüber geöffnet haben, spielt die Vermittlung dieser vier Kernkompetenzen traditionell eine zentrale, wenn auch unterschiedlich ausgeprägte Rolle. Die hermeneutische Kompetenz beispielsweise setzt eine differenzierte Kenntnis von Theorien und Methoden der Textanalyse voraus, die aber erst in den letzten Jahrzehnten und häufig auch nur zaghaft und in Teilbereichen über das Gebiet der (Höhenkamm)Literatur und der Sprachnormen hinaus auf andere Gegenstandsbereiche wie Film, Fernsehen, Alltagskommunikation, politische Kommunikation und Unternehmenskommunikation ausgedehnt worden sind. Die Text- und Sprachhandlungskompetenz ist ihrerseits aufgrund fehlender Praxisbezüge und einer dominant analytischen

Ausrichtung der universitären Studiengänge zweifellos vernachlässigt worden, obwohl ihr im Hinblick auf die berufliche Qualifizierung eine wichtige Bedeutung zukommt (der beispielsweise an US-amerikanischen Universitäten durch Kurse in Videoproduktion und „Creative Writing" deutlich mehr Stellenwert beigemessen wird). Der Bereich der Vermittlung interkultureller Kompetenz, der an sich zum Kern der Fremdsprachenphilologien gehört bzw. gehören sollte, schließlich setzt die Vermittlung differenzierter landeskundlicher und kulturwissenschaftlicher Kenntnisse, eine systematische Einbeziehung komparatistischer Fragestellungen und eine interdisziplinäre Öffnung zu Nachbardisziplinen (wie Psychologie, Ethnologie/ Anthropologie, Geschichtswissenschaft) voraus und hat gleichfalls nur in sehr unterschiedlicher Weise Eingang in die universitären Curricula gefunden.

Für die Ausbildung und konzeptuelle Weiterentwicklung der genannten Kompetenzbereiche stellt der Bezug zur Praxis – wie ihn der interkulturelle Praxistag herzustellen sucht – eine wichtige Grundlage und Voraussetzung dar. In der *Konfrontation* von universitärer Ausbildung und Praxiserfahrungen liegt die Chance, Fachtraditionen, die, wie umrissen, keineswegs ‚über Bord geworfen' werden sollten, im Hinblick auf die neuen Herausforderungen der Praxis weiter zu entwickeln. ‚Konfrontation' impliziert hier den kritischen Dialog und die produktive Auseinandersetzung und nicht die Gegenüberstellung der Positionen, wie sie einerseits die ‚Fetischisierung des Praxisbezugs' und andererseits das Verharren in fest gefügten, häufig sehr praxisfernen Fachtraditionen bedeuten würde. Die Konzeption, hierbei auch bzw. in erster Linie ehemalige Absolventen sprach- und kulturwissenschaftlicher Studiengänge einzubeziehen, eröffnet die Möglichkeit, Theorieansätze, Methoden und Fachkenntnisse im Hinblick auf ihre praxisorientierte ‚Neuverwendung' hin zu betrachten und den doppelten, universitären und berufspraktischen, Erfahrungshorizont der ehemaligen Absolventen/innen hierfür zu nutzen: das heißt, ganz konkret, beispielsweise zu überlegen, welchen Stellenwert historische und landeskundliche Kenntnisse bei interkulturellen Trainings einnehmen sollten; oder wie Methoden der literaturwissenschaftlichen und linguistischen Textanalyse sowie interkulturelle Ansätze für die Analyse, aber auch die Gestaltung fremdsprachiger Webseiten[7] eingesetzt werden könnten.

---

7 Vgl. hierzu die Überlegungen von Aaron Marcus, die allerdings einer tieferen kultur- und medienwissenschaftlichen Fundierung bedürfen. (Aaron Marcus: „Cross-Cultural User-Interface-Design." In: M J. Smith / G Salvendy (Hg.): Proceedings. Human-Computer-Interface International Conference (HCII). Band 2. New Orleans, S. 502-505.)

2. Praxisbezug als „Event"

„Events" stehen an sich der Grundkonzeption universitären Lernens ebenso entgegen wie der von Weinrich treffend beschriebenen Perspektive der notwendig ‚ökologischen' Aneignung fremder Sprachen und Kulturen, die Zeit benötige und nicht in ökonomischen Kompaktseminaren oder gar „Events" vermittelt werden könne. Gegenüber der Herausforderung – vorgeblich – schneller, kompakter und zeitökonomischer Formen des Lernens, zu denen auch das E-Learning gehört, ist ohnehin das Lern- und Erkenntnispotential traditioneller Formen wie des universitären Seminars neu zu überdenken. Die Konzeption eines interkulturellen Praxistags als „Event", das Anstöße vermitteln, im positiven Sinn ‚provozieren' soll, erscheint vor dem Hintergrund dieser Überlegungen nur sinnvoll, wenn sie zu einem kreativen Dialog mit der universitären Ausbildungs- und Forschungspraxis führt.

Die in diesem Band vorgestellten Projekte greifen sehr unterschiedliche Ansätze auf, um Praxisbezüge im Sinne einer berufs- und arbeitsweltlichen Orientierung in das Hochschulstudium einzubringen. Die inhaltlichen Schwerpunkte reichen dabei von der Schulung einzelner Schlüsselqualifikationen – wie im Fall des „interkulturellen Praxistages" – bis hin zum individuellen Karrierecoaching, das weniger die Ausbildung bestimmter Techniken und Fertigkeiten, wie sie beispielsweise in Präsentations- und Kommunikationstrainings vermittelt werden, zum Ziel hat, sondern vielmehr Hilfestellung zum Erkennen der eigenen Stärken und Schwächen, zur Persönlichkeitsstärkung und zur Klärung der beruflichen Ziele leisten soll. Auf der Ebene der Organisationsform der durchgeführten Maßnahmen zur Arbeitsweltorientierung ist zwischen regelmäßigen, eher langfristig angelegten Veranstaltungen – z.B. über ein oder zwei Semester – und punktuellen oder auch einmaligen Vorhaben zu unterscheiden. Solche punktuellen Angeboten, zu denen auch der „Interkulturelle Praxistag" zählt, zeichnen sich – vor allem durch die damit verbundenen Maßnahmen für Werbung und Öffentlichkeit, die sie aus dem Gros der regelmäßig über einen längeren Zeitraum stattfindenden Veranstaltungen hervorheben sollen – durch ihren „Eventcharakter" aus.

Der Begriff „Event" weckt Assoziationen von sportlichen Großereignissen oder oberflächlicher Spaßkultur und scheint auf den ersten Blick, vor allem durch seine enge Verbindung zu Werbung und Marketing, für ein Thema wie die Berufs- und Arbeitsweltkompetenz gerade im universitären Kontext aus den o.g. Gründen verpönt und deplatziert zu sein. Ein Blick auf die mit vielen Schichten Papier behängten Schwarzen Bretter auf den Fluren von Universitäten lässt zahlreiche Angebote mit „Eventcharakter" entdecken. Dazu gehören neben kulturellen Veranstaltungen auch sog. „Recruiting-Events", v.a. der großen Unternehmensberatungen, die diese oftmals mit großem Aufwand organisierten Veranstaltungen nicht nur dazu nutzen, um die besten AbsolventInnen, die sog. „High Potentials", für sich zu gewinnen, sondern damit auch Image-Marketing für die Unternehmen selbst betreiben.

Man kann sich den Marketing-Aspekt von „Events" auch zu Nutze machen, um ein Thema wie die Praxisorientierung im Studium als solches zu bewerben und den Studierenden ins Bewusstsein zu rufen, so dass nicht nur die TeilnehmerInnen selbst sondern auch andere Studierende davon erfahren. Denn eine punktuelle Veranstaltung kann sich aus der Masse von Aktivitäten an einer Universität positiv hervorheben und erreicht so eine höhere Sichtbarkeit bei den Studierenden. Gleichzeitig bringt die Konzeption als „Event" mit sich, dass durch die größere Zahl an TeilnehmerInnen auch ein breiterer intensiver Austausch über das gewählte Thema möglich wird, als dies zum Beispiel bei wöchentlich oder über einen längeren Zeitraum regelmäßig stattfindenden Workshops der Fall wäre. Die Einmaligkeit der Veranstaltung im akademischen Jahr trägt weiterhin dazu bei, dass die Nachteile von regelmäßigen Aktivitäten wie das nachlassende Interesse im Verlauf des Semesters kaum eine Rolle spielen.

Es ist offensichtlich, dass sich „Praxisbezug" als solcher aufgrund der Breite des Themas nur schwer als „Event" vermitteln lässt. Diese punktuellen Veranstaltungen eignen sich eher für eng umrissene Bereiche wie der interkulturellen Kompetenz im Fall des beschriebenen Projekts. In diesem Rahmen kann lediglich punktuell Bewusstsein für eine Praxisorientierung geschaffen werden, die ohne eine Verbindung mit längerfristigeren Maßnahmen Gefahr läuft, relativ wirkungslos zu „verpuffen". Daher muss eine derartige Maßnahme immer auch in den Kontext mit anderen Veranstaltungen gestellt werden. Im Fall des „interkulturellen Praxistages" ist dies vor allem durch die enge Verzahnung mit den Inhalten des Saarbrücker Studiengangs „Französische Kulturwissenschaft und Interkulturelle Kommunikation" gewährleistet. Die Konfrontation von Theorie und berufsorientierter Praxis ist in der eventartigen Konzeption des Praxistages auf besonders produktive Weise möglich; denn die Durchführung von mehreren Workshops an einem Tag bringt die Präsenz mehrerer Praktikerinnen und Praktiker mit sich, was bei einer länger angelegten Veranstaltung nur schwer realisierbar ist. So kann – insbesondere im Rahmen des Plenarvortrags – ein sehr fruchtbarer Dialog zwischen Theorie und Praxis stattfinden. Aus der Erfahrung mit den bisher durchgeführten Praxistagen zeigt sich, dass die Einbindung in längerfristige Strukturen auf vielfältige Weise erfolgt ist: Die Einbindung von Alumni eröffnet den Studierenden neue Perspektiven zur beruflichen Orientierung, teilweise auch über

Praktika, die sich aus den im Rahmen des Praxistages geknüpften Kontakten ergeben. Inhalte und Methoden des interkulturellen Praxistags werden in der Auswertung der Veranstaltungen im Hinblick auf ihre Berücksichtigung in der universitären Ausbildung und Forschung betrachtet und überprüft. So führte die Veranstaltung eines Workshops zum Thema „Interkulturelle Mediation" durch Dominic Busch (Universität Frankfurt/Oder) beim ersten Interkulturellen Praxistag 2004 dazu, dass im folgenden Semester ein Tutorium zu diesem Thema angeboten und von der Fakultät finanziell unterstützt wurde und die Thematik in den Einführungsveranstaltungen zur Interkulturellen Kommunikation seitdem einen festen Platz einnimmt. Der von Alexander Scheitza (Saarbrücken) gemeinsam mit Studierenden durchgeführte Train-the-trainer-Workshop zur Problematik der kulturellen Identität des Trainers – hervorgegangen aus der interkulturellen Arbeit mit ausländischen Studierenden und Problemen der Integration am Studienkolleg der Universität des Saarlandes – beim Praxistag 2005 hat das Interesse an dieser Thematik nachhaltig verstärkt, u.a. im Rahmen von Magister-Abschlussarbeiten. Das Aufeinandertreffen von interkultureller Theorie und Praxis diente so vielfach als Anregung für die Weiterentwicklung des Curriculums sowie für die wissenschaftliche Erschließung neuer Themenfelder.

3. Transfermöglichkeiten

Ein ‚Transfer' des Modells des Interkulturellen Praxistags auf andere Fächer und Studiengänge erscheint somit, vor dem Hintergrund der vorgestellten Überlegungen und unter der Voraussetzung, dass das „Event" Praxistag in längerfristige Strukturen (wie Curricula, Inhalte universitärer Lehrveranstaltungen, thematische Orientierung von Forschungsarbeiten) Eingang findet, sinnvoll und in vielfältiger Weise anregend und kreativ.

Bei dem „Interkulturellen Praxistag" handelt es sich um ein auf die spezifischen Bedürfnisse und Anforderungen von Studierenden des Saarbrücker Studiengangs „Französische Kulturwissenschaft und Interkulturelle Kommunikation" zugeschnittenes Projekt. Denn diese Zielgruppe verfügt bereits über umfassende Kenntnisse über das Thema Interkulturelle Kompetenz, so dass zentrale Anliegen der Veranstaltung die Vermittlung von methodischen und didaktischen Aspekten zur Ausbildung interkultureller Kompetenz sowie Einblicke in die Tätigkeitsfelder interkulturelles Training und Beratung sind.[8]

---

8   Vgl. den ausführlicheren Bericht zum „Interkulturellen Praxistag" im zweiten Teil dieses Bandes. Dort sind auch weitere Ausführungen zu interkultureller Kompetenz im Allgemeinen sowie zu ihrer Vermittlung durch Trainings- und Weiterbildungsmaßnahmen zu finden.

Hinsichtlich der Möglichkeiten des Transfers des Projekts auf andere Zielgruppen und Studiengänge sollen im Folgenden zwei Aspekte diskutiert werden: Zum einen werden Überlegungen angestellt, auf welche Weise die inhaltliche Ausrichtung des „interkulturellen Praxistages" für andere Zielgruppen, die nicht unbedingt über einschlägiges interkulturelles Vorwissen verfügen, angepasst werden kann; zum anderen sollen Wege aufgezeigt werden, wie ein derartiges „Event" in Verbindung mit den Anforderungen an neue Studiengänge, die im Rahmen des Bologna-Prozesses umgestaltet oder neu eingerichtet werden, zu einer langfristigeren Verankerung des Themas interkulturelle Kompetenz und damit auch zu einer verbesserten Vorbereitung der Studierenden auf Tätigkeiten in einem internationalen Umfeld beitragen kann.

Die Besonderheit des Saarbrücker Projekts besteht in den einschlägigen Vorkenntnissen der TeilnehmerInnen in Theorie und Praxis interkultureller Kommunikation, so dass eine enge Verzahnung zwischen Studieninhalten und der Schlüsselqualifikation interkulturelle Kompetenz besteht. In der thematischen Beschränkung auf Tätigkeitsfelder, in denen die Vermittlung interkultureller Kompetenzen eine zentrale Rolle spielen, lässt sich das Konzept kaum auf andere Zielgruppen übertragen, die vielleicht erstmals mit diesem Problemfeld in Berührung kommen. Allerdings bietet sich die gewählte Struktur des Praxistages dafür an, auch für andere international ausgerichtete Studiengänge oder fächerübergreifend das Thema interkulturelle Kompetenz den Studierenden näherzubringen.

Die notwendigen inhaltlichen Anpassungen könnten wie folgt realisiert werden: In einem einführenden Plenarvortrag sollten theoretische Grundkenntnisse über interkulturelle Kommunikationsprozesse vermittelt werden. Dazu gehören auch Informationen zum Einfluss kultureller Faktoren auf die praktische Zusammenarbeit in interkulturellen Handlungskontexten, wie sie beispielsweise bei Praktika im Ausland auftreten. Weiterhin wäre der Fokus auf die eigenkulturelle Prägung der TeilnehmerInnen zu legen („culture self awareness") und schließlich könnten die Besonderheiten im Verlauf eines längeren Auslandsaufenthaltes – von anfänglicher Euphorie oder auch eventuellen Ängsten über die Auswirkungen eines Kulturschocks bis hin zur produktiven Anpassung an die fremde Kultur – behandelt werden,[9] so dass

---

9 Vgl. hierzu beispielsweise Nancy Adler: International Dimensions of Organizational Behavior. South-Western College Publishing: Cincinnati, 31997; Herman Blom / Harald Meier: Interkulturelles Management. Interkulturelle Kommunikation – Internationales Personalmanagement – Diversity-Ansätze in Unternehmen. Verlag Neue Wirtschafts-Briefe: Herne/Berlin, 2002, insb. Kap. 6.

eine Übertragung auf das eigene Auslandssemester oder -praktikum der Studierenden greifbar wird.

Für die Nachmittagsworkshops in kleineren Gruppen sind zwei Szenarien vorstellbar. Im Falle eines Teilnehmerkreises, der in absehbarer Zeit einen studienbedingten Auslandsaufenthalt absolvieren wird, könnten in Zielkulturworkshops zu den am häufigsten gewählten Kulturräumen die Besonderheiten der interkulturellen Kommunikation zwischen Angehörigen der deutschen und der jeweiligen Zielkultur behandelt werden. Alternativ könnte der Schwerpunkt auf kulturübergreifende Aspekte interkultureller Kommunikation und die eigenkulturelle Prägung der TeilnehmerInnen gelegt und diese mit erfahrungsorientierten Trainingsmethoden praxisnah vermittelt werden.

Sprach-, literatur- und kulturwissenschaftliche Inhalte könnten in diesem Rahmen in die Veranstaltung eingebracht werden und – soweit dies in relativ kurzen Workshops möglich ist – erste Impulse für die weitere Beschäftigung mit der fremden Sprache und Kultur geben, die die TeilnehmerInnen zur weiteren Beschäftigung im Sinne der von Harald Weinrich geforderten ‚ökologischen' Herangehensweise damit anregen. Eine Hilfe über die Veranstaltung hinaus könnten hierbei entsprechende Lektüre- oder auch Filmtipps sein.

Die Problematik der langfristigen Verankerung eines punktuell behandelten Themas könnte – ausgehend von einem „interkulturellen Praxistag" – im Zuge der im Kontext der Umsetzung des Bologna-Prozesses an den europäischen Universitäten erforderlichen strukturellen Anpassungen der Studiengänge realisiert werden. Denn zur Anerkennung studienbedingter Auslandsaufenthalte in Form von ECTS-Leistungspunkten wird den Studierenden in der Regel die Verfassung eines schriftlichen Berichts abverlangt. Diese werden meist erst nach der Rückkehr verfasst und fassen meist Inhalte und den Verlauf der Praktika bzw. des Auslandsstudiums knapp zusammen.

Mit der Einbeziehung einer Veranstaltung wie des „interkulturellen Praxistages" in die Planung und den Ablauf des Auslandsaufenthaltes kann dieser auch zur vertieften Reflexion über interkulturelle Aspekte und damit auch zu einer nachhaltigeren interkulturellen Kompetenzentwicklung beitragen; denn diese ist durch den Aufenthalt alleine nicht unbedingt gewährleistet.[10] In einem derartig gestalteten Szenario kann der Praxistag der Vorbereitung des Auslandsaufenthaltes dienen. Ausgehend von den in diesem Rahmen vermittelten Grundkenntnissen zur interkulturellen Kommunikation sind die Studierenden in der Lage, auch in ihren Berichten interkulturelle Aspekte stärker zu berücksichtigen.

10 Vgl. hierzu unseren Beitrag im zweiten Teil dieses Bandes.

In einem Saarbrücker e-Learning-Projekt, das Ende 2006 abgeschlossen wird, entsteht ein entsprechendes Modell, das die Studierenden zur intensiveren Auseinandersetzung mit interkulturellen Aspekten ihres Auslandsstudiums bzw. -praktikums anregen soll.[11] Zentrales Anliegen dieses Projektes ist es, die Möglichkeiten des Internet zu nutzen, um mit den Studierenden während ihres Auslandsaufenthaltes in Kontakt zu bleiben und dessen Verlauf reflektierend zu begleiten. An Stelle der nach Abschluss des Aufenthaltes verfassten Berichte tritt eine stufenweise Erfassung, die interkulturelle Aspekte besonders berücksichtigt. Zu verschiedenen Zeitpunkten im Verlauf eines Auslandsaufenthaltes (vor der Ausreise, nach der Ankunft, nach der Hälfte der im Ausland verbrachten Zeit, kurz vor der Rückreise, nach der Heimkehr) werden die Studierenden aufgefordert, über ein online-Formular, das nach interkulturellen Gesichtspunkten konzipiert ist, ihren Auslandsaufenthalt zu reflektieren. Diese Vorgehensweise erlaubt es nicht nur, den Bericht, der oft als lästige Pflicht empfunden wird, für die Studierenden zu einem produktiven Element der Selbstreflektion und der Bewusstmachung der eigenen Erfahrungen aufzuwerten,[12] so dass ihr Blick für Fremdheitserfahrungen und deren Auswirkungen auf die interkulturelle Zusammenarbeit geschärft wird, sondern ermöglicht auch eine engere Verzahnung von eher theoretischem Wissen über interkulturelle Kommunikation und eigenem praktischem Erleben, so dass die Entwicklung interkultureller Kompetenzen positiv gefördert wird. Der bisweilen als „lästige Pflicht" empfundene Bericht wird so zu einem Instrument der Weiterentwicklung eigener interkultureller Kompetenzen der Studierenden. Die festgehaltenen interkulturellen Erfahrungen und Reflexionen könnten in zweifacher Hinsicht für die Veranstaltung Praxistag und auch für das Studium selbst nutzbar gemacht werden. Zum einen ist es vorstellbar, dass Studierende nach ihrer Rückkehr aus dem Ausland einen Praxistag-Workshop zum Erfahrungsaustausch mit Studierenden vor der Ausreise nutzen; zum anderen können die in den Berichten erfassten Erlebnisse in weiteren wissenschaftlichen Arbeiten zur interkulturellen Kommunikation ausgewertet werden, damit die daraus gewonnenen Erkenntnisse in die Konzeption und Gestaltung weiterer interkultureller Qualifizierungsmaßnahmen integriert werden und diese somit spezifischer an die Bedürfnisse der Studierenden angepasst werden können.

Die Konzeption des „interkulturellen Praxistages" als „Event" stellt zwar vor allem in geistes- und kulturwissenschaftlichen Studiengängen eine gewisse Provokation dar. In einer engen Verzahnung mit längerfristigen Strukturen,

---

11 Projekt „e-FiZ – Frankreichkompetenz für die interkulturelle Zusammenarbeit online", gefördert im Rahmen der Anreizorientierung e-Learning der Universität des Saarlandes.

wie sie am Beispiel der Weiterentwicklung von Lehrveranstaltungen oder der Einbindung in die Gestaltung von Auslandsaufenthalten skizziert wurde, können davon jedoch wichtige Impulse für mehr Praxisorientierung im Studium ausgehen und der Praxisnutzen scheinbar rein theoretischer Studieninhalte in kultur- und geisteswissenschaftlichen Studiengängen aufgezeigt werden.

---

12 Vgl. hierzu Dorothee Röseberg: Kulturwissenschaft Frankreich. Klett: Stuttgart/Düsseldorf/Leipzig, 2001, insb. Kap. 6 „Praktische Interkulturelle Kommunikation und Fremderfahrung", hier S. 174-183.

Handlungsempfehlungen der Sprachwissenschaften:
Umsetzung und Implementierung von Berufs- und Arbeitsweltkompetenz im Studium: Projekt „Perspektive Sprachwissenschaft"

Andreas Monz, Barbara Sandig

1. Einleitung

Die Voraussetzung für ein Projekt wie die „Perspektive Sprachwissenschaft" war die Bemühung um berufsverträgliche Themen in Forschung und Lehre, nicht zuletzt um mit einer modernen, anwendungsbezogenen Linguistik Studierenden eine praxisorientierte Ausbildung anzubieten. Text- und Gesprächslinguistik wurden an Anwendungsfeldern, wie beispielsweise Arbeiten über Bewertungstexte, Fachtexte, Medien und Medientexte einerseits und Arbeitsgesprächen (z.B. in der Restaurantküche, beim Augenarzt) andererseits erprobt. In diesem Umfeld entstand 2001 das Projekt „Perspektive Sprachwissenschaft"[1], ein Projekt, das sich zum Ziel setzte, ein nachhaltiges Konzept zur Öffnung und Orientierung der Neueren Deutschen Sprachwissenschaft (NDS) in Richtung außeruniversitäre (Arbeits-)Welt zu entwickeln.

2. Herausforderungen

Linguistik als Wissenschaft von der Sprache stellt in einer industriellen Wissensgesellschaft und Medienwelt einen zentralen und nach vielen Seiten hin impulsgebenden Bereich dar. Die Explosion der Wissensbestände und die Ausdifferenzierung der fachlichen Domänen benötigt eine funktionierende Kommunikation; in einer sich technisierenden und globalisierten Welt erhält deshalb die Frage der sprachlichen Kompetenz des Einzelnen sowie der miteinander kommunizierenden Teile der Gesellschaft einen wachsenden Stellenwert.

---

1   Leider blieb das Projekt auf den Lehrstuhl Prof. Sandig begrenzt; nach deren Pensionierung wurde es nicht weitergeführt.

Oft wird eine fehlende Transparenz und Kommunikation universitärer Inhalte beklagt. Zudem wird gerade den geisteswissenschaftlichen Fächern ein mangelnder Anwendungsbezug vorgeworfen. So fordert Knapp in seinem Vorwort zum Lehrbuch Angewandte Linguistik:

„Die politischen und ökonomischen Zwänge der Gegenwart bringen es mit sich, dass sich die universitären Wissenschaften nicht länger von lebenspraktischen Problemen der Gesellschaften, die sie alimentieren, gänzlich fernhalten oder auch nur darauf beschränken können, solche Probleme verstehend zu beschreiben. Wissenschaften sind zunehmend gefordert, die auf sie verwandten Ressourcen zu rechtfertigen, und dafür ihren Fokus vom *Problemverstehen* auf das *Problemlösen* auszuweiten." (Knapp 2004, XVII)

Am Anfang des Projekts stand das Desiderat einer ungenügenden Vernetzung von universitärer und außeruniversitärer (Arbeits-) Welt. Zentral bei der Konzeption sind die folgenden Fragen: Welche beruflichen Perspektiven bietet ein Studium der NDS (in der oben genannten Ausrichtung)? Welche Inhalte und Themen dieser Richtung sind für die außeruniversitäre (Arbeits-) Welt von Relevanz?

Ziel des Projekts war die Etablierung eines facettenreichen Netzwerkes zwischen Lehrenden und Studierenden der germanistischen Sprachwissenschaft, der NDS und anderen Fachrichtungen sowie zwischen NDS und der außeruniversitären (Arbeits-)Welt sowohl regional als auch national. Alle Beteiligten sollten für außeruniversitär relevante Inhalte, Themen und Kompetenzen der Linguistik sensibilisiert werden. Eine stärkere Transparenz in Forschung und Lehre wurde, vor allem auf der Grundlage einer Entwicklung eines Teils dieses Faches in den letzten Jahrzehnten in Richtung Anwendbarkeit der Inhalte, hergestellt.

Im Folgenden werden wesentliche Aspekte bei der Konzeption und Umsetzung eines solchen Projekts vorgestellt:

- inhaltlich-thematische Abhängigkeiten,
- Instrumentarium / Werkzeuge,
- Kommunikation,
- personelle und finanzielle Ressourcen.

Es folgt eine Checkliste bevor abschließend der Nutzen eines solchen Projekts skizziert und ein Ausblick (mit linguistischer Perspektive) gegeben wird.

3. Inhaltlich-thematische Abhängigkeiten

Mit der pragmatischen Wende innerhalb der Linguistik in den 1970er Jahren bildeten sich verschiedene Forschungsrichtungen wie Text- und Gesprächslinguistik heraus, die es ermöglichen in Form eines Studiums der Linguistik Kommunikationsexperten auszubilden. Der Lehrstuhl Germanistische Linguistik von Barbara Sandig hatte eine solche pragmatische Ausrichtung mit konkreten inhaltlichen Bezügen zu Anwendungsfeldern. Mündliche und schriftliche Kommunikation[2] wurde nach bestimmten Zielsetzungen analysiert, umgekehrt wurden Fertigkeiten vermittelt, die eine adressatengerechte Produktion von Texten verschiedener Textmuster und Gesprächsgattungen ermöglichen. Mit dieser Ausrichtung konnte zudem interne und externe Kommunikation in Unternehmen, Organisationen, Institutionen und Verbänden auf der Grundlage sprachwissenschaftlicher Text- und Gesprächsanalysen optimiert werden. Diese Analysen zu verschiedenen Aspekten beruflicher (und alltäglicher) Kommunikation wie Beziehungsrelevanz, Hierarchie und Macht (Stichwort: Mobbing), Selbstdarstellung oder Geschlecht betreffend enthielten Hinweise auf handlungsrelevante Umsetzungen, die nicht zuletzt dem Unternehmen, der Institution etc. konkret in alltäglichen Kommunikationssituationen helfen können.

Mit dieser inhaltlichen Ausrichtung als Grundlage für eine anwendungsbezogene Linguistik wurde das Projekt „Perspektive Sprachwissenschaft" konzipiert, um eine Plattform für den Austausch in die beschriebenen Richtungen zu ermöglichen.

4. Instrumentarium / Werkzeuge

Wesentlich für den Erfolg eines solchen Projekts ist ein geeignetes Instrumentarium mit den entsprechenden Werkzeugen. Als vorteilhaft erweist sich ein Instrumentarium, das möglichst vielschichtig ist und möglichst unterschiedliche Adressatenkreise erreicht. Die „Perspektive Sprachwissenschaft" zeichnete ein facettenreicher Pool an Werkzeugen mit einem Journal, einer Internetpräsenz, einem Tutorium, einer Ringvorlesung mit Workshops und einem Image-Flyer aus. Im Folgenden werden die einzelnen Werkzeuge detailliert dargestellt.

---

2   zum Beispiel: Mitarbeiterbesprechungen, Beratungs- und Reklamationsgespräche, Arzt-Patienten-Kommunikation, Geschäftsbriefe, Mitarbeiterzeitung, Produktkatalog, Zeitungstexte

Journal

Das 40seitige Journal erschien insgesamt zwei Mal (Mai 2002, Juni 2003). Seine Funktionen waren die Informationsvermittlung bzgl. arbeitsweltrelevanter linguistischer Inhalte und Kompetenzen an universitätsinterne und -externe Rezipientenkreise. Das Projekt wurde durch das Journal erstmalig einem größeren, sehr heterogenen Kreis präsentiert.

Die inhaltlichen Schwerpunkte des Journals zeigten sich in zehn Rubriken, die in beiden Ausgaben zu finden waren:

Unter **Forschung** wurde der wissenschaftlichen Seite linguistischer Arbeit Rechnung getragen. Mitarbeiter und Absolventen der NDS an der UdS schilderten ihre Forschungsschwerpunkte und gaben Einblicke in Untersuchungsgegenstände, Ziele und Methoden ihrer aktuellen Forschungsprojekte. Die Gegenstände reichten dabei von der Analyse präoperativer Aufklärungsgespräche, der Beschreibung der Textmuster deutsches Zivilurteil und Zeitschriftenhoroskop über die Analyse von Formulierungsmuster und Phraseologie in medizinischen Texten bis zur linguistischen Beschreibung der Webgestaltung und verschiedenartiger Fernsehgespräche. Die Vielfalt dieser Themen verdeutlichte sowohl die Aktualität als auch den Praxisbezug sprachwissenschaftlicher Forschung.

In den **Absolventenporträts** zeichneten frühere Saarbrücker Absolventen der Linguistik ihren beruflichen Werdegang nach. Sie reflektierten ihre Erfahrungen aus der Zeit nach dem Studienabschluss und beschrieben den Weg zu ihrer derzeitigen Tätigkeit. Die Bandbreite der Berufe erstreckt sich von hochspezialisierten Berufen bis hin zu Berufen, in denen eher die sogenannten soft skills im Vordergrund stehen. Unter anderem wurden folgende Berufsbilder vorgestellt: Linguist in einem kanadischen Kreditinstitut, Mitarbeiter in verantwortlicher Position am Institut für Rhetorik und Methodik (IRM) der Europäischen Akademie Otzenhausen, Abteilungsleiter für Sprachen- und Öffentlichkeitsarbeit in einem bundesweiten Weiterbildungsunternehmen, Schulbuchberater des Ernst-Klett-Verlages. Die Porträts verdeutlichten, dass sprachwissenschaftliches Know-how in den unterschiedlichsten Kontexten benötigt und genutzt wird.

Die Rubrik **Tipps** bot Hinweise auf interessante Angebote und Informationsveranstaltungen sowie wichtige Adressen rund um die Themen „engagiertes Studium" und „Berufsplanung", zu Stipendien- und Fördermöglichkeiten, zur Beratung durch das Hochschulteam der Arbeitsagentur oder zum Ausbildungskonzept „Gesprächsanalyse" des Instituts für Gesprächsforschung in Konstanz. Auch die Veranstaltungen des Projekts wurden hier angekündigt.

Neben den Terminen und Inhalten der Tutorien und Workshops fanden sich auch Abstracts zu den Ringvorlesungen.

In den **Praktikumsberichten** schilderten Studierende ihre Einblicke in die und Eindrücke aus der Arbeitswelt. Sie nannten ihre Gründe, warum und wo sie ein Praktikum gemacht haben, beschrieben ihre Tätigkeiten und bewerteten ihre Erfahrungen. Berichtet wurde von Praktika bei regionalen Studios großer Fernsehsender (ZDF-Landesstudio Saarland, NDR-Regionalstudio Braunschweig), bei einer Berliner Medienagentur, beim Goethe-Institut in Bordeaux, in den Redaktionen einer regionalen Zeitung und einer Frauenzeitschrift. Darüber hinaus motivierten die Autoren mit Bewerbungstipps ihre Kommilitonen zu frühzeitigen Praxiserfahrungen. Die Autoren stellten sich zudem als Ansprechpartner zur Verfügung.

In der **Praktikumsbörse** konnten Unternehmen und Institutionen gezielt Praktikumsplätze für Studierende ausschreiben. Diese Möglichkeit wurde von einem breiten Spektrum genutzt, zum Beispiel: Büroservice, TV-Produktionsfirma, Klett-Verlag, Software-Firma, Weiterbildungsunternehmen, Kulturreisebüro. Gesucht wurden Praktikanten u.a. für die Bereiche Lektorat, Texterfassung, Textproduktion und -verarbeitung, Technische Redaktion, Seminarassistenz und Aufbau einer Internetpräsenz. Die Praktikumsbörse wurde auf der Internetseite fortgeführt und ständig aktualisiert.

Arbeitsfelder Sprachwissenschaft war eine Rubrik, in der Sprachwissenschaftler aus der beruflichen Praxis ihr aktuelles Tätigkeitsfeld skizzieren, zum Beispiel: Analyse von Telefongesprächen und Konzeption von Weiterbildungsworkshops in einem Call Center einer Schweizer Bank, Parlamentsstenografin im Landtag des Saarlandes, Poesietherapie. Neben der Darstellung ihres Arbeitsfeldes thematisierten die Autoren auch ihre Probleme beim Berufseinstieg und nannten die Zusatzqualifikationen, die man für die Arbeit in dem jeweiligen Tätigkeitsfeld erwerben muss.

Die **Angebote an die außeruniversitäre Arbeitswelt** stellten linguistische Kompetenzen heraus und nannten die Aufgaben, die Sprachwissenschaftler in einem Unternehmen, einer Institution etc. übernehmen können, wie zum Beispiel sprachwissenschaftliche Studien im Rahmen von Abschlussarbeiten und Dissertationen, die in Zusammenarbeit mit dem Unternehmen, der Institution etc. durchgeführt werden konnten. Diese Angebote fanden in Form eines Flyers (vgl. unten) eine eigene Kommunikationsform.

In der Rubrik **Tagungen** wurden wichtige Tagungen für Linguisten angekündigt, so z.B. die Jahrestagungen der Gesellschaft für angewandte Linguistik (GAL) oder die der Deutschen Gesellschaft für Sprachwissenschaft (DGfS).

Dabei wurden in einem Ausblick jeweils besonders interessante Themenbereiche vorgestellt.

Unter **www-Tipps** fand sich in der ersten Ausgabe des Journals eine Liste linguistischer Internetseiten, die von Studierenden beschrieben und bewertet wurden.

Die **Buchtipps** beinhalteten Kurzrezensionen interessanter Literatur zu zentralen linguistischen Themen wie der Unternehmenskommunikation oder zu Berufsfeldern für Linguisten.

Außerhalb der genannten Rubriken wurde im ersten Journal das Projekt „Perspektive Sprachwissenschaft" vorgestellt, die zweite Ausgabe enthielt ein Porträt der Kooperationsstelle Hochschule und Arbeitswelt (heute: Wissenschaft und Arbeitswelt) der Universität des Saarlandes (UdS). Den Abschluss bildete jeweils eine Glosse, die von Mitarbeitern oder Studierenden verfasst wurde.

Internetpräsenz

Die Internetpräsenz (www.perspektive-sprachwissenschaft.uni-saarland.de) war als ‚bleibendes' Element des Projekts gedacht, diente als Fortsetzung des Journals und übernahm dessen Informations- und Präsentationsaufgabe. Als modernes Medium mit dem Potenzial einen größeren Rezipientenkreis zu erreichen war sie zudem eine Plattform für den Austausch zwischen universitätsinternen und -externen Interessierten. Die Startseite bietet einen Überblick sowie eine Auflistung der aktuellen Veranstaltungen (mit Verlinkung zu ausführlichen Beschreibungstexten) und stellt die grundlegende Projektidee vor. Zudem findet sich hier die institutionelle Verortung (Lehrstuhl, Universität).

Im August 2003 wurde die Internetpräsenz mit folgenden Rubriken online gestellt:

Das Projekt: Hier findet sich eine ausführliche Darstellung der Ideen, die hinter dem Projekt stehen.

Forschung und Lehre: In dieser Rubrik stellen Saarbrücker Linguisten ihre Forschungsarbeiten vor. Im Bereich der Lehre ist eine Liste mit ausgewählten Seminaren, die wichtige Kompetenzen und Qualifikationen für bestimmte Aufgabenbereiche vermitteln, zusammengestellt.

Arbeitsfelder: Diese Rubrik beinhaltet Ausführungen zu Tätigkeits- und Kompetenzbereichen und stellt den Bezug zur Berufspraxis her. In einer Grafik sind Kompetenzen (u.a. Problemlösekompetenz, soziale und personale Kompetenz) und Qualifikationen (Gesprächs- und Textanalyse, Textproduktion, Kommunikationsoptimierung), die während des Studiums erworben werden, dargestellt. Außerdem sind tabellarisch linguistische Tätigkeiten in der Unternehmenskommunikation, in den Medien und in Institutionen aufgelistet.

AbsolventInnen: Absolventen der Saarbrücker Linguistik berichten über ihren beruflichen Werdegang.

Engagiertes Studium: Schon während des Studiums können Studierende viel tun, um sich weiterzuqualifizieren und damit ihre Berufschancen nach dem Studienabschluss zu verbessern. Ihnen diese Möglichkeiten aufzuzeigen, ist unter anderem Aufgabe des Tutoriums (vgl. unten), über das in dieser Rubrik informiert wird. Hier finden sich auch die Termine und Abstracts zu berufsbezogenen Workshops.

Praktika: Mit dieser Rubrik wird den Studierenden die Relevanz berufsorientierter Praktika aufgezeigt; u.a. schildern Studierende in Praktikumsberichten ihre Erfahrungen und dienen als Ansprechpartner. Zudem entstand hier eine Praktikumsbörse.

Unternehmen: Diese Rubrik bietet regionalen Unternehmen ein Forum; sie können sich gezielt Studierenden und Absolventen der NDS und anderer geisteswissenschaftlicher Fachrichtungen präsentieren und qualifizierte Praktikanten sowie Arbeitskräfte ansprechen. Ein weiterer Schritt in diese Richtung war die Posterpräsentation des Projekts im Rahmen des ersten Unternehmertages der UdS im September 2003. Weitere Interessentinnen und Interessenten wurden mit einem Image-Flyer im Rahmen einer Mailing-Aktion Mitte 2004 gewonnen.

Ringvorlesung: Diese Rubrik der Homepage dient als Rück- und Ausblick auf die einzelnen Termine der Ringvorlesung (vgl. unten). Mit Abstracts stellen sich die Referentinnen und Referenten vor und informieren über die Inhalte ihrer Vorträge. Zu bereits gehaltenen Vorträgen finden sich Berichte.

Tipps: Hier finden sich Informationen über interessante Bücher, www-Seiten und anstehende Symposien und Tagungen.

Kontakt: Hier stellt sich das Projektteam vor, eine direkte Kontaktaufnahme über E-Mail oder Telefon wird ermöglicht.

Tutorium

Als Adressaten des Tutoriums waren vornehmlich Studierende eines geisteswissenschaftlichen Faches gedacht. Arbeitsweltrelevante Theorie und praktische Übung wurden verknüpft. Studierende sollten frühzeitig und studienbegleitend für die Berufswelt sensibilisiert und zu einem effizienten und engagierten Studium motiviert werden. Weitere Aufgaben des Tutoriums waren eine adäquate Vorbereitung und selbständige Erarbeitung wichtiger Fertigkeiten und Arbeitsmethoden, die einen erfolgreichen Berufseinstieg erleichtern können. Es wurden Tutorien mit den folgenden Modulen angeboten:

Modul 1: Tipps und Methoden für ein engagiertes Studium

Dieses Modul umfasste u. a. Hilfestellungen und Ratschläge für die konkrete Semester- und Studiumsplanung, Informationen zu Möglichkeiten eines Auslandsaufenthaltes, zu Aufbaustudiengängen und anderen universitären und außeruniversitären Weiterbildungsmöglichkeiten.

Modul 2: Berufsorientierung

Es wurden linguistische Berufsprofile, u. a. in den Feldern Medien und Public Relations, Kommunikationstraining, Technische Dokumentation, Fortbildung und Personalarbeit, mit ihren spezifischen Zugangsvoraussetzungen vorgestellt. Insbesondere am Beispiel des Berufsfeldes Journalismus wurden Fragen und Problemstellungen (z. B. „Wie baue ich Kontakte auf?") bearbeitet.

Modul 3: Bewerben

Hier wurden exemplarisch Bewerbungsmappen vorgestellt, anhand derer ein Leitfaden für „richtiges" Bewerben erarbeitet wurde. Neben der Bewerbung auf Stellenanzeigen wurden auch Initiativbewerbungen, Kurzbewerbungen, Bewerbungen per E-Mail und telefonische Bewerbungen besprochen. Dieses Modul beinhaltete weiterhin einen Gastvortrag einer Vertreterin des Hochschulteams der Arbeitsagentur zum Thema Vorstellungsgespräche, der wichtige Tipps zur Vorbereitung und zu Verhaltensweisen rund um das Bewerben enthielt.

Modul 4: Methodische Qualifikationen – Schreiben, Präsentieren, Moderieren

Unter dem Stichwort „Schreibschule" wurden Übungen zu kreativem und fachbezogenem Schreiben zusammengefasst, die sowohl während des Studiums als auch für das spätere Berufsleben von Nutzen sind (z. B. journalistisches Texten). Weiterhin enthielt dieses Modul Anleitungen zum gelungenen Präsentieren. Neben der Besprechung inhaltlicher und formaler Aspekte wurden auch die entsprechenden technischen und multimedialen Möglichkeiten erprobt. Als Managementtechnik für den Berufseinstieg wurde die Moderation als Alternative zur Diskussionsleitung vorgestellt und anhand einer moderierten Gruppendiskussion von den Teilnehmern selbst angewendet und analysiert.

Modul 5: soft skills – Stärken, die nicht auf dem Papier stehen

Zur inhaltlichen Abrundung des Tutoriums wurde in diesem Modul auf persönliche und soziale Kompetenzen wie Belastbarkeit, Teamfähigkeit und Innovationsfähigkeit eingegangen. Hiermit wurde dem Trend Rechnung getragen, nach dem immer mehr Unternehmen ihre Bewerber und Mitarbeiter zur Teilnahme an einem Assessment Center auffordern, um die oben genannten Kompetenzen zu überprüfen. Die in einem solchen Auswahlverfahren angewendeten Test- und Übungsverfahren waren ebenfalls Gegenstand dieses Moduls.

Das Tutorium war sehr praxisorientiert ausgerichtet. Es konnte außerdem flexibel an die Bedürfnisse der Teilnehmer angepasst werden. Die Inhalte konnten je nach Gruppeninteresse und -größe variieren.

Ringvorlesung

Mit der Ringvorlesung wurden der universitären und außeruniversitären Welt anschaulich und konkret Arbeitsfelder für Linguisten vorgestellt. Die Referenten (Absolventen der UdS oder renommierte Vertreter ihres Berufsstandes) berichteten über ihren beruflichen Alltag, reflektierten ihre universitäre Ausbildung, zeigten sinnvolle Zusatzqualifikationen auf und boten Möglichkeiten für Praktika sowie zum fachlichen und persönlichen Austausch. Pro Semester wurden drei bis vier „Praktiker" eingeladen.

Als Referenten mit interessanten Themen aus der außeruniversitären Berufswelt wurden gewonnen: Maggie Peren (München), selbständige Drehbuchautorin: Schreiben von Filmdrehbüchern / Dr. Christa Baldauf (Wiesbaden), Bundeskriminalamt: Forensische Linguistik / Dr. Martin Hartung (Konstanz), Institut für Gesprächsforschung: Gesprächsforschung als Hilfe in Institutionen / Dr. Michael Meng (Jena), intershop: Technische Redaktion / Dr. Svenja Sachweh (Bochum), selbständige Kommunikationstrainerin: Kommunikation in der Altenpflege / Dr. Alexander Ott (Saarbrücken), Klett-Verlag: Schulberater bei einem Schulbuchverlag / Dr. Christiane Konegen-Grenier (Köln), Deutscher Instituts-Verlag: Arbeitswelt für Geisteswissenschaftler heute! / Martina Groß (Saarbrücken), Werbeagentur 7° OST: Linguistik und Werbung

Von der Hochschule in den Beruf - Berufs- und Arbeitsweltkompetenz im Studium

/ Karen Christine Angermayer (Saarbrücken), selbständige Bibliopädagogin: Poesie- und Bibliotherapie / Alexandra Raetzer (Saarbrücken): Freie Journalistin: Journalistisches Schreiben / Marie-Elisabeth Denzer (Saarbrücken), Saarländischer Rundfunk: Arbeit im und für das Fernsehen / Dr. Susanne Poro (Saarbrücken), selbständige Kommunikationstrainerin: Aus dem Alltag einer Kommunikationstrainerin.

Abb. 1: Ankündigung Vortrag und Workshop Maggie Peren

Ein insgesamt sehr heterogenes und interessiertes Publikum fand sich zu den jeweiligen Vorträgen ein. Über verschiedene Vorträge wurde vom Saarländischen Rundfunk, vom Deutschland Radio Berlin, von Saar TV und der Saarbrücker Zeitung berichtet.

Aufgrund der positiven Rückmeldungen der Besucherinnen und Besucher wurde die Ringvorlesung in den kommenden Semestern fortgeführt. Sie etablierte sich als lohnenswertes Zusatzangebot der linguistischen Ausbildung.

Workshops

Durch das Interesse an den Inhalten der Vorträge im Rahmen der Ringvorlesung entstand die Idee, diese Inhalte in Workshops mit den jeweiligen Referenten zu vertiefen. Fachspezifische Übungen mit intensiver Betreuung wurden so von kompetenten Fachleuten aus der außeruniversitären Welt angeboten.

Flyer

Mit einem Image-Flyer wurden direkt regionale Unternehmen und Institutionen auf arbeitsweltrelevante linguistische Inhalte und Kompetenzen aufmerksam gemacht. Knappe und verständliche Informationen, die arbeitsweltrelevante Themenstellungen der Linguistik hervorheben, wurden mit dieser Kommunikationsform transportiert.

Der Flyer bestand im Wesentlichen aus vier Informationsblöcken:

Linguistische Kompetenzen betont die Bedeutung von Linguisten als Experten in den Bereichen mündliche und schriftliche Kommunikation sowie Textverständlichkeit. Sich daraus ergebende Einsatzbereiche sind: Optimierung von kommunikativen Prozessen wie Verkaufs- oder Einstellungsgespräche, zielgruppenorientierte Gestaltung von Kundeninformationen und Mitarbeiterzeitschriften, Produktion verständlicher Texte wie Gebrauchsanweisungen und Formulare.

Linguistische Arbeitsfelder beschreibt den methodischen Hintergrund der Felder Gesprächsoptimierung und Textverständlichkeit.

Schlüsselqualifikationen nennt die Qualifikationen, die durch ein geisteswissenschaftliches Studium erworben werden (soft skills): Selbst- und Zeitorganisation, Teamfähigkeit, Flexibilität, Engagement, Recherchekompetenz sowie das Strukturieren von komplexen Sachgebieten.

Abb. 2: Flyer Außenseite

Abb. 3: Flyer Innenseite

Unser Angebot formuliert unsere Angebote für Unternehmen und Institutionen: Praktikumsbörse, sprachwissenschaftliche Studien und Forschungsprojekte in Zusammenarbeit mit einem Unternehmen, einer Institution etc. und Vermittlung professioneller Angebote der Text- und Gesprächsoptimierung.

Dem Flyer jeweils beigefügt ist eine Postkarte, die Interessierten eine umstandslose Kontaktaufnahme mit speziellen Schwerpunkten (Praktikumsangebot, Aufnahme in Mailingliste etc.) ermöglicht.

corporate design

Ein corporate design mit blau gehaltenem Schriftzug „Perspektive Sprachwissenschaft" und Puzzle-Logo dient einem erhöhten Wiedererkennungswert. Vor allem das motivierte Logo mit der Puzzlesymbolik (puzzle, engl.: Problem; Brockhaus: „Zusammensetzen eines Bildes aus vielen kleinen Einzelteilen"), Farbsymbolik (blau mit der Nähe zum corporate design der UdS und als Symbol für die Einzelteile aus dem universitären Bereich, rot als Symbol für die außeruniversitäre (Arbeits-)Welt) und Bewegungssymbolik referiert auf die Ideen und Inhalte des Projekts. Das Projektlogo beschreibt einerseits den Ist-Zustand – Identifikation der Teilchen u.a. mit linguistischen Kompetenzen und Qualifikationen, Relevanz für die außeruniversitäre (Arbeits-) Welt – und erlaubt andererseits auch Blicke auf zukünftige Entwicklungen einer modernen, anwendungsbezogenen Linguistik.

5. Kommunikation, Stichwort: networking

Neben der Frage nach einem geeigneten Instrumentarium stellt sich die Frage nach der Einbeziehung von Multiplikatoren. Zu Beginn wurde das Projekt grundlegend bekannt gemacht, verbunden mit den Fragen: Was will das Projekt? Welche Inhalte werden transportiert? Wer steht dahinter? Wer sind die Adressaten? In dieser Phase waren persönliche Gespräche mit Kollegen verschiedener Fachrichtungen, Vertretern zentraler Einrichtungen der Universität (z.B. Pressestelle, Kooperationsstelle Wissenschaft und Arbeitswelt, Studienberatung, Hochschulteam der Arbeitsagentur) und der regionalen Medien angebracht. Nach der Etablierung des Projekts im Bewusstsein potenziell Interessierter rückten in einer zweiten Phase einzelne Veranstaltungen in den Vordergrund. Dabei sollte jede Ankündigung bzw. Berichterstattung im Kontext des Projekts verortet werden, so wurde eine „Marke" etabliert. Ein zentraler Ansprechpartner auf Seiten des Projekts dient als Koordinator. Als Kommunikationsformen sind im Einzelnen weiter zu nennen: Mailingliste,

Von der Hochschule in den Beruf - Berufs- und Arbeitsweltkompetenz im Studium

Internetpräsenz mit Ankündigung aktueller Veranstaltungen an prominenter Stelle, Plakate (mit „festen" Plätzen und weiträumiger Plakatierung), Flyer (mit großflächiger Verteilung), Pressemitteilungen, Ankündigungen und Berichterstattung in den (regionalen) Medien.

6. Ressourcen – personelle, finanzielle

Bereits bei der Konzeption eines Projekts zur Berufs- und Arbeitsweltkompetenz im Studium müssen die zur Verfügung stehenden Ressourcen[3] eruiert werden. Ein Projektteam aus einem Koordinator und unterschiedlich einsetzbaren Mitarbeitern muss zusammengestellt werden. Vor allem der Koordinator sollte in hohem Maß Engagement, Kreativität, Organisationstalent, Ausdauer, Flexibilität und Kommunikationskompetenz mitbringen.

Zudem ist eine finanzielle Sicherung des Projekts von Beginn an notwendig. Referentenhonorare, Reisekosten, Druck- und Kopierkosten, Tutorengelder sowie Hilfskräfte sind zu finanzieren. So können beispielsweise zentrale Mittel[4] der Fachrichtung/ Fakultät/ Universität wie zusätzliche Sponsorengelder eingeworben werden.

7. Checkliste

Zusammenfassend lässt sich zur Orientierung bei der Konzeption eines solchen Projekts folgende Checkliste anführen:

---

[3] Leider fehlt allzu oft eine notwendige Unterstützung von zentraler Stelle, die eine mittel- und langfristige Etablierung eines solchen Projekts an einer Universität sichert. Das persönliche Engagement Einzelner entscheidet oft über den Erfolg und die in Zukunft gesicherte Etablierung.

[4] Die „Perspektive Sprachwissenschaft" erhielt über die Kooperationsstelle Wissenschaft und Arbeitswelt eine Anschubfinanzierung, das Hochschulteam der Arbeitsagentur unterstützte das Projekt bei der Finanzierung von Referentenhonoraren, durch die „Anreizorientierung" der UdS war die Finanzierung der Tutorien möglich. (Außeruniversitäre) Werbepartner übernahmen (in großen Teilen) die Druckkosten der Journale und des Image-Flyers. Nicht zu unterschätzen ist dabei der personelle und zeitliche Aufwand zur Einwerbung der Gelder.

Checkliste zur Entwicklung eines Projekts „Berufs- und Arbeitsweltkompetenz"
(in Anlehnung an die Erfahrungen im Projekt „Perspektive Sprachwissenschaft")

Inhalte

Welche inhaltliche Ausrichtung hat das Fach? Ist diese arbeitsweltbezogen? Bietet diese Ausrichtung das Potenzial für ein solches Projekt?

Adressaten

Wer soll mit einem solchen Projekt angesprochen werden? Wer hat welchen Nutzen davon?

Instrumentarium / Werkzeuge

Welche Werkzeuge sollen zum Einsatz kommen? (am Beispiel der „Perspektive": Journal / Internetpräsenz / Tutorium / Ringvorlesung mit Workshops / Image-Flyer mit Postkarte)
Welche Adressaten sollen auf welchem Weg erreicht werden?

Journal

Welche Rubriken soll das Journal beinhalten? Wie häufig soll es erscheinen? Welchen Umfang soll es haben? Wie soll das Layout gestaltet sein? Wie soll es „an den Mann" gebracht werden? Wer kommt als Autor in Frage?

Internetpräsenz

Wie soll die Internetpräsenz gestaltet sein? Was soll auf der Startseite stehen? Welche Rubriken soll die Internetpräsenz umfassen? Welche Unterrubriken sind sinnvoll? Wie sieht eine sinnvolle interne Verlinkung aus? Wer pflegt wann und wie neue Inhalte ein? Welche URL ist sinnvoll?

Tutorium

Welche Module sollen angeboten werden? Wann soll das Tutorium für wen und in welchem Umfang angeboten werden? Wie lässt sich eine adressatenorientierte Gestaltung und flexible Ausrichtung sichern?

Ringvorlesung mit Workshops

Wer kommt als Referent in Frage? Wie können potenzielle Referenten für einen Vortrag kontaktiert und begeistert werden? Welche inhaltliche Ausrichtung sollte vorgegeben werden? Welcher Vortrag soll die Reihe eröffnen? Wie sichert man eine thematische Abwechslung der Vorträge? Wann soll die Ringvorlesung stattfinden (Welcher Wochentag ist sinnvoll? Liegen wichtige Veranstaltungen parallel? Welcher Tag ist für potenzielle Referenten angenehm? Bietet sich ein „fester" Termin an?) Wie lange soll ein Vortrag dauern? Wie viele Vorträge pro Semester sind sinnvoll?

Image-Flyer mit Postkarte

Welche Adressaten möchte ich ansprechen? Wie lassen sich Institutionen, Unternehmen etc. für linguistische Inhalte sensibilisieren? Welche Informationsblöcke soll der Flyer beinhalten? Wie ist der Flyer zu gestalten (Papier, Format, Farbe etc.)?

corporate design

Wie sieht ein motiviertes Logo aus? Welche Schriftart, Schriftgröße und Schriftfarbe dient als Grundlage? Läßt sich ein Schriftzug entwerfen, der z.B. im Hintergrund immer zu finden ist?

Kommunikation

Welche Kommunikationsformen sollen zum Einsatz kommen? (am Beispiel der „Perspektive": Mailingliste, Poster und Flyer zu Veranstaltungsankündigungen, Internetpräsenz, Ankündigungen in Seminaren, Pressemitteilungen, Ankündigungen in den (regionalen) Medien, Briefe (z.B. Referenten, Finanziers, Werbepartner))

Wie sieht eine sinnvolle Verteilung aus? Wo soll plakatiert werden? Wo sollen Flyer ausgelegt werden? In welcher Anzahl?

Wer soll aufmerksam gemacht werden? (im eigenen Fach: Kollegen, Studierende etc.? / auf Fakultätsebene: Kollegen anderer Fächer, Fakultätsrat, Studierende anderer Fächer? / auf Universitätsebene: zentrale Einrichtungen wie Pressestelle, Hochschulteam der Bundesagentur für Arbeit, Studienberatung, Präsidium? / in der Region: Unternehmen, Institutionen, Privatpersonen, Medien? / überregional: Medien, andere Universitäten, Institutionen?)

Personal

Soll ein zentraler Ansprechpartner etabliert werden? In welchem Umfang kann ein Mitarbeiter von Lehrstuhlaufgaben entlastet werden? Ist der Einsatz eines Projektmitarbeiters möglich? Können Hilfskräfte eingesetzt werden?

Welche Qualifikationen müssen Mitarbeiter, Hilfskräfte mitbringen? (u.a. fachliche Kompetenz, in hohem Maß Engagement, Kreativität, Organisationstalent, Ausdauer, Flexibilität und Kommunikationskompetenz)
Welche Qualifikationen müssen potenzielle Tutoren mitbringen?
Wie kann man „Freiwillige" zur Mitarbeit am Projekt begeistern? (z.B. Autorenschaft Journal / Internetpräsenz. Stichworte: Einüben journalistischer und redaktioneller Fertigkeiten bereits während des Studiums)

Zeitliche Koordination

Welcher Zeitrahmen ist von der ersten Idee bis zur ersten Veranstaltung zu etablieren?
Welche Etappenziele / Meilensteine sind zu setzen? Wann sind welche Anträge zu stellen?
Wann kontaktiert man potenzielle Referenten? Wann kündigt man das Semesterprogramm an? Wann einzelne Veranstaltungen? Wann sollen Pressemitteilungen versendet werden? Wann sollen Ankündigungsmails über die Mailingliste versendet werden? Wann sollen die Veranstaltungen in Seminaren angekündigt werden? Wann soll plakatiert werden?

Finanzen

Welche Kosten fallen an (u.a. Personal, Referentenhonorare, Reise- und Übernachtungskosten, Druckkosten, Material)?
Wer kommt potenziell als Geldgeber in Frage?
Gibt es zentrale Stellen bzw. Programme an der Universität, in der Fakultät, im Fachgebiet?
Wie können (externe) Sponsoren gewonnen werden?
Lässt sich ein kurz-, mittel- und langfristiger Finanzplan aufstellen?
Wie lässt sich das Projekt mittel- und langfristig finanzieren?
Ist es sinnvoll, Teilnahmebeiträge (z.B. für Workshops) zu erheben? Wie hoch können diese sein? Ist eine Staffelung (Studierende, Personen der außeruniversitären Welt) sinnvoll?

Institutionelle Verankerung

Wo lässt sich das Projekt institutionell verankern? Lehrstuhl-, Fachgebiets-, Fakultäts- oder Universitätsebene? Welche Ebene ist sinnvoll?

Die Beantwortung dieser Fragen ermöglicht eine Einschätzung der Durchführbarkeit und des Erfolgs eines Projekts zur Arbeits- und Berufsweltorientierung.

8. Zum Nutzen eines solchen Projekts

Ein Projekt wie die „Perspektive Sprachwissenschaft" baut Strukturen auf, die für heutige und zukünftige Generationen nutzbar sind. Einerseits wird ein Anwendungsbezug der (Geistes-) Wissenschaft gerade mit Blick auf den Bologna-Prozess immer wichtiger, andererseits kann die (Geistes-) Wissenschaft auf diese Art und Weise ein Stück weit den „Elfenbeinturm Universität" verlassen. Die Relevanz des Projekts zeigt sich in dem großen universitätsinternen (gute Hörerzahlen, „Initiative Qualität[5]", Mitarbeit beim universitätsweiten Projekt „Attraktion von Studierenden") und -externen Zuspruch.

Im Folgenden werden die einzelnen Adressatengruppen mit der konkreten Relevanz des Projekts in Verbindung gebracht.

Studierende werden frühzeitig für die Berufsplanung sensibilisiert und zu einem intensiven Studium motiviert. Es eröffnen sich facettenreiche berufliche (und soziale) Perspektiven. Vorträge, Workshops, Beiträge in den Journalen und auf der Internetpräsenz sowie persönliche Gespräche mit Vertretern der Arbeitswelt erleichtern die Berufsorientierung und -findung. Die Relevanz einer praxisorientierten Ausbildung wird deutlich, Studierenden wird gezeigt, welche fachlichen und zugleich berufsrelevanten Fähigkeiten sie im Studium erwerben und wie sie diese im beruflichen Kontext gewinnbringend einsetzen können. Ein solches Projekt weist auf notwendige und mögliche Zusatzqualifikationen wie Praktika, soft skills, Weiterbildungsangebote etc. hin. Nicht zuletzt können Studierende Vorbildern folgen und auf ein Netzwerk bei der Praktikaplanung, beim Berufseinstieg und im späteren Berufsleben zurückgreifen. Der Kontakt zur alma mater wird so gehalten.

Für die Universität zeigt sich ein Alleinstellungskriterium, das Studierende durch ein praxisorientiertes Ausbildungsangebot werben kann. Zudem verortet sich die Universität im regionalen Leben und zeigt den Nutzen wissenschaftlicher Inhalte. Ein Wissenstransfer wird ermöglicht: eine nachhaltige Universität erzeugt Wissen für alle (arbeitenden) Menschen.

Der außeruniversitären Arbeitswelt werden Qualifikationen und Kompetenzen sowie potenzielle Einsatzfelder von Linguisten transparent gemacht; diese können auch zum wirtschaftlichen Erfolg beitragen.

Bei Interessierten in der Region kann Interesse an einer so verstandenen Linguistik geweckt werden; die Universität wird zum Bestandteil der regionalen Identifikation und des Miteinanders.

---

5 Die „Initiative Qualität" zeichnet pro Semester fünf Projekte mit einem Qualitätssiegel aus.

Allgemein ermöglicht ein solches Projekt also die Bildung eines universitätsinternen und -externen Netzwerks, das regional und national, aktuell und zukünftig allen Beteiligten Perspektiven aufzeigt.

9. Ausblick

Die Etablierung solcher Projekte scheint uns durchaus sinnvoll, ist aber mit einigen Mühen und Risiken (Stichwort: Selbstverständnis der Geisteswissenschaften) verbunden. Eine Verortung auf Fakultätsebene – und somit zentrale Verankerung in der Universitätsstruktur – scheint uns angebracht (Stichwort: Kompetenzzentrum); Energien würden sich so bündeln lassen und ein solches Projekt könnte auch langfristig bestehen.

Für die Linguistik (in unserem Verständnis) lassen sich vermehrt Aktivitäten hin zur Arbeitswelt beobachten, u.a.:

- das Rahmenthema der Tagung der Gesellschaft für Angewandte Linguistik lautete im Jahr 2005 „Kommunikation und Profession";
- das Lehrbuch „Angewandte Linguistik" wird 2006 in der zweiten Auflage erscheinen;
- in Aachen wird eine Internetplattform aufgebaut, die sich zum Ziel gesetzt hat, arbeitsweltbezogene linguistische Forschung adressatengerecht und „gebündelt" an Unternehmen, Institutionen etc. zu vermitteln;
- es wird vermehrt an linguistischen Forschungsprojekten mit arbeitsweltbezogenen Themen gearbeitet;
- das Chemnitzer Projekt „Sprache-Medien-Praxis" bietet eine arbeitsweltbezogene Vortragsreihe mit Workshops an.

Die umfassende konzeptionelle und inhaltliche Darstellung unseres Projekts verstehen wir als Orientierung, als konkrete Handlungshilfe für die Konzeption und Etablierung ähnlicher Projekte.

Handlungsempfehlungen der Erziehungswissenschaften:
Herausforderung annehmen, Eigenverantwortung fördern - Vermittlung und Erwerb von Schlüsselkompetenzen

Andrea de Riz, Robin Stark

Die Vermittlung von Schlüsselkompetenzen besteht als Forderung und Auftrag an die Hochschulen (vgl. de Riz/Stark, in diesem Band). Bei der Umsetzung dieser Forderung stehen die Hochschulen allerdings u.a. vor dem Problem der Finanzierung. Die öffentlichen Haushalte sind leer, die Mittel, die den Hochschulen daher zur Realisierung solcher Vorhaben zur Verfügung stehen, entsprechend knapp. Mit der Einführung von Studiengebühren, wie sie auch an der Universität des Saarlandes ab 2007 erfolgt, wird die allgemeine Mittelknappheit nicht grundsätzlich zu beheben sein. Allerdings werden Studiengebühren eingeführt mit dem Versprechen, die Studienqualität für die Studierenden nachhaltig zu verbessern. Die Vermittlung von Schlüsselkompetenzen gehört aus Sicht der Studierenden auf jeden Fall dazu. Diese Erwartungshaltung äußerten Studierende, die an unserem Projekt „Erhöhung der Berufsorientierung durch Vermittlung von Schlüsselkompetenzen für Studierende der Erziehungswissenschaft" teilgenommen haben, das im Rahmen der Forschungsausschreibung „Berufs- und Arbeitsweltkompetenz an der Hochschule" der Kooperationsstelle Wissenschaft und Arbeitswelt an der Universität des Saarlandes entwickelt und realisiert wurde.

Die Erziehungswissenschaft ist eines jener Fächer, die nicht nur innerhalb der Geistes- und Kulturwissenschaften einen sehr hohen Zulauf haben - gemessen an den Absolventinnen und Absolventen steht das Fach bundesweit auf Platz 4 nach Wirtschaftswissenschaft, Rechtswissenschaft und Humanmedizin (Vogel, 2002). Da bei der Vermittlung von Schlüsselkompetenzen die fachliche Anbindung ein wichtiger Faktor ist, wurde dieses Projekt in der Erziehungswissenschaft angesiedelt. Prinzipiell ist es aber so gestaltet, dass die Erkenntnisse auf andere Fächer übertragbar sind.

Im Vergleich mit anderen Studiengängen liegen für die Geistes- und Kulturwissenschaften, also auch für die Erziehungswissenschaft, nur in Ausnahmefällen eindeutige Berufsbilder vor. Absolventinnen und Absolventen dieser Studiengänge sind in vielen unterschiedlichen Berufsfeldern zu finden (Freis et al., 2003). Die Studierenden dieser Fachrichtungen schätzen deshalb fachübergreifende Schlüsselkompetenzen als entscheidendes Kriterium für den Berufseinstieg und die Arbeitspraxis in ihrer späteren Erwerbstätigkeit ein (Gräsel/Tippelt, 2002).

Aber auch in Studienfächern wie Betriebswirtschaftslehre, denen man gemeinhin eine deutlichere berufliche Ausrichtung unterstellt, schätzen Studierende den Stellenwert von Schlüsselkompetenzen für einen erfolgreichen Start ins Berufsleben als hoch ein (Kußmaul/Henkes/Schulz, in diesem Band). Die Vermittlung von Schlüsselkompetenzen in die Studiengänge explizit aufzunehmen, scheint daher angebracht.

Es bleibt also bei der Frage, wie kann die Hochschule dies leisten? Vor dem Hintergrund der Einbindung von Schlüsselkompetenzen in ein integratives Bildungskonzept und somit als Kernstück individueller Persönlichkeitsentwicklung (de Riz/Stark, in diesem Band) stellt sich jedoch gleichzeitig die Frage, inwieweit Schlüsselkompetenzen vermittelt werden können und inwieweit sie erworben werden müssen. Das bedeutet, welchen Beitrag muss die Hochschule leisten, aber welchen Beitrag müssen gleichzeitig die Studierenden selbst erbringen?

1. Schlüsselkompetenzen als Lernprozess: Konstruktion und Instruktion

Im Idealfall kommt beim Lernprozess beides zusammen, Wissensvermittlung seitens lehrender Personen und Wissenserwerb auf Seiten der Lernenden. Das bedeutet, es geht um ein ausgewogenes Verhältnis von Instruktion und Konstruktion wie es in neueren Lernmodellen vertreten wird. Nach Reinmann-Rothmeier/Mandl (2001) ist es weder realisierbar noch sinnvoll, Lernumgebungen entweder rein konstruktiv oder rein instruktiv zu gestalten. Für einen nachhaltigen Wissenserwerb ist es wichtig, das Lernende das neue Wissen selbst „herstellen". Entsprechend diesem konstruktivistischen Ansatz ist Wissen nichts, was man 1:1 von einer lehrenden auf eine lernende Person übertragen kann. Vielmehr entsteht Wissen demnach erst durch die subjektive Repräsentation der Lernenden. Das bedeutet, dass sie das neue Wissen an vorhandenes Vorwissen anknüpfen und auf Grund ihrer individuellen Erfahrungen eigenständig interpretieren. In Lernumgebungen, in denen ganz auf diese Eigenleistung der Lernenden gesetzt wird, sind diese in der Regel aber überfordert. Deshalb sind bestimmte Anteile systematischer Instruktion seitens der Lehrenden genauso wichtig. Dabei geht es um die Vermittlung bestimmter Wissensbausteine, deren Einbindung in ein thematisches System und den Regeln zu dessen Anwendung. Es ist allerdings darauf zu achten, dass diese Instruktion nur dort erfolgt, wo sie wirklich nötig ist und nicht generell den Freiraum für eigene Erfahrung und individuellen Umgang mit dem Lehrstoff einschränkt.

Für die Hochschulen, die den Auftrag zur Vermittlung von Schlüsselkompetenzen aktiv wahrnehmen möchten, bedeutet dies, einerseits konkrete Angebote zu bestimmten Inhalten zu machen und andererseits Lernumgebungen so zu gestalten, dass Studierende darin unterstützt werden, Schlüsselkompetenzen konstruktiv zu erwerben. Dabei sind motivationale, kognitive und soziale Faktoren zu beachten, da Lernen immer ein Prozess und als solcher aktiv, selbstgesteuert, konstruktiv, situativ und sozial ist (Reinmann-Rothmeier/Mandl, 2001).

Lernen als aktiver Prozess setzt die aktive Beteiligung des Lernenden voraus. Ohne diese Beteiligung ist Lernen nicht möglich, Voraussetzung dafür sind Motivation und Interesse. Diese wiederum hängen unter anderem von der wahrgenommenen Nützlichkeit des Lernstoffs für langfristige Ziele ab (Simons/Dewitte/Lens, 2004). Das bedeutet, die Aufgabe der Hochschule besteht zunächst einmal darin, den Studierenden die Nützlichkeit von Schlüsselkompetenzen für ihr späteres Berufsziel klar und deutlich zu vermitteln. So kann die Hochschule die Motivation der Studierenden fördern und sich aktiv um den Erwerb von Schlüsselkompetenzen zu kümmern.

Eng damit verbunden ist **Lernen als selbstgesteuerter Prozess**. Die Lernumgebung sollte so gestaltet sein, dass die Lernenden Möglichkeit zur Selbststeuerung und Kontrolle über den Lernprozess haben. Das Ausmaß der wahrgenommenen Selbststeuerungsmöglichkeit wirkt sich auf die Lernmotivation und in deren Folge auf Lernstrategien und Lernerfolg aus (Deci/Ryan, 1993). Das bedeutet, die Hochschule muss den Studierenden das Thema Schlüsselkompetenzen gar nicht fix und fertig servieren, sondern sollte auch hier Raum für die Selbststeuerung des Erwerbs von Schlüsselkompetenzen lassen.

Den **Lernprozess als konstruktiv** zu bezeichnen bedeutet, davon auszugehen, dass Wissen gebildet und nicht übernommen wird. Wissen ist demnach nicht objektiv und absolut, sondern wird immer individuell konstruiert. Dazu sind vorhandene Wissensstrukturen und individuelle Erfahrungen nötig, mit Hilfe derer das neue Wissen eingebunden und interpretiert werden kann. Im Klartext heißt das, wer schon etwas weiß, lernt auch mehr dazu. Für die Vermittlung von Schlüsselkompetenzen bedeutet das, den persönlichen Erfahrungshintergrund und Wissensbestand der Studierenden mit einzubeziehen. Es bedeutet außerdem, dass ein gemeinsamer Grundstock geschaffen werden muss, damit auf dieser Basis die Studierenden den weiteren Erwerb von Schlüsselkompetenzen konstruktiv übernehmen können.

Lernen als situativen Prozess zu betrachten, bezieht sich auf die Tatsache, dass Wissenserwerb, also die Konstruktion von Wissen, immer in einem gegebenen Kontext erfolgt, an den es zunächst auch gebunden ist. Der häufig geforderte Wissenstransfer ist keine selbstverständliche Leistung. Die Übertragung von Lösungsstrategien, die bei der Erarbeitung bestimmter Aufgaben erworben wurden, auf einen anderen Kontext erfolgt nur selten spontan (Stern, 1997). Eine Trennung von Lösungsstrategien und Entstehungskontext als Voraussetzung für Wissenstransfer muss vielmehr gezielt gefördert werden. Auch ein Angebot zur Vermittlung von Schlüsselkompetenzen seitens der Hochschulen steht in einem spezifischen Kontext. Um den Studierenden einen Transfer der erworbenen Strategien und Kompetenzen auf andere Situationen, insbesondere arbeitsweltliche, zu ermöglichen, muss dies mit geeigneten didaktischen Methoden immer wieder geübt werden. Dies lässt sich gut mittels problemorientiertem Lernen umsetzen, indem die Studierenden dazu angehalten werden, das Gelernte bei immer wieder anderen Aufgaben konkret anzuwenden (Reinmann-Rothmeier/Mandl, 2001).

Nicht zuletzt ist **Lernen auch ein sozialer Prozess**. Gelernt wird oft zusammen mit anderen und in Auseinandersetzung mit diesen. Lernen erfordert also soziales Handeln. Darüber hinaus hat das, was gelernt wird, meist auch einen soziokulturellen Hintergrund und ist vor diesem zu betrachten. Das bedeutet, der Lernprozess als solcher bietet hinreichend Möglichkeiten, Schlüsselkompetenzen wie Kommunikations- und Teamfähigkeit, Konfliktmanagement oder Moderationskompetenz zu vermitteln bzw. zu erwerben. Diese müssen nur erkannt und genutzt werden. Es gilt, Lehrveranstaltungen, unabhängig vom Fachthema, gezielt auch unter dem Aspekt ihres sozialen und kommunikativen Übungspotenzials zu gestalten. Dies wird auch durchaus schon genutzt. So werden zum Beispiel des öfteren Gruppenarbeiten von Lehrenden als Methode eingesetzt. Allerdings fehlt meist eine methodische Heranführung oder gar eine Auswertung des Gruppenprozesses. Diese Reflexion ist für den gezielten Erwerb sozialer Kompetenzen jedoch wichtig.

2. Unser Modell zur Förderung des Erwerbs von Schlüsselkompetenzen

Erfahrungsgemäß ist die Bereitschaft bei vielen Studierenden, zusätzlich zu den Pflichtveranstaltungen ihres Studiums freiwillige Angebote zu nutzen, vergleichsweise gering. Das betrifft insbesondere diejenigen, die davon am meisten profitieren würden, denen aber der Nutzen eines solchen Zusatzangebots gar nicht klar ist. Studierende, die von sich aus mit einem guten Potenzial an Schlüsselkompetenzen ausgestattet sind oder diese im Verlauf ihrer bisherigen Biografie erworben haben, nutzen entsprechende Angebote stärker. Das liegt daran, dass sie durch Erfahrungen etwa aus einer vorangegangenen Berufsausbildung, aus Nebenjobs oder Praktika die Relevanz solcher Kompetenzen besser einschätzen können (Kußmaul/Henkes/Schulz, in diesem Band).

Der wahrgenommene Nutzen für langfristige Ziele, wie zum Beispiel das Berufsziel, wirkt sich jedoch stark auf Lernmotivation, Lernstrategien und Leistung aus (Simons/Dewitte/Lens, 2004). Ein Angebot der Hochschule zur Vermittlung beziehungsweise zum Erwerb von Schlüsselkompetenzen sollte unseres Erachtens diesen Zusammenhang nutzen, in dem es den Studierenden die Bedeutung von Schlüsselkompetenzen für ihren späteren Berufsweg deutlich macht. So könnte die Motivation der Studierenden, eigenverantwortlich den Erwerb von Schlüsselkompetenzen voranzutreiben, nachhaltig gefördert und unterstützt werden. Für die Hochschule hätte dies den Vorteil, dass sich der von ihr zu leistende Anteil reduziert, da Studierende die Angebote effektiver nutzen und die dort erworbenen Kompetenzen zumindest teilweise selbstständig weiter entwickeln.

Vor diesem Hintergrund haben wir in einem ersten Schritt unseres Projektes einen Workshop zum Thema „Was kann ich eigentlich? Potenzialanalyse für Studierende zur Berufsorientierung und Vermittlung von Schlüsselkompetenzen" für Studierende der Erziehungswissenschaft an der Universität des Saarlandes durchgeführt. Durch die Kooperation der Projektbeteiligten (Prof. Dr. Robin Stark, Fachrichtung Erziehungswissenschaft, und Dipl.-Soz. Andrea de Riz // competence-design, selbstständige Beraterin und Karriere-Coach) waren sowohl der Praxisbezug wie auch die fachspezifische Orientierung gegeben.

Der Workshop war als eine Art Crash-Kurs konzipiert und deshalb in nur vier zweistündige Veranstaltungen im Abstand von jeweils einer Woche aufgeteilt. In jeder Veranstaltung gab es einen kurzen intensiven Input an Informationen zum jeweiligen Thema und Aufgaben, die bis zum nächsten Treffen selbstständig zu bearbeiten waren. Die Ergebnisse der Aufgaben wurden dann gemeinsam besprochen, wobei die Referentin qualitätssichernd eventuelle Lücken oder Fehlinterpretationen aufzeigte. Es wurde auf ein ausgewogenes Verhältnis zwischen klarer Instruktion, wo immer sie nötig war, und Freiraum zur Konstruktion geachtet. So fühlten sich die Teilnehmenden sicher bezüglich der gelieferten Basisinformationen und konnten dies selbstgesteuert weiterverarbeiten. Der Lernerfolg wurde durch eine kurze Selbstpräsentation, die in der letzten Sitzung zu halten war, überprüft. Alle Teilnehmenden konnten dabei ihre Interessen und Ziele klar benennen sowie ihre relevanten Kompetenzen überzeugend darstellen. Darüber hinaus hatten sie eine klare Vorstellung davon entwickelt, welche Schlüsselkompetenzen sie im Verlauf ihres Studiums noch erwerben beziehungsweise ausbauen wollten.

Der Inhalt dieses Workshops lässt sich in drei Bausteine unterteilen: Information über potenzielle Berufe, Unterstützung bei der Berufszielfindung, Analyse der Relevanz der Schlüsselkompetenzen und Selbsteinschätzung.

Information über potenzielle Berufe

Die Studierenden haben oft zu wenig Information über potenzielle Berufe sowie über die jeweiligen Anforderungen. Die Hochschule muss also zunächst berufsrelevante Informationen anbieten. Sinnvollerweise wird dieses Informationsangebot auf den jeweiligen Fachbereich gezielt abgestimmt. Dies kann durch eigens dafür qualifizierte Lehrende des Fachbereichs erfolgen, die in engem Kontakt mit der Arbeitswelt stehen. Aber auch Veranstaltungen mit Berufspraktikern und -praktikerinnen oder Beraterinnen und Beratern eigenen sich dazu. Wichtig ist, dass die Informationen tatsächlich aus der potenziell berufsrelevanten Praxis der Zielgruppe stammen.

Wesentlicher Inhalt dieses Bausteins war daher die Information über mögliche Tätigkeitsfelder speziell für Studierende der Erziehungswissenschaft sowie die Anleitung zur selbstständigen Recherche mit dem Ziel der Ermittlung potenzieller Berufsziele und der dabei jeweils erwarteten Kompetenzen.

Unterstützung bei der Berufszielfindung

Viele Studierende geistes- und kulturwissenschaftlicher Studiengänge, aber auch Studierende anderer Fachgebiete, haben oft Schwierigkeiten ein klares Berufsziel zu nennen.

Die Vorstellung, was genau sie nach Abschluss ihres Studiums arbeiten werden, ist sehr vage. Das liegt zum großen Teil an dem oben beschriebenen

Mangel an Informationen über mögliche Berufsfelder und dem damit einhergehenden völlig unklaren Bild potenzieller Tätigkeitsbereiche.

Nach der Information über mögliche Berufe und die damit verbundenen Anforderungen ist die Unterstützung bei der Herausbildung eines klaren Berufsziels der nächste Schritt.

Einen zentralen Stellenwert nimmt dabei die Frage nach den persönlichen Interessen ein. Wer keine Vorstellung davon hat, was er oder sie tun möchte, wird auch in Bewerbungssituationen wenig überzeugend auftreten können. Das Gleiche gilt für die persönlichen Kompetenzen. Neben der Frage was *möchte* ich beruflich einmal machen (Welche Jobs gibt es? Welche interessieren mich?) stand daher die Frage »was *kann* ich machen« im Zentrum dieses Bausteins. Auf dieser Grundlage wurde ein persönliches Stärken-Schwächen-Profil erstellt, aus welchen die Kompetenzen herausgefiltert wurden, die für möglicherweise interessante Tätigkeiten relevant sind. Dazu wurde eine Ist-Soll-Analyse zum Abgleich zwischen dem eigenen Kompetenzprofil und den für die potentiellen Jobs benötigten Kompetenzen mit dem Ziel durchgeführt, festzustellen, welche Kompetenzen evtl. im Verlauf des Studiums noch erworben werden müssen.

Relevanz der Schlüsselkompetenzen und Selbsteinschätzung

Eng verknüpft mit der Feststellung, welche Kompetenzen für ein bestimmtes Berufsziel erforderlich sind, ist die Frage, wie wichtig die jeweilige Kompetenz für den erfolgreichen Berufseintritt ist. Viele Studierende sind stark verunsichert, weil sie oft genug von der Bedeutung fachübergreifender Kompetenzen für den Start ins Berufsleben hören, aber erstens keine klare Vorstellung davon haben, welche Kompetenzen genau damit gemeint sind, und zweitens schlecht einschätzen können, in welchem Ausmaß sie selbst über diese Kompetenz verfügen. Im Hinblick auf die Relevanz von Schlüsselkompetenzen sind daher zwei Punkte zentral:

- Die Relevanz, also der praktische Nutzen des Erwerbs der jeweiligen Kompetenz im Hinblick auf das Berufsziel, muss für die Studierenden klar erkennbar sein (**Instrumentability**, Simons/Dewitte/Lens, 2004),

- die persönliche Notwendigkeit, diese Kompetenz zu erwerben, muss den Studierenden klar vor Augen stehen (**Selbsteinschätzung**).

Das heißt, Studierende müssen nicht nur erkennen, was sie für ihr Berufsziel tatsächlich brauchen, sondern auch, was ihnen davon noch fehlt. Durch das Informationsangebot wird eine gewisse Sicherheit bezüglich der Relevanz bestimmter Kompetenzen vermittelt, durch die realistischere Selbstwahrnehmung steigt die Motivation, selbst aktiv auf den Erwerb dieser fehlenden Kompetenzen hin zu arbeiten. Unter dieser Voraussetzung steigt die Bereitschaft entsprechende Angebote zu suchen und zu nutzen.

In diesem Baustein wurde dem Thema Selbstbild und Fremdbild daher besondere Bedeutung beigemessen. Es wurden verschiedene Methoden zur Förderung der Selbstanalyse vorgestellt und genutzt, wie zum Beispiel Berufsinteressentests, Persönlichkeitstests, die aber nie isoliert betrachtet, sondern immer in den Kontext integriert wurden. Als besonders wichtig stellte sich die Unterstützung bei der Selbstanalyse im Hinblick darauf heraus, wie realistisch es ist, die fehlenden Kompetenzen zu erwerben. Erweist sich der Erwerb wesentlicher Kompetenzen für diese Person als unrealistisch, muss das Berufsziel unter Berücksichtigung des persönlichen Potenzials neu überdacht werden.

Im zweiten Schritt unseres Projektes wurden Teilnehmende dieses Workshops sowie Studierende, die am Projekt „Fit für die Arbeitswelt" (Jordan/Steinmann, in diesem Band) teilgenommen hatten, mittels qualitativer Interviews zum Thema „Vermittlung und Erwerb von Schlüsselkompetenzen" befragt. Das Projekt „Fit für die Arbeitswelt" wurde deshalb ausgewählt, weil es im Vergleich zu unserem Crash-Kurs Konzept wichtige Gemeinsamkeiten sowie wichtige Unterschiede aufweist.

Gemeinsamkeiten

- Vermittlung von Schlüsselkompetenzen und Erhöhung der Berufsorientierung
- Freiwillige Teilnahme, zusätzlich zum regulären Lehrplan
- Erwartung hoher Eigenleistung und ausgeprägtem Engagement seitens der Teilnehmenden

Unterschiede

- „Fit für die Arbeitswelt": Langzeitangebot, zwei Semester
  „Was kann ich eigentlich?": Kompaktangebot, vier Wochen
- „Fit für die Arbeitswelt": Gruppenveranstaltungen plus Einzelcoaching
  „Was kann ich eigentlich?": Kleingruppenmodell (vier Teilnehmende)

Die wichtigsten Ergebnisse dieses qualitativen Vergleichs lassen sich wie folgt zusammenfassen:

Teilnehmende beider Projekte betonten den hohen Stellenwert der persönlichen Rückmeldung durch eine Expertin aus der Arbeitswelt. Im Projekt „Fit für die Arbeitswelt" war dies durch das Einzelcoaching natürlich in höherem Maße gegeben. Durch die kleine Gruppe des Workshops „Was kann ich eigentlich?" war aber auch hier eine persönliche Rückmeldung seitens der Referentin an die Teilnehmenden möglich, wenn auch in geringerem Umfang.

Ebenso herrschte bei den Befragten beider Gruppen ein ähnlich gemischtes Meinungsbild hinsichtlich der Einschätzung der Eigenverantwortung für den persönlichen Lernprozess. Überwiegend wurde es in jedem Fall als Aufgabe der Hochschule betrachtet, Angebote für den Erwerb von Schlüsselkompetenzen zu machen. Die Meinungen gehen aber stark auseinander hinsichtlich der erwarteten Unterstützung. Während einige Befragte das Nutzen solcher Angebote sowie die Weiterentwicklung des erworbenen Wissens in der Verantwortung der Studierenden selbst sehen, wünschen sich andere ein durchgängiges Betreuungsangebot. Alle Befragten empfanden die Teilnahme am jeweiligen Projekt als Anregung, sich weiter mit dem Thema Schlüsselkompetenzen zu befassen.

3. Fazit

Die Konzeption unseres Crash-Kurs-Modells basierte auf folgenden Überlegungen:

Gibt es ein Modell zur Vermittlung von Schlüsselkompetenzen, das einerseits von der Hochschule umgesetzt werden kann (sowohl finanziell wie personell) und andererseits die Studierenden aktiv dabei unterstützt, Schlüsselkompetenzen zu erwerben? Die Lösung dieser Frage liegt unseres Erachtens in dem von uns unter „Herausforderungen" bereits beschriebenen Ansatz (vgl. de Riz/ Stark in diesem Band), Bildung als Persönlichkeitsentwicklung zu begreifen. Was bedeutet das für die Umsetzung von Vermittlungsmodellen für Schlüsselkompetenzen konkret? Es bedeutet nicht, vorgefertigte Wissensbausteine eins zu eins übertragen zu wollen, sondern konstruktiv die Lernenden zum selbstgesteuerten Erwerb von Schlüsselkompetenzen zu führen.

Dies kann durch kurze Module, die Anregungen und Impulse zur Auseinandersetzung mit der eigenen Person und den Anforderungen von Studium und Arbeitswelt geben, erreicht werden. Diese Module sollten eng an den jeweiligen Fachbereich angegliedert, im Idealfall sogar in den Lehrplan integriert sein, um in der Kürze der zur Verfügung stehenden Zeit eine Eingrenzung auf fachspezifische Anforderungen zu ermöglichen. So erlebten es beispielsweise Teilnehmende unseres Workshops als sehr wertvoll, die Frage nach der Relevanz von Kompetenzen speziell bezüglich der Möglichkeiten für Erziehungswissenschaftlerinnen und -wissenschaftler zu diskutieren.

Solche kurzen Module sind finanzierbar, erreichen viele und geben eine Grundlage zum weiteren selbstgesteuerten Erwerb von Schlüsselkompetenzen und zur Weiterentwicklung der eigenen Persönlichkeit. Eine Implementierung solcher Module in alle Studiengänge würde auf jeden Fall eine gute Basisversorgung für alle Studierenden bewirken. Dabei wäre eine zentrale Koordinationsstelle an der Hochschule wünschenswert, die in Absprache mit den Fachbereichen solche Module konzipiert und bei gegebener Kompetenz auch selbst durchführt. Ansonsten sind externe Fachleute hinzuzuziehen. Den Bereich Schlüsselkompetenzen den Fachbereichen alleine zu überlassen, scheint im Hinblick auf die Komplexität des Themas und die benötigte Expertise problematisch. Aber auch hier könnte die regelmäßige Auseinandersetzung mit der Einbindung der Module für Schlüsselkompetenzen eine wachsende Kompetenz der Lehrenden bewirken.

Für die Hochschule selbst entsteht so mittelfristig ein Potenzial an sowohl fachlich wie auch im Hinblick auf Schlüsselkompetenzen gut qualifizierten Absolventinnen und Absolventen sowie Lehrenden. Dies ist neben der verbesserten Qualität der (Aus-)Bildung mit Sicherheit auch ein imagefördernder Effekt. Und im wachsenden Konkurrenzkampf der Hochschulen ist dies sicher nicht unerheblich!

4. Literaturverzeichnis

Chur, Dietmar (o.J.): (Aus-) Bildungsqualität durch Schlüsselkompetenzen - zur Konkretisierung eines integrativen Bildungsverständnisses. Interquelle: http://www.uni-heidelberg.de/studium/SLK/dokumente/paris2.pdf, recherchiert am 12.10.2005

Chur, Dietmar (2002): (Aus-) Bildungsqualität verbessern. Das Heidelberger Modell. Erschienen in DUZ 3/02

Deci, Edward L./Ryan, Richard M. (1993): Die Selbstbestimmungstheorie der Motivation und ihre Bedeutung für die Pädagogik. In: Zeitschrift für Pädagogik, 21, S. 123-238

Freis, Britta et al. (2003) Berufsfelder für Geisteswissenschaftler/-innen. Koordinierungs- und Beratungsstelle für den Berufseinstieg (KoBra), SH 2/208, Ruhr-Universität-Bochum & Hochschulteam Arbeitsamt Bochum. Internetquelle: http://www.ruhr-uni-bochum.de/kobra/BroschuereGeiWi_Netzversion.pdf, recherchiert am 25.04.2004

Gräsel, Cornelia/Tippelt, Rudolf (2002): Magister-PädagogInnen als Lebenskünstler? In: Otto, Hans-Uwe/Rauschenbach, Thomas/Vogel, Peter (Hrsg.) (2002): Erziehungswissenschaft: Arbeitsmarkt und Beruf, S. 43-56, Opladen

Reinmann-Rothmeier, Gabi/Mandl, Heinz (2001): Unterrichten und Lernumgebungen gestalten. In: Krapp, Andreas/Weidemann, Bernd (Hrsg.): Pädagogische Psychologie. Ein Lehrbuch. Weinheim, S. 601-646

Simons, Joke/Dewitte, Siegfried/Lens, Willy (2004): The role of different types of instrumentality in motivation, study strategies, and performance: Know why you learn, so you'll know what you learn! In: British Journal of Educational Psychology, 74, S. 343-360

Stern, Elsbeth (1997): Grundlage in des erfolgreichen lern Transfers. In: Mandl, Heinz (Hrsg.) Unter Mitarbeit von Bruckmoser, S./Gruber, H.: Bericht über den 40. Kongreß der Deutschen Gesellschaft für Psychologie in München 1996. Schwerpunktthema: Wissen und Handeln. Göttingen. Internetquelle: http://paedpsych.jku.at:4711/LEHRTEXTE/Stern96.html, recherchiert am 26.12.2005

Vogel, Peter (2002): Das Studium der Erziehungswissenschaft. In: Otto, Hans-Uwe/Rauschenbach, Thomas/Vogel, Peter (Hrsg.) (2002): Erziehungswissenschaft: Lehre und Studium, S. 13 - 20, Opladen

Handlungsempfehlungen – das Komplettangebot – der
Kontaktstelle für Wissens- und Technologietransfer der
UdS (KWT):

Kompetenzen für eine erfolgreiche „Existenz- bzw. Unternehmensgründung"

Thomas Kunz

1. Einführung

Jede Existenzgründung beginnt mit einer Idee. Doch was ist erforderlich, um ausgehend von dieser Idee ein dauerhaft erfolgreiches Unternehmen aufzubauen? Anders gefragt, welche Faktoren sind maßgeblich für den dauerhaften Geschäftserfolg einer Idee? Außer einer guten Idee sind an dieser Stelle sicherlich die Persönlichkeit des Gründers, seine Fach-, Branchen-, Methoden- und Sozialkompetenz sowie insbesondere betriebswirtschaftliche Grundkenntnisse zu erwähnen. Während Unternehmensgründer die Idee und Persönlichkeit mitbringen und meistens auch über gute Fach- und Branchenkenntnisse verfügen, ist dies im Bereich der betriebswirtschaftlichen Kenntnisse und der Sozialkompetenz, auch Soft Skills genannt, nicht immer der Fall. Im Unterschied zur Idee, die man mitbringen muss, kann man diese aber erlernen bzw. trainieren. Welche Fähigkeiten und Kenntnisse Voraussetzung für dauerhaften unternehmerischen Erfolg sind, wird im Folgenden am Beispiel des Komplettangebotes für den Start in die Selbständigkeit der Kontaktstelle für Wissens- und Technologietransfer (KWT) der Universität des Saarlandes aufgezeigt. Es wurde entsprechend den Anforderungen der Gründer aufgebaut und wird gemeinsam mit dem Institut für Existenzgründung und Mittelstand (BLI) von Herrn Prof. Dr. Heinz Kußmaul angeboten.

Die KWT hat Ende 1995 ein Starterzentrum errichtet, um Unternehmensgründungen von Studierenden, Absolventen und akademischen Mitarbeitern der Universität zu unterstützen. Unmittelbar danach wurden im Jahr 1996 erste Existenzgründerseminare angeboten. 1998 wurde das Studienangebot „Existenzgründung" konzipiert, das als Wahlfach in die Lehrpläne ingenieurwissenschaftlicher Fächer aufgenommen wurde. Im gleichen Jahr wurden erstmals Workshops zur Vermittlung sogenannter Softskills angeboten, mittels derer die Sozialkompetenzen der Gründer gestärkt werden sollen. Dieses Qualifizierungsprogramm wurde 2001 durch ein Coachingprogramm ergänzt. Die KWT ist als Vorreiter auf diesem Gebiet zu bezeichnen, da sie bereits drei Jahre bevor das Bundesministerium für Bildung und Forschung mit der Initiative „Exist" Existenzgründung zum Thema in vielen Hochschulen machte, Aktivitäten in diesem Bereich entfaltete. Im Laufe der zehnjährigen Tätigkeit im Bereich Existenzgründung hat die KWT fast 160 Existenzgründungen betreut und gefördert. Und dies mit großem Erfolg. Mehr als 87% der gegründeten Unternehmen existieren zum jetzigen Zeitpunkt (Januar 2006) noch.

Das Komplettangebot der KWT zielt darauf ab, alle Phasen einer Unternehmensgründung effizient zu unterstützen. Es umfasst sowohl Qualifizierungsmaßnahmen in Form von Vorlesungen, Seminaren und Workshops als auch persönliches Coaching. Bevor jedoch dargestellt wird, welche Kompetenzen durch das Angebot vermittelt werden, soll im nächsten Abschnitt zunächst auf die Anforderungen an einen Unternehmensgründer in den verschiedenen Gründungsphasen eingegangen werden. Im Anschluss wird dann aufgezeigt, welche Kenntnisse vermittelt werden, damit der Unternehmensgründer den Anforderungen gerecht werden kann.

2. Kompetenzerfordernisse eines Existenzgründers in der Arbeitswelt

Die Anforderungen an einen Unternehmensgründer sind sehr komplex, da je nach Gründungsphase völlig unterschiedliche Themenstellungen zu bewältigen sind. Das saarländische Beraternetzwerk SOG (Saarland Offensive für Gründer) hat zusammen mit einer Unternehmensberatung die Aufgaben bei einer Unternehmensgründung analysiert und einen idealisierten Gründungsprozess entwickelt. Dieser wurde unter www.sog.saarland.de online als Lehrgang aufbereitet, um Gründern einen Leitfaden für die Vorgehensweise bei einer Unternehmensgründung an die Hand zu geben. Der Gründungsprozess soll im folgenden in Kürze skizziert werden, um die Aufgaben eines Gründers im Überblick zu veranschaulichen.[1] Prinzipiell kann man grob drei

---

1 Der Gründungsprozess umfasst mehr als 60 Einzelschritte, die hier aus Platzgründen leider nicht in aller Ausführlichkeit dargestellt werden können. Interessierte können sich den kompletten Gründerlehrgang im Saar Online Gründerzentrum auf der oben genannten Internetseite ansehen. Es ist bei dem Gründerlehrgang auch möglich, sein Geschäftskonzept direkt online zu erstellen. Darüber hinaus kann während des Lehrgangs eine Differenzierung der Gründungsschritte in Abhängigkeit von der gewählten Rechtsform und nach Branche vorgenommen werden, da die jeweils vorzunehmenden Schritte durchaus unterschiedlich sind.

Phasen unterscheiden: Informationsphase, Phase der Businessplanerstellung und Realisierungsphase.

Idealtypisch lässt sich der Gründungsweg in diesen Phasen folgendermaßen skizzieren. In der Informationsphase sollte sich der Unternehmensgründer zunächst mit den Chancen, aber auch den Risiken seiner Idee auseinandersetzen. Kommt er nach dem Abwägen von Für und Wider einer Gründung zu einem positiven Ergebnis, sollte er sich darüber informieren, welche Hilfestellungen existieren. Es gibt mittlerweile ein recht großes Beratungsangebot für Unternehmensgründer, das von Business Angels, Industrie- und Handelskammern, Handwerkskammern, Hochschulgründungsinitiativen über Angebote öffentlicher Institutionen wie bspw. Wirtschaftsministerien bis hin zu Wirtschaftsförderungsgesellschaften reicht. Diese Beratung soll insbesondere eine erste Orientierung über den zu durchlaufenden Gründungsprozess vermitteln. Der Gründer muss sich zudem über die Voraussetzungen der Selbstständigkeit informieren. Dies umfasst neben den Fragen der persönlichen, fachlich-branchenspezifischen und kaufmännisch-unternehmerischen Eignung auch die Frage nach den Regelungen zur Berufs- und Gewerbefreiheit. Auch einzuhaltende Regelungen zum Umweltschutz und zur Arbeitsicherheit gehören nicht zuletzt zu diesem Themenkreis. Nachdem diese Voraussetzungen geklärt sind, ist zu prüfen, welcher Weg in die Selbständigkeit beschritten werden soll. Je nach Vorhaben ist neben der Neugründung auch die Übernahme eines bereits existierenden Betriebes oder evtl. auch eine Franchise-Lösung als Alternative möglich.

Die Kenntnisse verschiedener Rechtsformen, deren Wahl nach rechtlichen, steuerlichen und wirtschaftlichen Gesichtspunkten erfolgen sollte, gehören ebenfalls zu den Basisinformationen der ersten Phase.

Nach Vollzug der Schritte der ersten Phase hat der Gründer einen ersten Überblick anhand vieler allgemeiner Informationen zum Thema Gründung. In der zweiten Phase geht es nun um die Erstellung eines spezifischen Konzeptes für das geplante Unternehmen – den Businessplan. Dieser dient dazu, die eigene Idee zu konkretisieren und zu beschreiben. Er ist in erster Linie ein Planungs-, aber auch ein Kontrollinstrument. Mit Hilfe des Businessplans können bei der Umsetzung des Vorhabens Abweichungen der Realität von der Planung erkannt und gegebenenfalls Gegenmaßnahmen eingeleitet werden. Er ist auch wichtiges Dokument, um externe Kapitalgeber zu überzeugen. An erster Stelle bei der Erarbeitung dieses Konzeptes steht eine Marktanalyse.[2]

---

[2] Zu unterscheiden ist zwischen der Vorgehensweise bei der Erstellung eines Businessplans und der Gliederung des eigentlichen Businessplans. Beides weicht voneinander ab. Die Ausführungen beziehen sich im folgenden auf ersteres.

Es ist zu prüfen, ob eine Nachfrage nach dem Produkt vorhanden ist bzw. ob eine solche zu schaffen ist. Dazu muss man die Wünsche und das Verhalten der Kunden kennen. Darüber hinaus sollte man auch die Konkurrenz und die zukünftige Marktentwicklung analysieren. An die Marktanalyse schließt sich in der Regel eine Standortanalyse an. Die Wahl des Standortes hat auf Grund der Tatsache, dass es sich hier meist um eine langfristige Entscheidung handelt, eine hohe Bedeutung. Fragen der Infrastruktur, der Konsequenzen der Standortwahl für Kunden- und Lieferantenbeziehung, der Werbewirksamkeit und der Kosten des Standortes spielen dabei eine große Rolle. Nach der Standortwahl stellt sich insbesondere die Frage, welcher Kapitalbedarf mit dem Vorhaben verbunden und wie dieser zu decken ist. Investitionen in Gebäude, Grundstücke, Maschinen, Büroausstattung etc. sind ebenso zu planen wie Betriebsmittel, die Personal-, Raum-, Werbe- und Vertriebs-, Fahrzeug-, Büro- und Verwaltungs-, Versicherungs- sowie Finanzierungskosten umfassen. Die Gründungskosten dürfen ebenfalls nicht vergessen werden. Dieser Finanzierungsbedarf wird in der Regel durch einen Finanzierungsmix gedeckt, der sich aus Eigenmitteln, Förderdarlehen, Zuschüssen und Bankdarlehen und evtl. auch Venture Capital zusammensetzt.

Zu jedem Businessplan gehört im Rahmen der Finanzplanung auch die Erstellung mehrerer Planrechnungen. Dazu zählen der Rentabilitäts- und der Liquiditätsplan, eine Gewinn- und Verlust-Rechnung, eine Planbilanz sowie die Angabe betriebswirtschaftlicher Kennzahlen. Ziel des Rentabilitätsplanes ist es, auf Basis von Umsatzschätzungen zu ermitteln, ob und in welchem Maße das Unternehmen profitabel arbeitet, wohingegen der Liquiditätsplan eine Gegenüberstellung von geplanten Ein- und Auszahlungen ist, mittels derer kontrolliert werden kann, ob das Unternehmen seiner Zahlungsfähigkeit zu jedem Zeitpunkt nachkommen kann. Die Planbilanz ist die Gegenüberstellung von Mittelverwendung (Vermögen) und Mittelherkunft (Schulden) des Unternehmens. Die Gewinn- und Verlust-Rechnung ist eine Gegenüberstellung von geplanten Erträgen und Aufwendungen eines Geschäftsjahres. Die Darstellung von Kennzahlen soll Externen (i.d.R. Kapitalgebern) eine Beurteilung des Unternehmens ermöglichen.

Um am Markt erfolgreich zu sein, muss jeder Unternehmer ein Marketingkonzept erstellen, das Produkt-, Preis-, Kommunikations- und Distributionspolitik umfasst. Dabei sind Art, Qualität und besonderer Nutzen sowie der Preis des Produktes ebenso festzulegen wie die Vertriebswege, der angebotene Service, die Werbemaßnahmen und nicht zuletzt auch die Corporate Identity des Unternehmens.

Wenn der Gründer alle diese Punkte abgearbeitet hat, ist er in der Lage, die Ergebnisse seiner Planung in einem Businessplan zu formulieren, bevor es in der dritten Phase, der Realisierungsphase, um die Umsetzung seiner Ideen geht.

In der Realisierungsphase sind zunächst die aus dem Businessplan resultierenden Entscheidungen umzusetzen. D.h. die mit der Wahl der Rechtsform zusammenhängenden Formalitäten sind zu erledigen, ein Mietvertrag ist zu unterzeichnen, Versicherungen sind abzuschließen, die Hausbank ist zu wählen und die Finanzierung ist festzulegen. Der Marketingplan ist umzusetzen, Personal und Kunden müssen akquiriert werden sowie Formalitäten mit Finanzbehörden erledigt werden. Darüber hinaus sind die Aufbau- und Ablauforganisation im Unternehmen zu regeln.

Wie aus dieser Kurzbeschreibung des Gründungsweges leicht ersichtlich ist, ist betriebswirtschaftliches Grundwissen für einen Unternehmensgründer unabdingbar. Ebenso ist auch zu erkennen, dass er sich in vielen Dingen gleichzeitig auskennen muss. Während in etablierten Unternehmen eine Spezialisierung herrscht und die Arbeitnehmer jeweils nur einen bestimmten, klar definierten Arbeitsbereich abdecken, ist der Unternehmensgründer quasi „das Mädchen für alles". Er ist nicht nur in der Geschäftsführung, sondern auch in den Bereichen Finanzen, Personal, Marketing und Vertrieb, Beschaffung und Produktion gleichzeitig tätig. Selbst bei Gründerteams decken die einzelnen Personen oft mehrere Bereiche ab. Hinzu kommt, dass der Unternehmensgründer im Außenauftritt gegenüber Kunden überzeugen und im Innenverhältnis gegenüber Mitarbeitern eine souveräne Führungsrolle abgeben muss. Letzteres beginnt spätestens mit der oben erwähnten dritten Phase bei der Aufnahme der Geschäftstätigkeit. Während die Erstellung des Businessplans eine Aufgabe „im stillen Kämmerlein" darstellt, beginnt spätestens in der Realisierungsphase die Interaktion mit Dritten, die ebenfalls gelernt sein will. Im folgenden dritten Teil soll nun aufgezeigt werden, welche Kompetenzen man als Unternehmensgründer erwerben sollte bzw. wie man mit Hilfe von Qualifizierungsangeboten Existenzgründer auf die vielfältigen Aufgaben vorbereiten kann.

3. Qualifizierungsangebot der KWT/BLI

Das von der KWT und dem BLI angebotene Qualifizierungsprogramm verfolgt das Ziel, dem Gründer ein solides betriebswirtschaftliches Basiswissen zu vermitteln und seine Sozialkompetenz zu steigern. Das Konzept dieses Programms soll im Folgenden vorgestellt werden. Für den Unternehmensgründer stellen die folgenden Ausführungen eine Übersicht über das Wissen dar, dass er für eine erfolgreiche Unternehmensgründung erwerben sollte. Für die Lehrenden sind sie eine Empfehlung, welche Inhalte in Seminaren und Lehrplänen für Gründer vermittelt werden sollten.

Insgesamt sind folgende betriebswirtschaftliche Wissensgebiete für Gründer relevant:

- Unternehmensführung

- Buchführung

- Internes Rechnungswesen (Kostenrechnung)

- Externes Rechnungswesen (Bilanz)

- Investition

- Finanzierung

- Steuern

- Marketing

- Businessplan

- Recht (Rechtsformen, Patentrechtliche Fragen)

In diesen Wissensgebieten sind folgende Inhalte relevant:[3]

Unternehmensführung:

Jedes Vorhaben beginnt mit einer Vision. Es ist die oberste Aufgabe der Unternehmensführung, basierend auf der Vision Unternehmensziele zu setzen und geeignete Strategien zur Umsetzung dieser Ziele zu definieren sowie deren Umsetzung zu organisieren und zu überwachen. Es erfolgt eine Einführung in das strategische Management („die richtigen Dinge tun") und das operative Management („die Dinge richtig tun").

Buchführung:

Zentrales Unterstützungsinstrument für die Unternehmensführung ist das betriebliche Rechnungswesen, mit dessen Hilfe das Unternehmensgeschehen dokumentiert und gesteuert werden kann. Eine Einführung in die Grundtechnik der Buchführung bildet die Voraussetzung für das Verständnis aus der daraus für interne Entscheidungszwecke abgelei-

---

[3] Für einen detaillierten Einblick wird das Lehrbuch „Betriebswirtschaftslehre für Existenzgründer", Prof. Dr. Heinz Kußmaul, 5. Auflage, R. Oldenbourg Verlag München Wien, 2005, empfohlen.

teten Kosten- und Leistungsrechnung sowie der für externe Zwecke abgeleiteten Bilanz und Gewinn- und Verlustrechnung.

Internes Rechnungswesen (Kosten- und Leistungsrechnung, KLR):

Die Kosten- und Leistungsrechnung hat die Aufgabe, Prognose-, Vorgabe- und Kontroll-Informationen für Entscheidungen der Unternehmensführung bereit zu stellen. Der Gründer erhält eine Einführung in die Grundbegriffe und Grundlagen der Kosten- und Leistungsrechnung. Es werden die Teilgebiete und die Vorgehensweise der Kostenrechnung sowie die Kostenrechnungssysteme vorgestellt. Insbesondere wird anhand eines praktischen Beispiels eine Produktkalkulation durchgeführt.

Externes Rechnungswesen (Bilanz, Gewinn- und Verlustrechnung):

In diesem Themenbereich werden die begrifflichen und rechtlichen Grundlagen sowie wichtige Prinzipien und Basiselemente des externen Rechnungswesens dargestellt. Dem Gründer wird das notwendige Wissen für die Interpretation einer Bilanz und Gewinn- und Verlustrechnung vermittelt. Es erfolgt außerdem eine Einführung in die Grundlagen der Bilanzpolitik und Bilanzanalyse, die den Gründer in die Lage versetzen, mit Hilfe bilanzpolitischer Maßnahmen Einfluss auf die Gestaltung des Jahresabschlusses zu nehmen.

Investition:

Dem Thema Investition kommt ebenfalls eine große Bedeutung zu, da Investitionsentscheidungen (z.B. in Gebäude, Grundstücke, Maschinen) i.d.R. sehr viel Kapital für lange Zeit binden. Damit diese Entscheidungen richtig vorbereitet werden, ist es wichtig, grundlegendes Wissen über die Instrumente der Investitionsrechnung zu vermitteln.

Finanzierung:

Im Rahmen dieses Themenblocks wird aufgezeigt, wie der Kapitalbedarf für ein Unternehmen ermittelt und eine Finanzplanung vorgenommen wird. Dabei wird ebenfalls auf die zu beachtenden steuerlichen Rahmenbedingungen eingegangen. Anhand eines praktischen Beispiels wird ein Finanzplan für ein Unternehmen erstellt. Darüber hinaus wird auch auf die Themen Kreditwürdigkeit und Kreditwürdigkeitsprüfung eingegangen, um den Gründer optimal auf die Verhandlungen mit Banken vorzubereiten. In Form eines Praxisvortrags werden die verschiedenen Förderprogramme, Zuschüsse, Venture Capital und Fördermöglichkeiten durch Business-Angels aufgezeigt.

Steuern:

Jeder Unternehmer wird vor und nach der Gründung mit dem Thema Steuern konfrontiert.

Mit der Veranstaltung wird in die Systematik der Bereiche Einkommen-, Körperschaft-, Gewerbe- und Umsatzsteuer eingeführt. Die steuerlichen Unterschiede zwischen Personen- und Kapitalgesellschaften werden ebenso behandelt wie Rechtskonstruktionen mit dem Ziel der Steuerminimierung und Fragen der Gründungspraxis.

Marketing und Vertrieb:

Im Bereich Marketing und Vertrieb gibt es drei für Gründer relevante Schwerpunkte: Marktpotenzial- und Wettbewerbsanalyse, Einführung in das Marketing & Public Relations sowie das Thema Kundengewinnung.

In der Veranstaltung „Marktpotential- und Wettbewerbsanalyse" wird dem Gründer das Wissen vermittelt, wie er die Tragfähigkeit seiner Idee überprüfen kann. Marktsegmentierung, Abschätzung des realistischen Marktpotenzials, Konkurrenzanalyse und Marktentwicklungstendenzen sind die wesentlichen Punkte, die an einem praktischen Beispiel (i.d.R. mit der jeweils eigenen Idee) behandelt werden.

Einführung in das Marketing & Public Relations behandelt grundlegende Marketingbegriffe und die Erstellung eines Marketingplans, der den Gründer in die Lage versetzt, die vorhandenen Unternehmensressourcen (Know-how, Geld und Zeit) optimal einzusetzen und die verschiedenen Kommunikationsinstrumente (Werbung, Public Relations, Sales Promotion und persönlicher Verkauf) zielorientiert für den Geschäftserfolg zu nutzen. Besondere Aufmerksamkeit wird speziell den Möglichkeiten der PR-Arbeit als kostengünstige Alternative und Ergänzung zur klassischen Werbung gewidmet.

Das schwierigste überhaupt für einen Gründer ist es, Kunden zu gewinnen. Deshalb wird mit der Veranstaltung „Kundengewinnung" diesem Thema besondere Aufmerksamkeit gewidmet.

Strategisches Denken, die verschiedenen Phasen der Kundengewinnung, das strategische Vorgehen bei der Kundengewinnung, die Gewinnung von Adressen, der Brief an den Kunden und das Termintelefonat stehen ebenso im Vordergrund wie die Durchführung des Verkaufsgesprächs und seine Nachbereitung.

Businessplan:

Im Rahmen dieser Veranstaltung werden die Bedeutung des Businessplans, sein Aufbau und die formale Gestaltung sowie der Inhalt eines Businessplans behandelt. Anhand eines praktischen Beispiels wird auf die Aufbereitung des Zahlenmaterials des Investitions- und Finanzierungsmanagements bei der Erstellung eines Businessplans eingegangen.

Recht (Rechtsformen, Patentrechtliche Fragen):

Im Themenblock Recht werden zunächst die unterschiedlichen Rechtsformen für eine Unternehmensgründung vorgestellt und kritisch analysiert. Dabei wird auf die Aspekte Haftung/Risikoverteilung, Geschäftsführung, Gewinn- und Verlustverteilung, Kosten, Nachfolgeregelung und steuerliche Gesichtspunkte eingegangen.

Auch der für Gründer wichtige Bereich des Vertragsrechts und des Arbeitsrechts wird einführend behandelt.

Als drittes für Gründer sehr relevantes Rechtsgebiet wird auf gewerbliche Schutzrechte eingegangen. Bereits die Wahl des Firmennamens, insbesondere aber der Schutz eigener Erfindungen, machen Basiskenntnisse in diesem Bereich unabdingbar.

Neben der betriebswirtschaftlichen Qualifizierung spielen auch die Vermittlung sogenannter „Softskills", mittels derer die Sozialkompetenz der Unternehmensgründer gestärkt werden soll, eine wesentliche Rolle. Die KWT bietet Grundlagenveranstaltungen zu Themen der Personalführung, des Selbst- und Zeitmanagements, des Umgangs mit Stress und des Projektmanagements an:

Personalführung:

Im Bereich Personal werden die Themen „Personalauswahl, Mitarbeiterführung bzw. Führungsstil, Konflikte im Team und schwierige Mitarbeitergespräche" behandelt.

Personalauswahl befasst sich mit rechtlichen Fragen, die sich im Zusammenhang mit der Beschäftigung von Mitarbeitern, Aushilfen und Praktikanten ergeben. Behandelt werden die wesentlichen Regelungen der wichtigsten Gesetze, die beim Abschluss von Arbeitsverträgen zu beachten sind. Außerdem wird auch auf die Gestaltung des Such- und Auswahlprozesses, bspw. die Erstellung von Anforderungsprofilen, die richtige Interpretation von Bewerber-Zeugnissen sowie Gesprächstechniken und Methoden zur Auswahl von Bewerbern eingegangen.

Führungsstil: Die Art und Weise, wie sich Führungskräfte ihren Mitarbeitern gegenüber verhalten, hat erheblichen Einfluss auf viele Faktoren, die letztlich entscheidend für das Betriebsergebnis sind: Qualität und Quantität der Arbeit, Fehlzeiten, Kosten, Kundenkontakte. Ziel ist es, aufzuzeigen, welche verschiedenen Führungsstile unterschieden werden können, welcher Führungsstil in welcher Situation am angemessensten ist und wie man ggf. das eigene Führungsverhalten verbessern kann.

Kein Unternehmerteam ist vor Konflikten gefeit. Der konstruktive Umgang mit Konflikten muss deshalb geschult werden. Im Rahmen einer Veranstaltung wird vermittelt, welche Konflikte innerhalb von Gruppen und Teams auftreten können, inwieweit sie zu einer Teambildung bzw. -entwicklung dazugehören und wie man konstruktiv mit ihnen umgehen kann.

In der Veranstaltung „Schwierige Mitarbeitergespräche führen" werden die Besonderheiten von Gesprächen beleuchtet, in denen man als Führungskraft den Mitarbeitern unangenehme Nachrichten überbringen bzw. bestimmte Verhaltensweisen kritisieren muss oder jemanden zur Übernahme einer unangenehmen Aufgabe bewegen muss. Es werden Wege aufgezeigt, wie eine Führungskraft sich darauf vorbereiten kann und worauf zu achten ist, damit diese Gespräche in angemessener und konstruktiver Weise verlaufen.

Selbstmanagement - Persönliches Erfolgstraining:

Dieser Workshop dient dazu, den Außenauftritt des Gründers zu optimieren, indem die Grundlagen der Kommunikation vermittelt und trainiert werden. Behandelt werden die Aspekte „Selbstbild vs. Fremdbild", „das Selbstbild und seine Auswirkungen auf das eigene Verhalten"; „Modell zur Selbststeuerung", „Außenwirkung durch Feedback erkennen und realistisch einschätzen", „Zuhören und Verstehen", „Sender-Empfänger-Modell der Kommunikation", „Die vier Seiten einer Nachricht", „Überzeugendes Argumentieren" und „Gesprächsführung".

Zeitmanagement:

Ziel dieses Workshops ist es, dem Gründer zu helfen, mit seiner knappen Zeit effizient umzugehen. Dazu werden die Themenschwerpunkte Situationsanalysen, persönliche Zeiteinteilung und Zeitfallen, Prioritäts- und Zielfindung, die Planungstechniken des Zeitmanagements sowie die Eigen- und Arbeitsplatzorganisation behandelt.

Stressbewältigung:

Gerade bei einer Existenzgründung sind 12-Stunden-Arbeitstage und hoher Leistungsdruck keine Seltenheit. Der Workshop vermittelt theoretisches Wissen, Tipps zum Umgang mit Stress und praktische Erfahrungen, damit der Gründer auf Dauer leistungsfähig und ausgeglichen bleibt.

Projektmanagement:

Im Workshop Projekt-Management wird die professionelle Planung und Steuerung von Projekten vermittelt. Philosophie, Grundlagen und Funktion moderner Projektarbeit, die Methodik der Projektplanung, die Organisation von Projekten und Teambildung im betrieblichen Umfeld werden behandelt. Auch auf die Methodik der Projektüberwachung und der Steuerung von Zielen, Qualitäten, Terminen, Kapazitäten und Kosten der Dokumentation und Berichte wird eingegangen.

Unter Berücksichtigung der Gründungsphasen wird diese Menge an Stoff und Wissen an der Universität des Saarlandes in verschiedener Form angeboten. Das Qualifizierungsprogramm besteht aus drei Elementen: Studienangebot „Existenzgründung", Crashseminar „Existenzgründung" und Workshops zu Softskill-Themen.

Unter der fachlichen Leitung von Herrn Prof. Dr. Heinz Kußmaul wird seit März 1996 mit dem Crashseminar „Existenzgründung" ein zweiwöchiger Kompaktkurs angeboten. Damit wird das Ziel verfolgt, einem Gründer, der kurz vor der Gründung steht, einen komprimierten Überblick bzw. Einblick in die relevanten Themenbereiche zu geben. Eine Programmübersicht ist in Tabelle 1 angegeben.

Seit 1998 wird das auf zwei Semester ausgelegte Studienangebot „Existenzgründung" von Herrn Prof. Dr. Heinz Kußmaul angeboten. Es richtet sich primär an Studierende nicht-wirtschaftswissenschaftlicher Fachbereiche, die eine Gründung langfristig planen und sich bereits während ihres Studium ein solides betriebswirtschaftliches Basiswissen aneignen möchten. Das detaillierte Programm ist aus Tabelle 2 ersichtlich.

Ebenfalls seit 1998 werden Workshops zu den Softskill-Themen angeboten. Während beim Studienangebot und Crashseminar „Existenzgründung" der Vermittlung von Wissen, das zur Gründung erforderlich ist, eine herausragende Rolle zukommt, stehen bei den Workshops praktische Fragestellungen im Vordergrund, die nach der Gründung akut werden: der Umgang mit Mitarbeitern, Kunden und der eigenen Zeit.

Das Komplettangebot für den Start in die Selbstständigkeit der KWT wurde seit 1995 kontinuierlich aufgebaut und orientiert sich an den Interessen der Gründer. Das Angebot wurde in mehreren Befragungen evaluiert und von den Gründern als überdurchschnittlich gut beurteilt. Im Rahmen eines kontinuierlichen Verbesserungsprozesses und der Anpassung an die Bedürfnisse der Gründer wird auch in der Zukunft an der Optimierung des Angebots gearbeitet. Eine jeweils aktuelle Übersicht zu dem Programm findet sich auf der Homepage der Kontaktstelle unter: www.uni-saarland.de/kwt.

Programm Crashseminar „Existenzgründung"

1. Woche	17.00 - 18.30 Uhr	18.45 - 20.15 Uhr
Montag	Einführung in das Seminar	Management und Rechnungswesen
Dienstag	Unternehmensrechnung	Bilanzierung
Mittwoch	Kostenrechnung	Produktkalkulation
Donnerstag	Finanzierung	Aufstellen eines Finanzierungsplanes
Freitag	Business-Plan und Investitionsrechnung	Erstellung eines Businessplanes

	8.00 - 10.00 Uhr	10.30 - 12.30	13.30 - 15.30 Uhr
Samstag	Fallstudie zur Unternehmensrechnung	Fallstudie zur Kostenrechnung	Fallstudie zur Finanzierung

2. Woche	17.00 Uhr - 18.30 Uhr	18.45 Uhr - 20.15 Uhr
Montag	Gesellschaftsrecht	Arbeitsrecht
Dienstag	Existenzförderung, Investitionsförderung, Technologieförderung	Kreditfinanzierung
Mittwoch	Unternehmensbesteuerung	Praktische Steuerfragen für Existenzgründer
Donnerstag	Versicherungsschutz	Praktisches Marketing: Vertriebsstrukturen
Freitag	Schutzrechte und Patente	Vorstellung des Komplettangebots der Universität des Saarlandes zum Start in die Selbstständigkeit und des Saar Online Gründerzentrums (SOG) Erfahrungsberichte von ehemaligen Unternehmensgründern aus dem Starterzentrum Abschlussgespräch

Tabelle 1

STUDIENANGEBOT EXISTENZGRÜNDUNG

Veranstaltungsübersicht

Modul I: Management und Rechnungswesen
Zusammenhänge, Ziele und Management
Unternehmensrechnung, Buchführung und Bilanztechnik
Unternehmenssteuerung
Basiselemente zum Rechnungswesen

Modul II: Finanz- und Rechnungswesen
Internes Rechnungswesen (inkl. Fallstudie)
Investition (inkl. Fallstudie)
Finanzierung (inkl. Fallstudie)
Externes Rechnungswesen (inkl. Fallstudie)

Modul III: Ergänzende Praxisvorträge
Recht
- Handelsrecht
- Arbeitsrecht
- Gesellschaftsrecht
- Patentrecht

Vertriebsmanagement
- Marktpotenzial- und Wettbewerbsanalyse
- Kundengewinnung

Modul IV: Existenzgründerpraxis
Rechtsformen und Steuern (inkl. Fragen der Gründungspraxis)
Business-Plan und Erfolgsfaktoren
Finanzierungshilfen: Praxisvorträge

Tabelle 2

4. Die Autor/innen

Horst Backes (Mitherausgeber), Diplom-Betriebswirt und Diplom-Volkswirt, Hauptgeschäftsführer der Arbeitskammer des Saarlandes, Mitglied des Beirats und der Ständigen Kommission der Kooperationsstelle Wissenschaft und Arbeitswelt der Universität des Saarlandes (KoWA)
Email: horst.backes@arbeitskammer.de

Jörg Henkes, Diplom-Handelslehrer, wissenschaftlicher Mitarbeiter am Lehrstuhl für Betriebswirtschaftslehre, insbesondere betriebswirtschaftliche Steuerlehre der Universität des Saarlandes
Email: j.henkes@bli.uni-saarland.de

Barbara Jordan, Diplom-Übersetzerin, Beraterin im Hochschulteam der Agentur für Arbeit in Saarbrücken
Email: barbara.jordan@arbeitsagentur.de

Prof. Dr. Eckard König, Professor für Allgemeine Pädagogik und Erwachsenenbildung der Universität Paderborn, Schwerpunkt Systemische Organisationsberatung
Email: koenig@upb.de

Dr. Thomas Kunz, Diplom-Kaufmann, Wissens- und Technologietransfer GmbH, Universität des Saarlandes, Schwerpunkt Existenzgründung
Email: t.kunz@start.uni-saarland.de

Prof. Dr. Heinz Kußmaul, Professor für Betriebswirtschaftslehre, insbesondere betriebswirtschaftliche Steuerlehre, Direktor des Instituts für Existenzgründung/Mittelstand der Universität des Saarlandes
Email: kussmaul@bli.uni-saarland.de

Prof. Dr. Hans-Jürgen Lüsebrink, Professor für Romanische Kulturwissenschaft/ Interkulturelle Kommunikation, Leiter der Arbeitsstelle für interkulturelle Quebec-Studien und nordamerikanische Frankophonie der Universität des Saarlandes, Beiratsmitglied der KoWA
Email: luesebrink@mx.uni-saarland.de

Andreas Monz, 1. Staatsexamen Lehramt, wissenschaftlicher Mitarbeiter an der Professur germanistische Sprachwissenschaft der TU Chemnitz
Email: andreas.monz@phil.tu-chemnitz.de

Andrea de Riz, Diplom-Soziologin, Andrea de Riz // competence-design: Beratung – Coaching - Projekte
Email: andrea@deriz.de

Eugen Roth (Vorwort), Diplom-Verwaltungswirt, Vorsitzender des DGB-Saar, Mitglied des Landtags des Saarlandes, alternierender Vorsitzender des Beirats der Kooperationsstelle Wissenschaft und Arbeitswelt der Universität des Saarlandes (KoWA)
Email: eugen.roth@dgb.de

Dr. Birgit Roßmanith (Mitherausgeberin), Soziologin - Pädagogin - systemische Organisationsberaterin, Leiterin der Kooperationsstelle Wissenschaft und Arbeitswelt der Universität des Saarlandes (KoWA)
Email: b.rossmanith@mx.uni-saarland.de

Prof. Dr. Barbara Sandig, Professorin für Germanistik und Linguistik der Universität des Saarlandes (im Ruhestand)
Email: b.sandig@mx.uni-saarland.de

Prof. Dr. Andreas Schütze, Professor für Messtechnik der Fachrichtung Mechatronik der Universität des Saarlandes, Beiratsmitglied der KoWA
Email: schuetze@lmt.uni-saarland.de

Claudia Marie-Luise Schulz, Diplom-Psychologin, CML Schulz: Coaching - Selbstmarketing- Kommunikation
Email: info@cml-schulz.de

Prof. Dr. Robin Stark, Professor für Erziehungswissenschaften insbesondere Persönlichkeitsentwicklung und Erziehung der Universität des Saarlandes
Email: r.stark@mx.uni-saarland.de

Dr. Susanne Steinmann, Diplom-Soziologin, Leiterin des Studienzentrums (Zentrum für Studienberatung, Fernstudium und Weiterbildung) der Universität des Saarlandes
Email: s.steinmann@mx.uni-saarland.de

Christoph Vatter, M.A., wissenschaftlicher Mitarbeiter am Lehrstuhl für Romanische Kulturwissenschaft/Interkulturelle Kommunikation der Universität des Saarlandes
Email: ik.beratung@mx.uni-saarland.de

Prof. Dr. Christian Weber, Professor für Konstruktionstechnik /CAD der Universität des Saarlandes, Beiratsmitglied der KoWA
Email: weber@cad.uni-sb.de

Prof. Dr. Stephan Weth, Professor für Deutsches und Europäisches Prozess- und Arbeitsrecht sowie Bürgerliches Recht, Direktor des Instituts für Arbeits- und Sozialrecht der Universität des Saarlandes, Beiratsmitglied der KoWA
Email: rw16swum@mail.jura.uni-saarland.de

Prof. Dr. Margret Wintermantel (Vorwort), Präsidentin der Universität des Saarlandes, Präsidentin der Hochschulrektorenkonferenz, Professorin für Sozialpsychologie der Universität des Saarlandes, alternierende Vorsitzende des Beirats der Kooperationsstelle Wissenschaft und Arbeitswelt der Universität des Saarlandes (KoWA)
Email: praesidentin@uni-saarland.de